国家自然科学基金项目（40671060）
国家自然科学基金青年科学基金项目（41001106）

中国城市研究丛书
关注中国城市发展
研究城市问题本质
宁越敏　主编

全球生产网络与大都市区生产空间组织

Global Production Networks and Spatial Organization of Production in Metropolitan Areas

李　健　著

科 学 出 版 社
北　京

图书在版编目(CIP)数据

全球生产网络与大都市区生产空间组织/李健著．—北京：科学出版社，2011

（中国城市研究丛书）

ISBN 978-7-03-030110-9

Ⅰ．①全…　Ⅱ．①李…　Ⅲ．①网络理论－应用－城市经济－经济发展－研究－中国　Ⅳ．①F299.2

中国版本图书馆CIP数据核字(2011)第013519号

责任编辑：侯俊琳　陈　超　杨婵娟　赵　冰／责任校对：钟　洋

责任印制：徐晓晨／封面设计：无极书装

编辑部电话：010-64035853

E-mail：houjunlin@mail.sciencep.com

科学出版社出版

北京东黄城根北街16号

邮政编码：100717

http://www.sciencep.com

北京虎彩文化传播有限公司印刷

科学出版社发行　各地新华书店经销

*

2011年3月第一版　开本：B5（720×1000）

2020年2月第二次印刷　印张：15

字数：302 000

定价：88.00元

（如有印装质量问题，我社负责调换）

丛书序

城市是人类创造的一种高度文明的聚居形式，她在人类活动的历史长河中很早就占有一定的地位。但因生产力发展长期处于落后的水平，农村一直是人类的主要聚居形式。直至进入工业化时代，城市化进程才开始加速。20 世纪后半叶起，发展中国家城市化进程开始加速，促使世界城市化水平逐步提高。

中国是公认的世界上少数几个城市发源地之一。考古显示，早在 5000 年以前，城市的雏形——古城就已出现在从内蒙古高原到长江流域的广阔地区。约 4000 年前，在中国国家的形成过程中，城市也相伴而生。汉唐以后，中国曾出现规模巨大的城市和灿烂的城市文化，使中国古代城市在世界城市发展史上占有重要地位。但 1840 年鸦片战争后，中国的城市化进程停滞不前，1949 年城市化水平仅为 10.6%，与同期世界城市化的平均水平 28% 相差甚远。新中国成立后，中国的城市化又经历了曲折的过程。1978 年实施改革开放政策后，融入全球化时代的中国城市开始进入快速发展时期，面貌日新月异，在世界城市体系中的地位也不断上升。2006 年，中国的人口城市化水平已接近 44%。预计 2010 年后，中国的城市化水平就将超过 50%，进入到以城市为主导的社会。

但是，在中国城市化快速推进的过程中也出现了一系列经济、社会和环境问题，主要表现在：①中国的快速城市化总体上是建立在经济快速增长的基础之上的，但长期以来我国经济增长方式尚未得到有效转变，创新型社会、信息化社会的建设任重道远；②由于户籍等制度的制约，城乡二元结构的矛盾仍然存在；③在城市化的迅速发展过程中，资源和环境受到巨大的压力，城市的后续发展受到严重制约；④城市化发展的区域差异有所扩大，沿海地区部分城市现代化、郊区城市化、国际化进程加速，出现了规模巨大的都市连绵区，但中西部地区的城市化进程相对滞后。以上所举问题表明，未来中国城市化面临的任务和压力要比西方国家大得多，走有中国特色的可持续城市化之路也更为迫切。

作为一种复杂的社会经济现象，城市化是经济、社会、政治、历史、自然、技术等多因素综合作用的结果，没有哪一门学科能够独立解释城市这一复杂的系统。只有从整体和系统的高度，突破学科边界，整合城市研究的各个学科，集中多学科的力量共同研究城市，才有助于更深刻地了解和认识城市发展的规律，促进城市化的健康发展。为此，华东师范大学整合校内地理、经济、社会、历史、城市规划等学科中的城市研究力量，于 2003 年成立跨学科的中国现代城市研究中心。2004 年 11 月，该中心被教育部批准为普通高等学校人文社会科学重点研究基地。近年来，中心科研人员承担了数十项国家级和省部级研究项目，取得了丰硕的成果，中国现代城市研究中心也成为国内知名的城市研究机构。

为繁荣中国的城市研究，华东师范大学中国现代城市研究中心从2007年起编撰“中国城市研究丛书”，分批出版中心研究人员在中国城市研究领域的代表性成果。此套丛书的出版得到了科学出版社的大力支持，在此我代表中国现代城市研究中心表示衷心的感谢。

中国城市化的进程任重而道远，其健康发展不仅有助于中国现代化目标的顺利实现，也是对世界和平发展的重大贡献。就此而言，中国城市研究的意义已尽在其中，而中国城市科学的发展前景也必将更加美好。

宁越敏

华东师范大学中国现代城市研究中心主任

2007年3月

前　言

工业化和城市化的互动发展历来是城市地理学和城市经济学中的一个重要研究命题。18 世纪中叶的欧洲工业革命揭开了世界现代城市化发展的序幕。综观其后城市发展的历程，随着社会经济发展和产业转型的推动，城市内部功能和区域功能日益高级化和复杂化，由此带动城市在不同发展阶段展示出其差异化的、具有强时代印痕的空间组织特征。在全球化和信息化高速发展的时代，世界经济联系日益紧密、竞争日趋激烈，依据国际劳动分工形成各种不同功能区域和城市。与此同时，区域内近邻的城市则通过功能整合，以分工合作的形式形成更为紧密的联系，并塑造了区域新的空间结构模式，形成都市连绵区、城市群甚至城市带。在区域经济发展和空间结构重构的进程中，某些城市逐步成为区域经济发展的核心和创新源，经济结构朝后现代社会转型，制造业和人口等郊区化进程快速进行；其他城市则接受核心城市的辐射，依据生产分工组织的区域空间结构逐步形成。

全球化和信息化已经成为当前社会经济发展最重要的两大特征和动力源，其对城市和区域经济发展的影响日益加深，如何架构这种影响的过程和机制则成为重大课题。传统区域空间结构理论基于区域内部发展动力和经济学原理的分析，为本书的研究提供了一定的理论依据，但无法将全球化等外部作用力纳入自身理论体系。一般意义的全球化研究又多限于国际投资和国际贸易，缺乏综合的理论框架把握全球化作用的机制。新国际劳动分工理论从新马克思主义的批判视角，分析了发达国家向发展中国家投资和产业转移的社会经济实质，同时基于地方化的劳动力商品属性分析了地方的迎合，但尚未解决将多尺度下的多重作用力纳入统一分析框架的问题。本书基于全球生产网络这一全新理论框架，试图弥补以上研究缺陷，将全球化推动和影响下的城市和区域经济发展纳入一个更宽广的研究框架中，从地方化与全球化互动的作用进程考察、探索区域和城市发展新的机制和实质，从而为我国的城市和区域发展研究提供新的分析视角和依据。

本书选题最初源自于导师宁越敏教授主持的国家自然科学基金项目“全球化和长江三角洲都市连绵区空间组织的演变”（编号：40671060）。该研究在把握全球化理论研究进展的基础上，从全球、区域、本地三个层次的劳动空间分工来讨论都市区以及都市连绵区空间组织的本质特征及演变规律，参照全球城市体系的演进及全球城市、全球城市－区域的崛起，最终落实到以上海大都市区为中心的长江三角洲都市连绵区空间形态变化和组织的研究。之后，笔者在宁越敏教授的悉心指导下学习全球生产网络新的理论框架，并将之与大都市区生产空间组织研究相结合，完成了博士学位论文《从全球生产网络到大都市区生产空间组织》，论文于2009年被评为上海市研究生优秀成果（博士学位论文），本书正是基于笔者的博士学位论文修改而成。本书的出版亦得益于宁越敏导师的组织和联系工作。在书稿的前期修改过程中，宁老师字字斟酌、句句推敲，提出大量修改意见，对于本书的完善和提升付出诸多心血。另外特别需要提及的是，2007年笔者参与了国家建设高水平大学公派研究生项目。美国犹他大学的合作导师魏也华教授对笔者的博士学位论文非常关心，提供了诸多有益资料和中肯建议，使得论文从全球生产网络到区域空间组织的理论框架转换更加自如。在理论学习的基础上，笔者从事了诸多区域、产业、人口等发展规划的实际工作，对全球化主导的劳动空间分工及大都市区空间组织的理论和实践都有了更为深入的认识。认知新的表象并在元理论的基础上予以深入挖掘和理解，推动相关理论在城市地理、经济地理及区域经济等学科中的发展和提升，正是本书对以前研究的承接和创新。这种结构主义的分析思路和方法使得本书对大都市区生产空间组织的研究更加深刻。

全球生产网络在国际学术界亦是一个崭新的研究领域，国内相关研究较少。它是继新国际劳动分工理论之后的又一个综合性理论研究框架，对当今基于全球化发展的跨国公司生产组织以及地方发展的实质和机制能够予以精确把握，具有深刻的理论和实践研究意义。将其与大都市区生产空间组织相联系，是在导师宁越敏教授指导下的一个创新研究。因此，如果说本书在理论体系的架构及内涵的挖掘、直到实证分析方面能取得一些成绩，还需归功于导师的创新选题和精心指导。

因此，首先要感谢导师宁越敏教授。从2001年开始，笔者在华东师范大学西欧北美地理研究所和中国现代城市研究中心度过了7年的学习生活，导师以自身深厚的学术素养、严谨的治学态度指明笔者学习研究的方向，并为笔者创造更多发展的机会。生活中，恩师与师母一直给予笔者如父母般的关心呵护，每每想到此总能从心底感觉到温暖。在学习期间，西欧北美地理研究所及资源与环境科学学院其他诸多老师也给予笔者无私的帮助，陆珏老师在学习和生活上的关照使笔者永生难忘，汤建中老师、杜德斌老师、陈嘉敏老师、冯春萍老师、汪宇明老师、应龙根老师等都给予了笔者诸多谆谆教诲和热情鼓励，所有一切都萦回在心，殊难忘记，在此对师长们致以最深谢意！

感谢同济大学陶松龄教授曾经给予的教诲，先生渊博的知识、严谨的作风以及风趣的谈吐都使笔者深深感受到其学术情操和人格魅力。感谢加拿大莱斯桥大学的徐伟教授在论文写作过程中给予的指导和建设性修改意见，使论文在理论和实证的衔接方面更加完善。感谢上海社会科学院屠启宇教授在笔者学习和工作中给予的帮助和鼓励。另外，中国现代城市研究中心的汪明峰老师、孙斌栋老师及何丹老师，浙江理工大学的查志强，上海市发展改革研究院的熊世伟等师兄在日常学习和工作中给予了诸多指导和关照，在此一并致以谢意。

还需要感谢两次访学期间给予笔者诸多帮助的师长、学友和朋友。在2006年论文写作中期，笔者有幸受台北大学都市计划研究所的邀请和台湾中华发展基金会的资助，赴我国台湾从事短期的研究工作；2007年9月至2008年5月，获国家留学基金管理委员会资助赴美国犹他大学学习。两次访学都得到了当地许多老师和朋友的关心和帮助，在此要特别感谢台北大学都市计划研究所的周志龙教授在学习、生活等方面的悉心指导和精心安排，也要感谢其他诸多的老师和学友，特别是金家禾老师、洪启东老师、范淑敏学友以及简博秀师兄。在美国犹他大学学习期间，吴玉新、李颖茹等同学在学习生活方面给予的帮助，笔者亦铭记在心。感谢潘鑫、赵新正、胥建华、陶英胜及其他师弟、师妹在本书资料整理及图表绘制过程中给予的帮助。

最后要感谢笔者的家人，父母、岳父母、妻子、哥哥、嫂子和姐姐、姐夫们的关爱一直是笔者前进奋斗的动力之源，谨以此书奉献给他们，以表达笔者的感激之情。

李　健

2009年12月

目　录

图 目 录

表 目 录

第一章

绪　论

第一节　理论启示与现实意义

一、研究的理论启示

自20世纪50年代开始，全球经济一直处于快速发展与剧烈变动的进程中，这种变动突出表现在西方发达国家的产业结构向高度化发展之后引起的全球化发展与产业重构。全球化发展以国际劳动分工的形式在全球层面上实现产业扩展和重组，经济要素在全球范围得到重新配置，新的全球性生产、交换、消费、分配体系产生，并逐步形成全球性的生产消费系统。这个过程与全球金融市场的开放与整合、商品和服务市场的全球拓展、跨国公司的经济渗透等密切相关。但直到20世纪90年代前期，新国际劳动分工依然主要表现为产业之间的分工。同时，全球生产系统的形成与信息技术的发展密不可分，“没有信息技术的突飞猛进，经济全球化是不可能发生的”（Castells，2001），一些学者（Castells，1996；Ernst，2001；Ernst，Kim，2002）认为，信息技术在生产过程中引导弹性生产体制和弹性专业化生产的快速兴起，成为当代资本主义全球扩展的基础保障条件。信息技术的发展促使信息产业迅速成为全球经济最具活力的产业，也推动了全球产业结构从工业经济向信息经济、知识经济调整和变迁，其中伴随着两个明显的过程，即传统制造业的衰退与高科技产业、生产性服务业的快速兴起。

20世纪90年代之后，全球经济产业结构迅速转型，以电子信息产业为代表的“新经济”开始代替纺织、服装、钢铁等传统产业，成为全球领先产业。信息网络技术、通信技术和交通技术的快速发展，促进信息流、资本流、商品流和服务流的全球流动，形成全球“流动的空间”（the space of flows），表现为国际投资和国际贸易的发展、金融市场的整合、商品和服务的全球扩散等。就制造业考察，那些已经实现生产技术标准化和操作技能程序化的产业持续从发达国家向发展中国家转移。而基于技术发展的复杂性和模块化运作，技术密集型的产业包括电子信息通信产品、精密机械等亦开始对一般部件生产及组装部分进行空间转移布局。与此同时，跨国公司研发部门和区域总部开始打破80年代之前限于在母国布局的原则，逐渐向发展中国家高级人才密集区域中的中心城市转移，以更大的广度和深度进行区域资源开发，及时制定和调整区域经营决策，形成跨国公司中级决策中心。与跨国公司全球扩散相对应的是全球统一贸易制度和市场的形成，世界贸易组织、国际货币基金组织以及世界银行等国际经济机构日益发挥重要的作用。在全球化发展的进程中，地方的积极响应更是扮演着重要角色，通过积极的投资政策、市场开放政策融入新的国际劳动分工。正是在这样的多重尺度下，经过跨国公司、国际经济组织、地方政府以及地方企业等诸多行动者的努力，通过多重生产环节、多层次空间尺度的联系，形成全球范围内组织联系的全球生产网络和远较以前复杂的全球分工格局，并由地方对全球化的响应引发了重要的社会经济变化。

全球生产网络的形成和发展体现出劳动分工在国际层面的扩展和深化。在这个过程中，城市成为全球联系的最重要节点，其自身社会经济和空间组织也受到重要影响。从20世纪90年代开始，全球化发展的态势、信息经济的发展、国际劳动分工的层次等，都不断提升城市在区域经济发展中的地位，促使城市成为知识、信息及“知识密集型产业”（knowledge-intensive industries）的生产和创新中心。一些区域中心城市日益成为跨国公司总部管理的中心以及银行、保险、营销、法律与管理咨询等生产性服务业高度集中的空间单元，成为协调区域乃至全球生产的信息和服务中心、管理决策中心、观念与技术创新中心。与城市从生产和交换中心到生产服务中心的这种特定地理职能的变化相对应，城市空间结构经历着外延扩散（郊区化）和内部升级（“高级城市化”）的双重变动。各种城市新功能区的出现和发展使我们对城市空间的思维模式与过去产生了根本的区别，城市组织模式亦发生根本变化。这些都要求我们必须充分把握城市社会经济内涵的变迁，从社会经济发展的内在机制思考，建构一个完善的城市发展分析框架，推动以城市为研究对象的城市地理学、城市经济学、经济地理学等相关学科领域的基础理论研究，这正是本书选题的重要理论意义之所在。

二、中国的现实意义

1978年中国实行改革开放以后，国际资本与产业迅速落户东部沿海地区和城市，中国凭借积极的姿态和蓬勃的经济活力成为全球化浪潮中不容忽视的力量。中国与全球生产体系接轨的过程可分为两个阶段。第一个阶段为20世纪八九十年代中期，是基于新国际劳动分工发展的阶段。发达国家和地区将低端制造业向中国转移，包括纺织服装、玩具、消费电子等劳动力密集型产业。第二阶段为90年代以后融入全球价值链（global value chain，GCC）和全球生产网络的时期。新经济的兴起使得高新技术产业逐渐成为发达国家的主导产业，在该阶段不仅包括劳动密集型的纺织服装、消费电子组装等产业，还包括资本、技术密集型的产业，如电子信息产业、汽车制造及其他精密机械产业、石油化工产业等，都加快了向中国沿海地区的转移。全球产业的空间调整布局，特别是技术含量较高的高新技术制造业的全球扩散，为我国沿海城市带来发展机遇。但基于产品贸易结构的分析揭示出中国高新技术产业的发展实质上延续了新国际劳动分工的特点，即大多参与高新技术产品劳动力密集型环节的生产，由此形成新的“价值链陷阱”，塑造了中国作为工业大国而非工业强国的全球经济地位。但随着全球竞争的加强，为本地化发展的内在要求，发达国家也开始逐步把一些中层管理和研发机构向我国沿海地区的中心城市如北京、上海、深圳等转移，由此强化了全球生产网络在中国的地方镶嵌（embeddness），引导区域经济与空间结构的大规模重组。

城市空间结构本质上是社会经济发展的空间投影。在以上发展背景下，中国沿海大城市迅速实现了经济结构变迁，相应地表现出城市空间形态和组织特征上的变化，尤其是产业郊区化之后的大都市区空间结构的重组。而在区域层面，跨国公司制造业资本从核心城市向周边城市不断转移，形成区域性的地方生产网络。这种基于新的区域生产分工塑造的区域经济联系，再度深刻影响区域城市之间的关系，形成城市群、城市带等新的城市－区域空间组织模式。本书以大都市区域命名这类新的空间组织形式，以此展开对基于全球生产网络组织模式下城市与区域经济结构转型和空间结构重构进程的探讨。

经济的快速增长使得中国城市化呈现出加速发展的态势，但一些实证分析显示从20世纪80年代起，我国部分大城市开始出现郊区化发展现象（宁越敏，邓永成，1996；周一星，1995；周一星，孟延春，2000；冯健，2002），城市化和郊区化的同步发展构成了我国城市社会转型期城市空间结构变化的双重引擎（谢守红，宁越敏，2003）。城市化导致城市要素的空间集中而郊区化导致城市要素的空间扩散，但城市化和郊区化的相互作用则会导致更大范围内城市要素的集中，造成城市快速扩张或是形成众多城市聚集的大型都市连绵地区。通过对西方成熟理论的应用和中国案例研究，这种快速发展的特殊城市化现象逐渐形成有别于西方城市化特色的中国大都市区研究类型（简博秀，2004）。但直到90年代之前，相关研究大多仍架构在或延续着城乡互动和城乡一体化的范畴，过多突出中国特色的地方发展给城市区域空间结构带来的影响，采用城乡互动的观点来凸显一个双向互动的城市化类型。直到90年代中后期，这样的研究局面才开始有所突破。宁越敏（1998）对基于城乡互动关系的二元理论模式（自上而下和自下而上）的传统研究提出质疑，创造性地提出以政府、企业和个人三方面的力量来讨论90年代以后的中国城市化发展的动力机制，从而将城市化研究纳入新的分析思路；Wei（2001）从分权化、市场化以及全球化等角度探讨中国区域城市组织的变动机制，将全球化与地方化的力量综合纳入中国城市发展的考察中，构成多重作用力分析的框架；陶松龄和甄富春（2002）采用在政府力、市场力以及社会力三力作用模式下形成的模型，分析了长江三角洲地区城市化的发展；顾朝林等（2000）、谢守红（2004）分别对经济全球化和可持续发展背景下大都市区空间演化的新特点、新趋势进行了总结；甄峰（2004）、汪明峰和宁越敏（2006）、汪明峰（2007）在信息化条件下，结合全球化发展的要素，对城市化发展及其引导的空间组织形态变化进行了探讨。

此外，宁越敏（1991）、蔡来兴（1995）将新国际劳动分工理论与世界城市体系研究相结合，探讨我国沿海地区中心城市在新的国际劳动分工和世界城市等级体系中的地位；许学强和周春山（1994）以劳动空间分工为理论基础，探讨珠江三角洲大都会区形成的机制与进程；成德宁（2004）以劳动分工为切入点，主要探讨城市化、劳动分工与经济发展之间存在的自我循环演进关系；宁越敏和石崧（2011）从经济学的本源对劳动分工理论进行重新梳理，以劳动空间分工为嫁接，对大都市区空间组织的变化过程进行了总结。

上述研究从不同角度深入挖掘了城市及区域空间组织的作用机制，但尚未形成一个多元行动者、多重尺度关联互动、综合全面的研究体系。与之相比，全球生产网络包含了全球、区域以及地方等多尺度的空间，又包含对全球化和地方化作用进程中不同行动者多重力量的考察，从而为中国城市的空间组织研究提供了一个较为综合的理论框架。本书以“全球生产网络与大都市区生产空间组织”为题，主要涉及全球生产网络和大都市区两个重要研究命题，尝试从劳动空间分工角度将经济生产和城市及区域的空间结构变迁予以联系，涉及城市地理学、经济地理学和城市经济学等不同学科（图1-1）。在跨学科研究的框架基础上，结合传统区域空间结构理论，并结合新国际劳动分工、全球价值链、全球生产网络等，梳理出本书的理论框架和研究主轴。在实践层面，本书以上海和长江三角洲地区为案例，注重解释价值链和全球生产网络视角下，中国大都市区空间结构重构的新的机制和空间特征，以劳动空间分工的机理解读中国大都市区空间组织变化的内在本质特征，继而扩展到大都市－区域这一最新的城市群发展模式，从而为我国正在实施的城市规划、区域发展战略规划、城市与区域治理等提供相应的理论指导和借鉴。

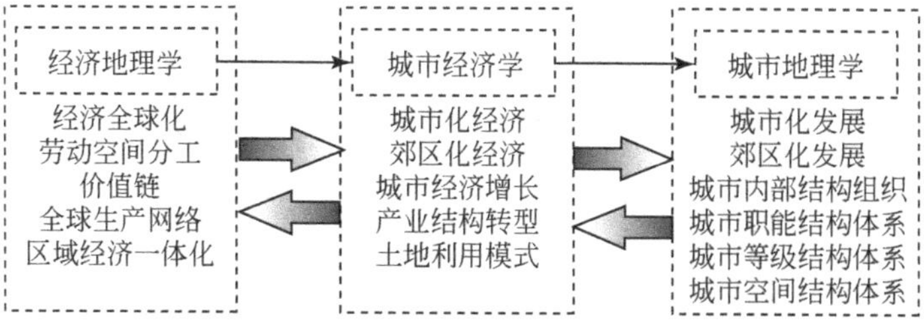

图 1-1　本书跨学科研究框架

第二节　研究框架与研究内容

一、基本研究思路与框架

本书的基本思路是从全球生产网络分析框架的建构着手，以此为理论工具分析大都市区生产空间组织。在全球生产网络的分析架构下，研究过程经历了两次转变：首先是从经济地理学意义上的企业生产空间组织及其空间扩散、地方镶嵌过渡到城市经济学意义上的城市经济、产业及其空间功能分区差异研究，进而过渡到兼具城市地理学和城市经济学意义的“大都市区生产空间组织”。由此，全书分为两大部分，以求得逻辑上的逐次递进和结构上的完整。

第一部分是对全球生产网络理论做系统总结，包括全球生产网络的主要研究维度和内容，梳理出基于产品内分工所形成的企业生产网络组织及其治理模式，进而从跨国公司全球扩散和地方镶嵌的概念中提炼出全球生产网络的“空间”内涵。为从全球生产网路到大都市区生产空间组织的理论转接奠定基础。

第二部分是从全球生产网络到大都市区生产空间组织的理论与案例分析。将依据价值链分解的生产要素和城市空间构成要素相对应进行分析是本部分的主要切入点，结合传统区域空间结构理论以解释全球生产网络中生产要素的空间作用过程，分析从全球生产网络到大都市区生产空间组织的作用机制。其后则是案例研究，首先依据全球生产网络价值链要素构成的情况，对区域核心城市——上海城市经济及其空间组织状况进行案例分析；其次，对全球生产网络在整个长江三角洲地区的地方镶嵌以及空间扩散进行考察；进而通过一定指标探讨区域城市产业的层级性，并对全球生产网络在区域的主要载体——工业区的发展及其对城市的空间引导进行分析。最终依据分析结果对大都市区及大都市区域未来发展进行重新思考和定位。图 1-2 展示了本书的研究思路和基本框架。

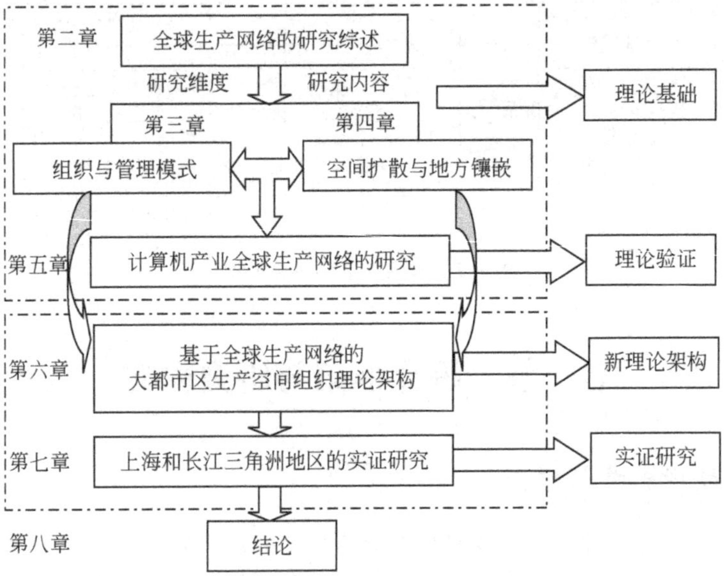

图 1-2　研究技术路线图

二、主要研究内容

第一章是绪论。首先介绍本书的研究背景与意义，指出全球生产网络的形成和发展代表劳动分工在国际层面的扩展和深化，将对全球化及地方化进程中的区域、城市发展带来深刻影响。在此基础上提出本书的研究目标和研究思路。

第二章是对全球生产网络理论框架的研究综述。在对全球生产网络研究背景、脉络和流派进行分析的基础上，主要依据曼彻斯特学派的研究并结合管理学派的观点，提炼出本书以企业、制度、关系/流、空间/地方为主要考察维度，围绕价值、权力与镶嵌等基本内容探讨全球生产网络的研究框架，提出将金融、信息、物流和人才培训等价值生产支持性活动纳入全球生产网络研究中的观点。最后指出未来全球生产网络研究应注重物质和社会文化层面的广泛整合，必须创新研究方法，更多地采用一些关于网络研究和全球价值链/全球商品链的定量统计分析。

第三章是对全球生产网络中企业组织关系的探讨。从国际劳动分工理论入手，结合模块化操作、转包生产，经价值链再到企业生产网络，揭示出全球生产网络基于产品内分工组织的本质。提出全球生产网络以跨国公司为媒质，营造出一个延续了新国际劳动分工发展路径的“价值链陷阱”。这个陷阱在全球尺度以“微笑曲线”的形式存在，发达国家掌握价值链高端管理、研发及营销等环节，发展中国家多以生产制造和一般组装融入全球生产网络。全球生产网络是一种动态的关系网络，其治理模式并非绝对平行而以阶层性广泛存在。在全球生产网络中，行动者之间的关系又并非一个“零和”概念，亦即这种阶层性并非绝对的制约关系，某些时候可能形成反制约。

第四章是对全球生产网络空间扩散、着陆以及镶嵌的探讨。跨国公司成为主导全球生产网络空间扩散的最主要行动者，发达国家彼此之间的相互渗透仍是全球生产网络空间扩散的最主要形式，但发展中国家跨国公司已经成为全球生产网络空间扩散的重要力量，从而使全球生产网络的生产组织关系更加复杂化。而全球生产网络的地方镶嵌具有复杂的运行机制，包括经济、社会、文化等多领域内容，从跨国公司看，通过海外投资提升自身竞争力和把握市场开发机会成为目前全球网络地方镶嵌的主要动力；从地方看，积极的投资和贸易政策、良好的基础设施、廉价而优良的生产要素条件以及基础设施、开放的市场等都成为全球网络地方镶嵌的重要动力。本书以中国和日本为案例，考察中国以劳动力、资源等比较优势吸引外资和开拓国际市场与日本以高技术产品开拓国际市场的发展差异模式。

第五章是计算机产业的全球生产网络实证分析。从实证结果看，计算机产业全球生产网络已经基本形成，在劳动分工原则的支配下，各价值链环节已完全分割并在全球范围内进行合作与竞争。但全球生产网络在空间布局上并非是均质化的，“全球在地化”以及“在地全球化”都需要在特定条件下实现，技术研发、品牌营销与高端制造位于发达国家和地区，形成拥有独特资源如高端研发能力和精密工程技术的“卓越研发中心”。价值链低端的一般部件制造、组装等环节转移到发展中国家，形成能及时提供产品且成本较低的“成本节约中心”。近些年，许多跨国公司也开始将部分非核心的高端技术转移至发展中国家，或直接设立区域总部、研发中心，这为发展中国家和地区的产业升级提供了机会，同时促进了网络成长。但就中国计算机产业考察来看，关键技术的缺失使得中国计算机产业生产网络价值链构成并不完整，同时由于中国内地计算机企业国际市场开拓的不足，与国外知名企业的生产和技术联系也多以国内市场开拓为主，造成中国作为一个特定的地域已经融入全球生产网络而本土计算机产业尚未全面融入全球生产网络的局面。未来中国计算机产业的发展仍在于本土企业与全球生产网络的融合。

第六章是从全球生产网络框架到大都市区生产空间结构模式的理论解释。首先对全球化和信息化条件下新的区域空间组织进行分析。其次，从传统的区域空间结构理论入手，包括宏观的分工、规模经济与规模不经济、创新理论及空间扩散理论、微观的城市土地利用模式，都作为全球生产网络空间作用机制的理论基础，最终将价值链分解、空间配置与集聚等特性纳入大都市区生产空间组织范畴中。而从全球生产网络构成要素与大都市区生产空间结构组成要素的对应关系入手分析，最终塑造大都市区生产空间结构的一般模式。在区域空间结构分析中，则包括多尺度的视角：全球城市体系、全球城市、全球城市区域，最终落实到一个典型的大都市区模型。

第七章是本书对全球生产网络到大都市区生产空间组织的案例进行的考察与分析。首先对区域核心城市——上海的城市经济及其空间组织状况进行研究，显示上海城市经济已经融入全球生产网络中，但对外贸易结构的分析却揭示出上海制造业依然处于低端价值链生产环节的地位。对上海城市内部空间结构的分析反映出基于全球生产网络价值链组织的劳动空间分工。其次，从外商直接投资发展中揭示全球生产网络在整个长江三角洲地区的地方镶嵌以及空间扩散，进而通过总量及结构指标考察区域城市功能体系的等级性。从地方工业区发展中揭示全球生产网络地方镶嵌发展的实质，即更多成为跨国公司低端价值链环节制造组装的基地，并就工业园区对城市的空间引导进行分析，实现从空间到空间的嫁接。最后得出，基于全球生产网络研究框架的长江三角洲发展战略，必须突破“价值链陷阱”，重视技术创新，引导整个区域制造业生产不断转型和迈向高端化，代表整个中国占领全球产业价值链的制高点。同时，加快上海全球城市的建构、注重城市功能等级的提升、不断向价值链的高端攀升，成为全球生产网络管理和控制的新核心，这是长江三角洲城市群发展的最高战略。

第八章是结论篇。通过对本书的研究内容进行总结和归纳，提炼出关于全球生产网络研究、从全球生产网络到大都市区生产空间组织分析的一些基本结论，并对该领域以后的研究方向提出建议。

第二章

全球生产网络的研究进展与内容
——理论架构与总结

过去的几十年中，全球经济空间重组中最为显著的发展有两个：跨国生产网络的加速形成和区域经济集团的激增……（Dicken，2005）

20 世纪 80 年代以来的全球化和信息化双重发展进程中，市场经济规则在世界范围内逐渐普及，同时受惠于“新经济”的强势崛起和科技革命特别是交通、通信及管理技术的进步，全球劳动分工的层次和水平日益深化和提高。企业灵活生产方式表现出了新的发展特征，除了强调专业化生产的内部弹性化发展外，更强调生产外包制的外部弹性化发展。一个引人注目的特征就是在比较优势机制的引导下，产品生产过程中包含的不同工序和区段，在跨国公司组织下被分布到不同国家和地区进行生产，通过空间分散化形成跨国或跨区域性的生产链条或体系，形成了以工序、区段、环节为对象的全球产品内分工体系。这种发展趋势使得过去在世界经济体系中经济功能有限的非核心国家得以整合到全球生产体系中，开辟了生产率提升和经济增长的新源泉，原有的全球分工体系得以深化和扩展。

第一节　全球生产网络的研究背景

15 世纪的地理大发现使得资本主义生产空间从此迈向全球范围，而科学技术的进步、产业发展的更替、经济发展制度环境的改善、市场竞争的加剧等，使得全球劳动分工的组织和发展机制不断发生变化。从其演进形态和内容来看，旧的国际劳动分工或称为殖民化国际分工，主要指宗主国与殖民地之间生产地与原材料地之间的生产差异；20 世纪 80 年代兴起的新国际劳动分工理论，则更加关注第二次世界大战后劳动力成本差异引起的劳动密集型产业向发展中国家转移的趋势及由此形成的发达国家侧重资本技术密集型产业、发展中国家侧重劳动密集型产业的国际分工格局。

从20世纪60年代开始，出于国家政策的鼓励①和节约劳动力成本的考虑，美国（之后是欧洲）一些机械、汽车、半导体、计算机及外设企业开始将劳动密集型的部件生产及装配生产线转移至东亚及中北美的一些低工资国家和地区，特别是分布到中国的台湾地区和香港地区、马来西亚、新加坡、泰国、墨西哥等国。60～80年代，随着全球尤其是东亚地区一些国家市场准入门槛的下降和投资环境的改善，一些高新技术产业的品牌电子企业扩大了与当地发展的合作，它们或者在当地建立分支机构，或者直接利用当地生产商日益增长的生产能力，地方厂商则采取分包、委托制造（OEM）等形式与跨国公司之间建立联系。但在该阶段，非股权的投资形式还受到多方面的限制，跨国公司迫于生产稳定性压力以及对核心技术保密的需求，希望对生产拥有完全的控制权，因此在该阶段全球生产虽然广泛存在，但全球生产的网络联系结构尚未完全形成。

20世纪90年代以后，全球同业竞争日渐增强，先前由于对分包商的不信任及技术溢出带来的风险逐渐被竞争压力替代，企业组织结构开始倾向于逆垂直化发展，这种模式在信息通信产业（即ICT产业）中表现得最为显明，ICT产业的全球生产网络也因此率先形成。苹果、IBM、戴尔、摩托罗拉等许多电子通信企业开始将自身精力集中于高风险、高收益的“核心业务”，包括产品标准制定、质量控制、市场营销、服务业务整合等方面，同时将产品的生产制造委托给合同制造商，从而获得生产更接近终端市场、充分利用廉价的劳动力、保证企业内部运营服从于市场力量并与迅猛发展的组装技术保持同步等优势。这种以产品内分工为主体的国际劳动分工，与以往以产业间分工为主体的新国际劳动分工表现出诸多差异，本书称之为新的国际劳动分工。

事物的发展总有其特定的思维和惯性，以全球生产网络形式组织的新的国际劳动分工同样继承了上轮国际劳动分工的某些特质并表现出新的特征，这尤其表现在劳动分工的组织和动力机制方面。20世纪80年代的国际劳动分工以产业间分工为主，表现为发展中国家发展劳动密集型产业、发达国家发展资本密集型和技术密集型产业，并形成以垂直分工为特征的全球分工体系。新的国际劳动分工则在产品内分工价值链的框架下发展，生产分工各功能部门之间的联系更为紧密、空间载体彼此间的发展依赖关系更强烈。在当代技术和产业发展特征下，技术密集型产业有劳动密集型环节（如高科技产品的加工装配环节），劳动密集型产业也有知识技术密集型环节（如纺织服装产业的创意与设计环节）。在全球化

① 1963年，美国实行一项名为“生产分享项目”（production sharing scheme）的政策，主要目的在于鼓励美国企业把劳动密集型工序活动转移到国外进行。

发展的大背景下，跨国公司在全球范围内寻求资源的最佳配置去组织生产，不仅包括传统的劳动密集型产业，还包括高新技术产业劳动密集型环节的空间转移都是势所必然，同时研发和管理、营销亦开始了全球扩展的势头。这种新的国际劳动分工在经济全球化浪潮的不断推进下表现出新的特征，并形成了新国际劳动分工体系，表现出与新国际劳动分工截然不同的特征。

第一，国际劳动分工发展的动力更加多样化。不仅是丰富的廉价劳动力，还包括强大的市场引力、东道国的优惠招商政策、廉价的土地成本、交通运输与信息传输技术的发展、各国贸易政策的变化等，都成为新的动力源。传统的新国际劳动分工理论已不能合理解释新的国际劳动分工现象，但地方的比较优势仍然在新的国际劳动分工中发挥着重要作用。

第二，技术发展和全球化的推进进一步深化了全球劳动分工的层次和水平。与上轮国际劳动分工以劳动密集型产业转移为主的特点相比较，ICT 产业成为新的国际劳动分工发展的产业主体，同时又是新的国际劳动分工的重要推动力。电子信息产业发展本身的特征如模块化操作、组装生产等决定了产品生产过程包含的不同工序和区段（即产品价值链环节），它可以被分成更小部分在生产上分包给独立的供应商，在空间上可以分布到不同的国家进行生产，最终形成以工序、区段、环节为对象的产品内分工体系。

第三，世界市场竞争的日益加剧，电子信息、通信等新兴部门在美国、欧洲和日本都获得较快发展，出于保持产品竞争力的需求和产品内分工的特征，劳动密集型产品或生产区段不同程度地面临结构调整的压力。工业化国家在 20 世纪 90 年代后开始面临同样的问题，通过全球范围的布局调整来保持制造业的全球竞争力，成为发达国家及新兴工业化国家和地区的首选对策。

第四，新的国际劳动分工打破了仅生产制造过程创造剩余价值的传统论断，管理、研发、销售、服务等生产性服务业活动与生产制造活动的联系更加紧密，成为价值创造的重要环节进而纳入新的分工体系。金融、物流、信息处理、人才培训等支持性活动亦受到重视。

第五，技术的进步促进了新兴产业的发展，但更重要的是信息技术发展促进了国际金融资本的跨界流动和跨国公司的全球管理功能，交通运输技术的发展则保证了从原料市场、生产制造到产品市场的全球配置，这在组织方面给予全球生产网络更多的支持。

总之，新的全球分工体系表现出了多层性的特点，既包含了不同产业、不同产品之间的分工，也包含了同一产品内不同增值环节多个层次的分工。这种发展趋势极大地拓展了全球化浪潮中国际分工的范围、潜力和深度，开辟了生产率提高和经济增长的新源泉，是对原有全球分工体系的深化和扩展。面对这种新的发展现象与趋势，20世纪80年代兴起的新国际劳动分工理论已不能充分把握全球生产组织的最新变化机制与动力。而在同样以劳动分工为元理论的研究体系下，商业管理及产业组织研究、经济地理学等学科开始将国际劳动分工的最新演变形态和组织机制纳入包括价值链（value chain）、“微笑曲线”（smiling curve）、全球价值链、全球商品链（global commodity chain，GCC）等研究体系中（表2-1）。其中，全球生产网络（global production networks，GPNs）这一全新的研究框架在总结价值链、商品链内涵的基础上辅以网络、空间的概念，在一个更广泛的研究体系下解释了当今世界生产组织的新变化，成为目前全球化与区域发展研究的主要分析框架。

表2-1 全球生产网络框架的研究基础

研究基础	主要学科	关键概念	主要研究者	经济地理学中关于GPNs的相关概念
20世纪80年代早期价值链分析框架	战略管理	生产阶段、竞争策略、竞争优势	Michael Porter	生产活动空间组织、GPNs中价值概念的重要性、生产中的制造和好的服务活动
20世纪80年代中期的网络和镶嵌视角	经济社会学、组织研究、战略管理	商务结构和表现的交互组织关系、经济活动和社会结构的交互关系	Ronald Burt Mark Granovetter Carlos Jarillo Jan Johanson	领导企业及其嵌入网络、跨空间延伸的关系网络以及网络中的价值创造、提升及保持
20世纪80年代中期行动者网络分析	科学和技术研究、社会科学后结构主义研究	人类和非人类距离行为体的多种关系控制	Michel Callon Bruno Latour John Law	作为GPNs分析基础的网络和关系、GPNs行动者的权力管理
20世纪90年代中期的全球商品链和价值链分析	经济社会、发展研究	作为连续链条的商品生产、链条组织中的价值创造	Dieter Ernst Gary Gereffi John Humphrey Hubert Schmitz	GPNs空间结构及经济发展结果、GPNs制度影响

资料来源：Hess and Yeung，2006

第二节 全球生产网络的研究脉络

一、价值链研究：价值生产的分析路径

早在20世纪80年代早期，关于资本主义剩余价值分配的讨论就已经成为激

进经济地理学家（Harvey，1982；Massey，1984；Smith，1984）解释资本主义经济发展空间不平衡观察的重要分析工具。与此同时，企业地理问题开始日益受到关注，在关注企业的产业联系及其区域体系的基础上辅以对剩余价值分配的探讨，形成企业及产业价值链的研究基础（Hess，Yeung，2006）。

1985 年，波特在《竞争优势》一书中首先提出了价值链的分析框架，该分析框架在研究单个企业的内部价值链联系的基础上，更把战略规划的视野延伸至整个产业上游的研发、设计，中游的零部件制造与总装，下游的广告、分销与服务全过程。不仅揭示了价值链不同环节的价值创造过程，还揭示了构成经济生产活动主体的制造业和服务业的不可分性。与波特工作联系的价值链分析框架在被赋予空间概念之后，为全球生产网络研究框架提供了一个关键的分析概念，明确揭示了在不同的空间结构中价值怎样被创造、被提升和被占有。将服务活动（如财务、后勤学和零售）纳入价值生产分析，可以真正了解制造业活动在全球布局的实质。而就现代产业经济中服务的重要性而论，服务区段的研究肯定应该成为价值链及全球生产网络框架的一项重要任务。

Dicken 和 Thrift（1992）在价值链研究的基础上提出生产链的概念，其主要研究对象是商品流的形成过程，并确定其中的参与主体和活动，着重于强调在某种商品或服务生产过程中增加价值的系列相互作用但功能不同的生产活动的集合。每一活动过程需依靠不同的技术投入、交通、通信加以串联，通过企业组织的协调、合作与控制，镶嵌在特定的金融与政策体系中，最终形成一个完整生产网络系统。通过这样的分析最终将价值链框架纳入到经济地理学研究领域中。相对于价值链理论而言，生产链更强调生产活动中生产阶段间的互动关系。

二、“微笑曲线”研究：价值分配的分析路径

在波特的价值链研究中，更多地从企业竞争力的角度关注价值创造、提升两个问题，对整个生产流程中的价值分配仍然缺乏充分思考，“微笑曲线”的提出弥补了这一缺陷。中国台湾宏基公司（ACER）总裁施振荣先生（2005）根据波特理论及其多年从事信息技术（IT）产业的经验，提出了“微笑曲线”的概念。他以个人计算机（PC）产业为例，指出在 PC 日益普及的趋势下，PC 产业上游的技术研发和下游的品牌建设及市场运营拥有较高的附加价值；而随着 IBM 放开 PC 的标准和兼容机的迅速发展，PC 整机制造的行业壁垒消失，产业中游生产制造部分附加价值日趋萎缩。在施振荣的“微笑曲线”中，坐标的 X 轴代表研发、制造、营销等业务流程，Y 轴代表附加价值，曲线向上伸展，代表着通过才智（知识产权）和品牌、服务等要素，产品附加价值得以提升，整个价值链的附加价值图形就像一个微笑的曲线（图 2-1）。正是秉承这一战略思想，紧紧抓住产

业上游的技术研发和下游的渠道运营、品牌建设，宏基才打破美国、日本诸 PC 强国一统国际市场的格局，一步一步走向成功。

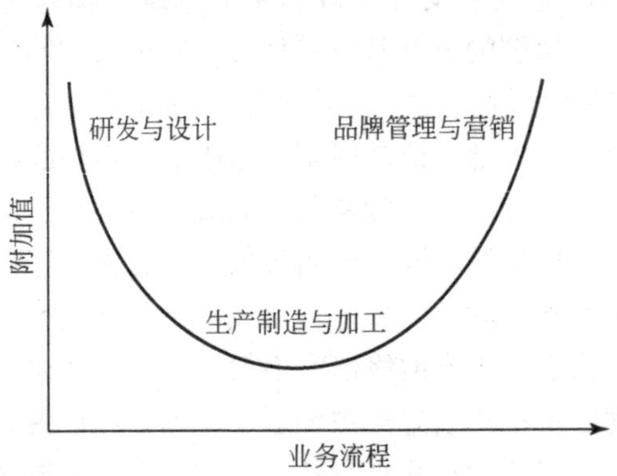

图 2-1 价值链——“微笑曲线”一般图示

事实上，在全球分工日益深化的趋势下，每个企业只从事自己的优势环节，外包、代工、合同制造等新的生产组织形式纷纷出现，从而实现整个价值链的价值最大化。但价值链及“微笑曲线”的研究更多地属于商业管理的范畴，其关于价值空间竞争性的探讨不足，需要建立新的分析框架予以研究。

三、网络和镶嵌：全球在地化研究的基石

从 20 世纪 20 年代开始，网络和镶嵌就一直是社会学家较为关注的问题，既有研究主要集中于社会互动作用并将其作为社会构成的微基础。从 80 年代中期开始，经济社会学、企业组织研究和战略管理等学科对网络和镶嵌的研究表现出极大的关注（Guille et al.，2003；Smelser，Swedberg，2005）。特别是 80 年代中期以后，Granovetter（1985）反对 Williamson（1975，1985）基于交易成本进行对社会经济联系的理解，开始将经济活动嵌入社会关系网络中予以研究，从此网络和镶嵌的思想在管理和组织研究中得到了巨大响应（Hess，Yeung，2006）。

网络和镶嵌理论向经济地理学领域的扩散却相对缓慢（Grabher，2006；Peck，2005）。到 20 世纪 90 年代初期，Dicken 和 Thrift（1992）的相关实证分析，才使得经济地理学家们在对企业及其生产活动的地理空间进行分析时重视网络和镶嵌研究（Hess，Yeung，2006）。这种基于网络和关系的研究为新经济地理学中“社会/文化转向”的研究提供了新的领域和平台（Bathelt，Gluckler，2003；Yeung，2005）。许多经济地理学家开始在其研究中把经济活动者的网络镶嵌或者地方镶嵌作为分析焦点（Grabher，1993）。到 90 年代末期，镶嵌的概念已成为全球生产网络研究的一个核心内容（Dicken et al.，2001；Henderson et al.，

2002）。

但 Hess 和 Yeung（2006）认为，经济地理学对基于网络联系结构的镶嵌研究同样存在很多问题，特别是对地理空间中的活动主体——企业角色的忽视。对此类问题的反思使得经济地理学家开始关注网络及其组成部分的实质和特性。在 Dicken 等（2001）和 Henserson 等（2002）所建立的全球生产网络分析框架中，亦将行动者视为网络的组成部分而非单独个体，只有通过这个网络的组织，行动者才能实现网络活动的跨空间运作。行动者及其关联关系这个构想打破了以往的经济地理学更多关注企业间彼此经济联系的研究思路，开始在更大的社会范畴内思考企业组织及其空间效果。

四、全球价值链与全球商品链：研究尺度的扩张

无论何种学科，在系统分析产品的生产过程组织与联系时都脱离不了抽象的“链”的隐喻。全球价值链、全球商品链①亦成为包括地理学在内的众多学科分析新的国际劳动分工与组织的重要工具，最终为全球生产网络研究奠定了基础。全球价值链和全球商品链开始阶段的研究主要受沃勒斯坦（Immanuel Wallerstein）世界系统理论的影响，在全球范围内将不同国家按照层叠的排序分为核心、半核心和边缘经济体。20 世纪 90 年代中期以后，全球价值链和全球商品链研究开始得到突出重视，Gereffi 和 Korzeniewicz（1990，1994）逐步在价值链及商品链概念的基础上建立起全球尺度的分析框架。

价值链和商品链重视在商品生产过程中透过不同阶段分工的相互关联性，借由链与链接从组织的观点来描述生产进程。但在全球价值链和全球商品链研究中，地域（territoriality）问题被高度聚焦，价值空间竞争性问题开始被纳入研究范畴。全球价值链和全球商品链强调在生产垂直分工与弹性生产的方式下，研究商品（final goods）或半成品在不同区域之间的跨界生产与贸易，探讨生产活动的空间组织联系与布局。虽然全球价值链和全球商品链仍是抽象的概念，但由于实际生产过程固着于空间之中，加上每个地域所提供的生产服务条件并非均质，因此探讨全球价值链及全球商品链具有重大的现实意义。Hopkins 和 Wallerstein（1986）、Gereffi（1993）认为生产构成有三个重要的分析面：一是投入产出结构，指产品附加值的生产与服务等一系列相关经济活动的组合关系；二是空间领域性，指生产与营销等经济活动的空间布局关系与特色；三是经理结构，决定金融、物资和人力资源如何在生产链中流动与分配的权力关系。这三个向量解释是理解跨国界生产或全球价值链和全球商品链中有关中心与边缘关系的重要方面。

---

① 在曼彻斯特学派的观点中，全球价值链与全球商品链在概念与内涵上基本是一致的，如 Hess 和 Yeung（2006）等的研究与论述。

从研究侧重点上比较，全球价值链更强调生产的投入产出过程、价值空间分配和领先企业对链条治理的主导权，侧重生产组织的层级关系。但一般都认为由格里芬提出的全球商品链概念的理论意义更为深远，全球商品链的定义为围绕某一产品或者商品的系列群聚（clustered）的内部组织网络，在世界经济体系里连接产品上下游组系、企业以及地方、国家。这种网络在区位上是特定的、社会建构的（social constructed）且与当地融合的，强调经济组织的社会镶嵌（Gereffi，Korzeniewicz，1990，1994；Dicken et al.，2001）。全球商品链包括四个层面的研究：①分析多层次企业生产链的组织；②分析生产地域空间差别和不同区域空间尺度的市场网络；③分析企业的管理结构链中各环节相互决策的过程；④分析国家及区域政府对企业运营过程的影响。全球商品链概念认为，不同跨国公司在运营机制、管理模式、投资区位选择及发展战略上存在的诸多差异，主要在于它们所生产的商品链环节不同。格里芬的研究建立在20世纪70年代末出现的新国际劳动力分工研究的基础上（Frobel，Heinrichs，1980；Cohen，1981；Massey，1984），着重探讨全球生产组织的动力机制研究，其贡献在于努力运用一些世界系统理论来解释企业的跨界交易及发展关系，打破了中心－半边缘－边缘象征理论的静态空间范畴，并且更好地抓住了产业组织的新形式。借鉴Granovetter（1985）经济活动嵌入社会关系网络的观点，打破了基于交易成本进行社会经济联系的片面理解，赋予全球商品链以社会学研究的内涵。

格里芬的全球商品链概念包括了除贸易协会及其他非政府组织外，与企业内部网络形成、发展有关的大部分要素。但格里芬及其同事的研究并没有完全延续全球商品链概念的主线，而是基于进入各种产品市场的不同障碍，特别集中于全球商品链的治理维度，包括生产驱动、购买驱动这两种极端类型的差别研究，从而“被其领先者治理结构所绑架”（Hess，Yeung，2006）。作为一个新理论，全球商品链框架已经在制鞋、服装、电子、汽车等产业发展方面得到了实证分析，并通过镶嵌在全球企业之间和内部网络关系之间的权力结构，突破了国家中心论在公司商务管理与组织、跨国公司对区域经济和社会发展的影响研究等方面的限制，进而拓宽了全球生产网络研究的尺度。

五、全球生产网络：全球生产组织新的研究框架

1. 研究路径的分析

“生产网络”的概念由Borrus（1997）提出，它特指一种跨国界的生产组织。这个组织体系里面包含了价值链的全部环节，如研发、产品设计、制造、分配以及服务等，这些环节相互作用联系；位于价值链各环节的跨国公司的发展策略受母国制度的深刻影响。在全球价值链、全球商品链及生产网络的研究基础上，以

Henderson（2002）、Dicken（2003）、Coe 等（2004）为代表的曼彻斯特大学学派及夏威夷大学的 Ernst（1997，2002a，2002b）、Ernst 和 Guerrieri（1998）相继提出了全球生产网络新的研究框架，基本概念表述为以一定正式的规则（契约），通过网络参与者等级层次的平行整合进程来组织跨企业以及跨界价值链的一种全球生产组织治理模式。因此与全球价值链、全球商品链相比，全球生产网络研究将不同的生产联系和权力关系进行整合并形成统一的分析框架，更重视在全球化发展进程中"全球化"与"地方化"相互影响的全球和区域作用机制和作用效果，重视研究融入全球化发展浪潮中的地方经济发展，为全球生产组织提供更便于理解的理论支撑。

曼彻斯特学派与管理学派的全球生产网络研究采取了不同的研究路径，其研究内容也不尽相同（图 2-2）。从价值研究来看，双方都注重不同环节在价值生产方面的差异并赋予其空间概念，从而将地方发展与全球化联系起来，但曼彻斯特学派更注重对价值提升与分配两方面的探讨，关注融入全球化浪潮中的地方发展研究。就权力关系研究分析而言，恩斯特的研究在强调旗舰企业核心作用的同时，更加重视网络中的互赖关系研究，认为网络中行动者之间的权力支配关系是动态变化的；曼彻斯特学派则认为，生产网络中的控制和协调是在市场机制的调节下通过企业特别是跨国公司的"阶层控制机制"作用来完成的，更强调权力的层级支配关系。关于地方发展问题，曼彻斯特学派认为地方发展是领先企业及其供应商全球功能布局的结果，但这样的论述容易忽略地方在全球生产网络中的主动性及地方产业由此而获得的成长机会；恩斯特的相关研究弥补了这一缺陷，提出研发（R&D）以及技术转移在全球生产网络成长中的作用，重视网络中知识的流动与共享及其对地方产业升级与发展的影响。

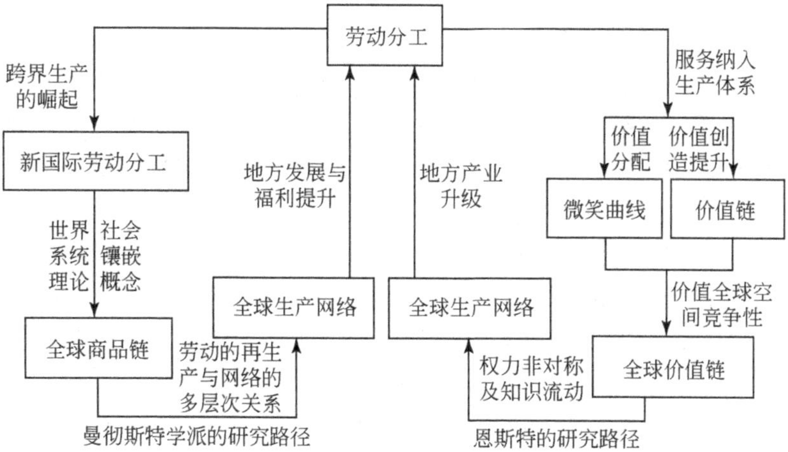

图 2-2 全球生产网络研究脉络

2. 国外新近研究动向

关于全球生产网络本身及其与地方社会经济发展的关系的分析，成为目前全球生产网络的主要研究内容。全球生产网络如何建立及演变、何种关键治理结构促进了这种演变、通过合作的方式融入全球生产网络之后利益如何分配及体现、全球生产网络中的活动如何通过地方实现等研究成为全球生产网络研究的核心问题。经济地理学中关于资本主义世界经济发展不平衡的结论已得到广泛认可，形成了多尺度空间包括地方、区域、国家繁荣和落后景象的“马赛克”图示，一些学者称之为“群岛经济”（Hess，2004）。与国家中心论的世界体系理论研究不同，全球生产网络研究框架的形成为利用社会科学应用网络形式和关系方法分析区域不平衡的社会经济发展缘由和机制提供了新的理论工具（Hess，Yeung，2006）。

尽管地方企业融入全球经济是否得利受到置疑，但全球价值链和全球商品链关于工业升级、技术和就业变动、市场扩展和贸易格局的探讨（Gereffi et al.，2005）依然受到极大重视，全球生产网络研究同样重视企业和地区如何融入全球生产网络并影响其发展。Ernst（2002b）对马来西亚电子信息产业融入全球生产网络中的发展进行研究，认为加强融入全球生产网络并促进知识流动是马来西亚产业升级的关键。Parthasarathy 和 Aoyama（2006）利用制度厚实①（constitution thickness）和地方企业精神的观点详细解释了班加洛尔跨国公司软件产业的发展，其分析不但对价值创造和获得过程有了新的理解，而且超越了全球商品链关于买方驱动与生产驱动的传统两分法，探讨了新的基于网络镶嵌的治理形式。Grote 和 Taube（2006）在关于印度金融服务业发展的论述中，从关于产业升级可能性的经济因素分析，研究了行动者及体现知识流动的镶嵌如何塑造全球生产网络以及怎样影响地方价值获取的机会。Parthasarathy、Aoyama 以及 Grote、Taube 的研究都抛弃了经济理论（交易成本理论或其他）中讨论分析升级机遇与威胁的传统研究思路，而是从网络镶嵌的制度文化方面深刻展示了全球生产网络中地方产业升级的问题，显示了极强的社会学研究色彩。这与恩斯特管理学派的研究在方法和思路方面同样有较大差异。

以经济地理学为专业背景的曼彻斯特学派在全球生产网络的研究方面也注重文化性和社会镶嵌与跨国经济活动的整合（Coe，Lee，2006；Hess，2004；Wrigley et al.，2005）。网络行动者具备不同社会镶嵌的文化背景，其所引起的权力关

---

① 制度厚实最早是由 Amin（1999）基于区域发展提出的观点，认为区域发展必须要相关制度的配合，这些制度应该能够加强区域网络发展，并且维持持续学习与适应性，建构企业支持系统，促进政治制度与社会关系的整合，同时必须注重区域发展脉络与路径相依的特性。

系、网络布局和治理方式在同样的跨国生产范畴内会存在很大变化。例如，Depner 和 Bathelt（2005）对上海汽车产业集群的研究，揭示了大众汽车公司怎样在一个具有不同准则、法规的未知制度和文化环境里克服经营的问题。但除曼彻斯特学派的全球生产网络研究外，文化和其他非固定制度在多数跨国生产系统研究中，包括在全球价值链和全球商品链的研究中仍然被视为外部要素，如 Gereffi 等（2005）曾经论述到，“我确信我们模型的内部变量通过重要方式影响全球价值链的塑形和治理，无论其区位的制度背景如何”。在其他全球商品链以及价值链研究中，也都明确排除文化和制度要素，如社会文化、政府或非政府组织等作为网络重要行动者的角色。

Liu 和 Dicken（2006）以中国汽车产业的发展为案例，研究探讨了中国政府如何应用制度力量使外国投资者嵌入国家经济体系中并为国民经济发展取得利益的问题，以“强制嵌入”的概念展开对地方文化、政治和制度环境如何影响全球生产网络的考察。Dicken（2005）的研究中也提出类似的观点，即使政府讨价还价的能力较低，全球生产网络的组织、路径依赖发展及其嵌入实质在脱离了对政府及其他非正式制度的参考后都不能被充分解释。“强制嵌入”的概念表明嵌入并不是网络行动者之间没有权力等级而“良性”合作的状态。Weller（2006）关于斐济服装产业嵌入全球生产网络的研究，对生产网络发展和转型作为动力进程的分析强化了权力非对称这种观点，全球生产网络转型同样具有信任、嵌入和权力梯度依赖的特性。Hess 和 Coe（2006）的研究认为，电信产业中权力和镶嵌在塑造全球生产网络组织和空间性时发挥了核心作用，电信产业中技术标准是决定网络成员价值的主要工具，并能够取得对特殊节点的控制。在产业标准设定阶段，权力和嵌入的缠结变得特别明显，不同行动者之间标准设置的进程并不遵循交易成本经济的普遍规则，而是更大程度上依赖于相关行动者的社会镶嵌，即他们的文化背景和制度背景。

3. 国内相关研究动向

全球价值链和全球生产网络研究在国内是一个新的研究领域。童昕和王缉慈（1999）分析了信息技术产业全球网络与地方产业网络的关系，着重阐述了全球－本地网络中的知识流动、积累和创新，并认为已经初步形成了硅谷—新竹—东莞的 PC 产业全球生产网络新干线；宁越敏和李健（2007）关注到由于模块化的生产，发达国家和地区的企业不仅把高科技产品生产链中劳动力较密集的部分转移到发展中国家进行生产，也出现 R&D 中心和区域总部向中国等发展中国家和地区大规模转移的趋势；文嫮和曾刚（2005）以嵌入生产者驱动型价值链的浦东集成电路地方产业网络为研究的对象，分析了全球领先公司的治理行为对浦东集成电路地方产业网络升级的影响；Liu 等（2004）以北京星网工业区为例，从全球生产联系的角度探讨了新信息和通信技术与地方企业集群的升级问题；Liu 和 Dicken（2006）以曼彻斯特学派 GPNs 分析框架，探讨了中国汽车工业发展过程中政府如何通过政策引导跨国公司“被动嵌入”地方，并推动国家和地方经济发展的进程的问题；刘德学等（2006）以全球生产网络为分析框架，对我国电脑、服装、玩具等行业的对外及区域网络发展关系进行了探讨，研究重点着眼于我国加工贸易升级问题；李健和宁越敏（2008）从全球生产网络的上、下游产业的联系入手，实证探讨了计算机产业全球生产网络的一般组织框架，并以价值链——“微笑曲线”为对象，对计算机产业全球生产网络的价值分配及空间竞争性进行研究，并在此基础上进一步分析计算机产业在全球生产网络中的企业组织及其权力分配关系。

第三节　全球生产网络研究框架与内容

从主要研究内容分析，曼彻斯特学派提供了一个更为通用的全球生产网络概念。尤其对中国这样刚从计划经济转向市场经济的国家而言，制度要素及传统体制的“惯性”影响作用依然突出，生产过程中会面临政治、社会、文化等各方面的问题。因此本节主要以曼彻斯特学派的研究为主线，同时结合管理学派关于企业网络及地方在知识流动中的升级等研究内容，对全球生产网络的主要研究框架与内容进行总结论述。

一、全球生产网络的概念解析

曼彻斯特学派全球生产网络分析吸收了全球价值链、全球商品链及网络和镶嵌等相关研究的许多方面，特别是 Gereffi 和 Korzeniewcz（1990）的全球商品链概念及相关批判研究。Henderson 等（2002）、Coe 等（2004）详细探讨了全球生产网络的实际内涵与概念，对全球生产网络中应用生产（而非商品）、网络（而非链条）之类术语的倾向进行了解释，以此深化了对全球生产网络概念的理解。

（1）关于生产与商品的分析。在现代经济学术语中，商品通常意味着标准化的产品及生产在时间和空间上的固定性，这种特性仍在一些生产活动中得以保持，如农业、某些重工业和采矿提炼行业等。虽然商品还具备更为丰富的社会内涵（包含了消费的范畴），但在今天已无法充分解释以经济弹性生产为特征的后福特主义形式。而全球生产网络研究对生产进程的偏向，将更多的分析重点置于制造产品和服务，并再造知识、资本和劳动力的“社会过程”。特别是在生产被表述为涵盖了中间和最终的市场和行动者、制度之间的权力博弈以及知识流动机制的时候，全球生产网络研究框架就显示出其考虑多元行动者之间关系的复杂性和地理差异的研究特性。

（2）关于网络而非链条的分析。首先，链的隐喻给人以线性活动过程并形成了最终产品端点的印象，而非一个由各种流，包括原料、半成品、设计、产品、金融和市场服务流等，经垂直、横向及对角组织起来，形成的复杂的和拥有动态轮廓的生产过程。其次，产品生产过程组成的链的隐喻由于其单向线性关系，难以整合如劳动能力再生产之类的问题。而且链的隐喻否定融入生产系统中的企业在网络中有自治活动的空间，而企业自治对于产业升级和经济持续发展非常关键。与链的以上缺点相比较，网络论述更具包容性、实践性及分析推理性。全球生产网络中的网络概念更好地描述了资本、知识、技能等关键要素流在生产者、消费者以及中间媒介之间的流通，而这绝非单一方向方式的流动。

（3）关于全球化而非跨国、国际的分析。关于世界经济发展的现象和实践，描述的术语最流行的莫过于全球化、国际和跨国等，采用全球化主要是为了分析的精确性。Henderson 等（2002）认为国际和跨国源自国家中心论的论述，在研讨多种经济联系的跨界行动时，不能充分体现非空间特定过程发展转换为空间特定过程的进程，不能把握住全球－地方辩证关系的实质，这无疑已经是经济全球化发展及其非均衡结果研究分析的先决条件。

通过以上分析可以看出，曼彻斯特学派对全球生产网络的研究能够把握多尺度空间范围，包括全球的、区域的、地方的经济和社会许多方面的发展进程，强调商品和服务的生产、分配和消费的相互关联的功能和业务关系，也强调了其组成的生产网络在组织上的更加复杂化、在地理尺度上的日益全球化。这样的生产网络通过各种平等或不平等关系形式，不仅将企业融入新的结构并打破传统组织界限，而且通过复杂广泛的经济联系将国家经济（至少是区域经济）融入一种新的发展路径中。与此同时，嵌入地方以企业为中心的生产网络的发展实质和表征，被其所镶嵌的具体社会政治背景深刻影响，包括制度和文化的要素。但镶嵌的进程极其复杂，因为后者被严格特定领域化（在民族－国家水平）而生产网络本身却没有，因此网络的地方镶嵌需要通过高度差异化的方式“切开”国家疆界，创造全球范围内的新的“经济岛”并形成“非连续地域”的结构。

二、全球生产网络研究维度与内容

曼彻斯特学派全球生产网络研究以企业、制度、关系/流、空间/地方为主要考察维度，并以技术、时间为外在影响要素，主要围绕价值（value）、权力（power）与镶嵌等内容进行一些关键问题的探讨（图 2-3）。例如，特定产品的研发、设计、生产和营销企业网络是如何形成的，又是如何实现全球和区域组织的；网络中企业权力的分配与变化情况；劳动力的意义以及价值的创造、转移机制和过程；制度要素，包括政府行动者、贸易协会、工会组织及一些非政府组织，如何影响纳入网络的特定地方的企业策略；生产网络对于纳入网络中不同企业和地方的技术升级、价值增加和获取的重要意义。

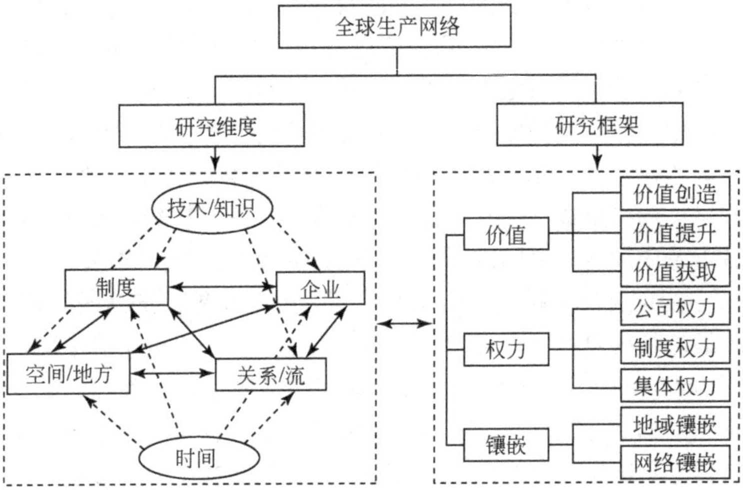

图 2-3　全球生产网络“钻石模型”研究维度及“树型”研究框架

资料来源：根据 Henderson 等（2002）研究观点绘制

1. 关于价值的研究

价值可以理解为马克思主义的剩余价值概念，或者更传统的经济租金概念，包括价值创造、价值增加以及价值获取三个问题。

（1）价值的初始创造。包括两个重要问题：第一，劳动能力在什么样的条件下通过劳动过程转化为实际劳动力。这涉及雇佣关系、技能、工作条件、生产技术等问题，还涉及与劳动力再生产相关的更广泛的社会和制度问题。第二，生产多种形式租金的可能性。涵盖对关键产品和制造过程技术的把握（技术租金）、特殊组织和管理技巧（组织租金）、融入生产组织中的多企业间关系如策略联盟的发展或者同中小企业组成的产业群关系（关系租金）、在主要市场建立品牌优势（品牌租金）、贸易保护政策形成产品稀缺的结果（贸易政策租金）等，这些都属于企业特定制度背景下价值创造的问题。

（2）价值增加的条件。包括在特定的全球生产网络中，知识和技术流入与流出的过程、范围及其所反映的实质；网络里的领先企业与供应商、外包商为提高产品质量和技术成熟度而实现的竞合程度；随着时间推移，劳动过程中对技术的需求是否会增加；地方企业能否创造属于它们自己的组织租金、关系租金和品牌租金等。但在以上这些所有情况下，企业受到的国家制度影响（如政府管理机构、贸易协会、行业组织等）可能对价值增加有决定性作用。

（3）价值获取的可能性。价值在特定地方的创造和增加是探讨价值问题的一个方面。但基于跨国公司全球运作的实质，地方创造的价值又难以保证被地方获取并提升地方福利。例如，财产所有权的法律治理结构，这关系到收益可能回到企业所属国的问题；企业国有化程度，即合资企业中的资产分配问题；基于利益相关原则而非股东控制的公司治理程度问题等。

2. 关于权力的研究

对于价值增加、获取以及地方发展的前景，全球生产网络中权力的源泉及其实施路径起到决定性作用。权力包含三种形式。

（1）公司权力。首先，全球生产网络中的领先企业具备何种能力来影响网络中权力与财富的分配、这种影响及其持续时间对于网络中其他企业有决定性意义；其次，必须承认全球生产网络中权力的分配并非是一个零和概念，因为领导企业很少有能力垄断网络权力，当权力在网络中不均衡分配时候，二级企业会为实现在生产网络中的权力升级而充分发挥其自主权，例如，中小企业集群作为工业区域融入全球生产网络中，并表现出相当的活力。

（2）制度权力。制度权力研究包括了五个方面：国家和地方政府的权力；区域国际组织的权力；“布林顿森林”制度（国际货币基金、世界银行）和世界贸易组织的权力；各类联合国管理机构的权力；国际信用评级公司的权力等。

（3）集体权力。探究在特定区位中，影响企业发展策略的一些管理机构的行动。这些机构包括企业母国政府、国际行动者［如国际货币基金组织（IMF）、世界贸易组织（WTO）等］，还包括贸易协会、工会组织、各种非政府组织（NGOs）等。它们试图对特定网络里的特定企业或者企业群体直接实施反倾销、反补贴税等措施，或对国家政府、国际行动者机构实施间接影响力。

3. 关于镶嵌的研究

全球生产网络在功能和地域上不仅联系企业，也联系了企业嵌入的社会和空间结果。企业在嵌入的地方化过程中，除受母国原先特定制度架构和社会文化背景的影响外，同样受到东道国制度框架和社会文化的制约，并且地方教育、培训和劳动体系的实质等也是非常重要的影响因素。但对于企业发展、策略制订以及优势塑造而言，国家和地方发展的政策和相关制度（税收政策、人才培训等）仍是最重要的影响要素（Whitley，1999）。在不同尺度和内容考察中，镶嵌包括两类重要的形式。

（1）地域镶嵌。全球生产网络必然只会镶嵌在社会经济发展动力强劲的地方，包括两方面机制：一是全球生产网络中的领先企业进入，提前以契约形式，利用中小企业集群建立次级合同进而进行制造或辅助生产；二是领先企业在特定区位通过外包业务吸引新的企业进驻，创造一个新的地方性社会经济关系网络。因此，镶嵌就成为地方经济增长和获得全球化机会的一个关键要素（Amin，Thrift，1992）。而国家和地方政府政策（税收政策、人才培训等）的差异，更会促使全球生产网络的特定生产镶嵌于特定的城市或区域，形成全球网络中的新节点，即“多岛经济中的一个新岛屿”。从发展的观点来看，地域镶嵌的模式是全球生产网络对特定地方的承诺，对于区域价值的创造、增加和获取都是十分重要的。

（2）网络嵌入。网络嵌入是网络行动者之间，通过各种正式或非正式关系所建立的结果，包括网络结构、网络内部联系程度、网络行动者关系的稳定性等内容。网络嵌入对于网络中稳定关系的建构十分重要，网络行动者之间关系的持久性、稳定性，决定了行动者网络镶嵌及全球生产网络作为一个整体的结构演化。其中前者揭示了企业同地方政府及其他行动者之间的关系，后者不仅关注特定商品或服务生产过程中全部商业行动者的组织过程和架构，还涉及更宽广的制度网络，包括政府与非政府组织等一些非商业行动者。

三、全球生产网络主要构成要素的考察

对经济空间中行动者的考察历来是经济地理学中的重要内容，但其更多关注企业之间的经济联系，网络中地方、政策制度、非政府组织、企业及彼此间的制约关系，以及对各种往来的物质、非物质联系的研究则是研究的软肋。全球生产网络研究无疑弥补了经济地理学中的这一缺陷，其中各类行动者具有不同的特质（表2-2）。对全球生产网络中不同行动者特质的深入考察，可以更好理解全球生产网络运作机制，明确各种主要行动者及其互动模式，可以使地方经济发展对全球化的呼应更有针对性。

表2-2 全球生产网络中主要行动者分类与活动内涵

<table>
<tr><td rowspan="3">制度</td><td rowspan="3" colspan="2">影响范围</td><td colspan="2">全球的</td><td rowspan="3">类型</td><td colspan="3">国家的</td></tr>
<tr><td colspan="2">国家的</td><td colspan="3">准国家的</td></tr>
<tr><td colspan="2">区域的/地方的</td><td colspan="3">非国家的</td></tr>
<tr><td rowspan="3">企业</td><td rowspan="3">生产者</td><td colspan="2">最终生产者/组装厂（地方企业）</td><td rowspan="3">连接者</td><td colspan="2">一级网络连接商</td><td rowspan="3">部门</td><td>X部门</td></tr>
<tr><td colspan="2">辅助的/分支工厂</td><td colspan="2">二级网络连接商</td><td rowspan="2">Y部门</td></tr>
<tr><td colspan="2">OEM</td><td colspan="2">分销和零售</td></tr>
</table>

续表

<table>
<tr><td rowspan="2">关系/流</td><td rowspan="2">非物质的</td><td rowspan="2">权力流、信息流</td><td rowspan="2">物质流</td><td rowspan="2">输入、输出关系</td><td rowspan="2">关系</td><td>支配关系</td></tr>
<tr><td>相互关系</td></tr>
<tr><td rowspan="4">空间/地方</td><td colspan="3" rowspan="2"></td><td colspan="3">价值生产</td></tr>
<tr><td colspan="2">低</td><td>高</td></tr>
<tr><td colspan="2" rowspan="2">价值获取</td><td>低</td><td colspan="2">区域 D</td><td>区域 B</td></tr>
<tr><td>高</td><td colspan="2">区域 C</td><td>区域 A</td></tr>
</table>

资料来源：Henderson et al.，2002

（1）关于企业。全球生产网络中企业组织关系存在明显的等级性特征，这种等级是基于价值区段的业务等级联系而建构的。在对企业关系网络研究更为细致的恩斯特为代表的管理学派的视角下，企业类型包括品牌商、合同制造商、供应商，不同类别企业拥有不同网络优势。品牌商、合同制造商为生产网络中的旗舰企业，处于网络中心位置并掌握网络的关键资源和决策权，其中品牌商集中于高风险、高收益的“核心业务”，包括产品标准制定、质量控制、市场营销、售后服务等；合同制造商的主要优势在于高端制造技术及与下级供应商之间的密切网络关系，从而为品牌商进行零部件制造、开发、工程化以及完成最后的组装，在很多情况下合同制造商管理整个产品的供应链和生产链；供应商分为高级供应商与一般供应商，高级供应商或称为次级合同制造商，它们可直接与品牌商接触，拥有特质的资产（包括设计与生产制造技术），能够完成整个价值链的每一环节的活动并建立起自己的次级全球生产网络，而一般供应商居于附属的地位，通常缺乏特质资产，其竞争优势主要源于低成本及交货快速、灵活。

（2）关于制度。制度安排从地方尺度到全球尺度都影响着全球生产网络的发展，它们在价值本地化生产、增加及获取方面都有重大意义，同时制约着全球生产网络中权力的分配。此外，地方制度对于全球生产网络能否融入地方并带来可持续的经济和社会发展具有核心作用。关于制度对全球生产网络作用结果的测度是个复杂的问题，近些年对后社会主义的东欧以及中国、日本、韩国等国家及地区制度结构的研究就成为典型范例。制度分析同样可以上升到国际组织的尺度。例如，Castells（2001）曾经指出，从网络角度出发思考问题的解决途径已经成为国际货币组织和国际贸易组织最近决策的重要特征，例如，它们在参与解决亚洲金融危机时对东南亚国家产业发展政策的约束。基于全球生产网络中的劳动分工与升级已经成为国际经济组织指导这些国家产业发展的重要方向。

（3）关于空间。特定空间塑型是全球生产网络的内在特征，每一全球生产网络都可以通过将行动者置于特定空间并描绘他们之间的相互联系而实现“地图化”（Yeung，2005）。全球生产网络空间性首先是梯度的问题，所有全球生产网络都是多梯度的，涵盖地方、区域、国家以及全球范围，这种多梯度的网络经过时间流转，通过受到不平衡权力影响的多元化行动者强化和转化。其次是网络活动在空间中的界限。例如，在特定国家（或联盟背景、次国家尺度）政治氛围里，多数非商务制度仍然被其地方背景所限制。当然空间定位对于不同区域发展具有不同意义，尤其是对于价值的生产、分配和权力的制约关系，并对全球生产网络的地方镶嵌与地方的网络镶嵌模式产生影响（Yeung，2003）。例如，在曼彻斯特学派的研究中，全球生产网络框架塑造了四种不同类型的“区域”。

（4）关于技术。技术，特别是信息通信技术在塑造和改造全球生产网络中的重要作用已经显而易见。因此在全球生产网络研究中，不要把技术作为一个单独要素进行研究，而作为支撑网络中行动者关系发展的一个重要影响因素。同样，技术作为全球化的一个驱动力，制约着不同地方的价值生产过程，塑造了网络中权力实施的方式，还影响了行动者在特定网络和地域镶嵌和脱离的可能性。

总之，必须认识到不同地方和社会的企业、政府及其他行动者会有不同的优势，因此生产网络对每一空间区域经济发展和企业的意义，不能仅从网络的组织逻辑及网络中的绝对权力关系来理解。在全球生产网络研究框架中，第一，应该对企业、政府和其他行动者一定的独立性进行考察。第二，必须重视网络中输入－输出结构，考察特定空间与全球范围内其他地方生产条件的差异。第三，对生产网络“地域性”的理解，即行动者如何在地方通过经济的、社会的和政治的安排组成和重组。第四，理解“生产者驱动”网络和“消费者驱动”网络之间的差别。比格里芬的全球商品链工作考虑得更为多变，例如，同一产品领域中同时具备两种特点，而在现实中的确有这种案例，如汽车零部件和消费类电子。第五，某些制程（如药物学和一些电子类产品）的技术联盟和授权协议都是以企业协会的形式组成，对全球生产网络的权力分配同样具有重要的意义。

四、关于价值链支持性活动的分析

从曼彻斯特学派的全球生产网络研究框架看，其研究着重于某一特定产品的管理、研发、设计、生产和营销的全部价值生产环节以及由此形成的企业网络，关注行动者如何实现全球和区域组织。波特在价值链分析中把企业内外价值增加的活动分为基本活动和支持性活动，其中基本活动是实现价值创造的直接活动，而支持活动是完成基本活动的必备条件。由此可见，全球生产网络目前关于价值创造的环节更多强调了基本活动的研究，但相对忽略了金融、信息、物流和人才培训等活动在生产网络的形成和发展中的重要作用。

实际上，构成全球生产网络产业价值链的各个组成环节都是相互联动、相互制约、相互依存的，包括基本活动和支持活动两类。每个环节都是由大量的同类企业构成，上游产业（环节）和下游产业（环节）之间存在着大量的信息、物质、资金方面的交换关系，是一个由辅助性活动组织的价值递增过程。全球生产网络研究对金融、信息等支持性活动的忽略，与整个大的研究背景相关。爱尔兰国立大学的 Grimes 和 White（2005）在对爱尔兰国际服务贸易发展的研究过程中曾经指出，尽管学术界对外商直接投资即 FDI 的经济发展效果研究持续了较长时间，但这些研究都同大规模制造业的全球扩散相关，直到最近才开始关注服务业 FDI 的发展。Dicken（2003）进行的研究也证明，随着全球范围内服务业的 FDI 超越制造业的 FDI，服务业在企业网络关系研究中的地位逐步提升，亦将成为全球生产网络未来研究的一个重要领域。

在全球生产网络发展过程中，随着网络关系的日益复杂，权力关系也日趋不平衡。技术的垄断性和品牌的市场效应固然是获取权力支配地位的手段，但资本、信息等亦是影响全球生产网络中企业权力组织的重要因素（图 2-4）。其中资本毫无疑问是一切价值生产活动环节的基础，资本控制也是企业总部管理的有效手段。信息和物流分别是联系价值生产环节的无形和有形载体，而人力资源则是生产网络明识知识和内隐知识的载体和活动者。没有这些支持性活动的存在，全球生产网络亦不会形成和发展。随着全球生产网络中价值高端部分（包括管理和研发）全球性扩张的趋势日益明显，全球生产网络也在不断成长，其高技术性和资本密集性的特征越来越明显，对资本、信息及人才等支持性活动的需求越来越大。通过对金融、信息和人力资源尤其是高端人才等支持性生产活动的考察，不难发现它们与全球生产网络中的高端价值环节关系更为密切，其空间需求同样以区域核心城市或城市中央商务区（CBD）为主。而物流仓储则对自然条件（如国际海港）和新区位条件（国际空港）更为敏感。对中国长江三角洲区域经济发展进行考察，发现随着全球生产网络地方镶嵌的深入，劳动分工的区域产业关系促进了地方生产网络的初步形成，其中该地区的核心城市上海成为地方生产网络管理和研发的核心。与之相适应，金融环境和信息往来与处理、物流仓储建设等业务，上海亦走在其他城市的前列，通过金融资本和信息、货物往来等控制生产网络，持续巩固上海作为长江三角洲、中国经济中心城市乃至全球化城市（globalizing city）的地位。

随着全球生产网络的成长和升级，构成产业价值链的环节和企业数量一般会大幅增加，而且在劳动分工上更为专业化，全球生产网络的转型和成长必然会改变价值链各环节的生产贡献比重。随着生产网络对资本运行、信息处理以及物流等活动需求的增加，价值和利润随之在产业价值链上转移和流动，也必然会显现出新的特征，各环节的运作效率对整体产业链条运作效率的影响越来越大，各成员企业相互依赖性增强。但是一旦该产业价值链中的某一个环节不能及时或不能

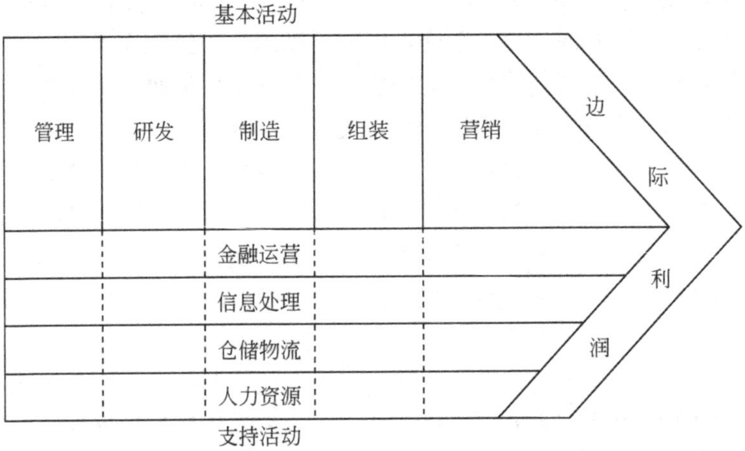

图 2-4 全球生产网络价值链生产活动构成

提供充足的供给，这个良性的循环就会被打破，从而引发上游企业或者下游企业不能正常运转。从这个角度而言，价值生产支持活动同基本活动一样，都是全球生产网络中的重要组成部分，亦应该成为全球生产网络研究中的重要内容。

第四节 全球生产网络研究的未来展望

Hess 和 Young（2006）曾撰文针对全球生产网络目前研究的缺陷和未来研究的突破进行分析，提出目前全球生产网络研究的最主要挑战是对全球生产网络研究的物质和社会文化层面的广泛整合。这实际上揭示了全球生产网络社会学基础和管理学基础两个不同视角研究的纷争，即全球生产网络未来的研究应该着重于企业组织管理领域还是制度文化的领域。借助关系网络研究方法，保证全球生产网络研究既不低度社会化也不过度社会化已经成为共识，政治经济学、行动者网络理论（actor network theory）和新经济地理近来的一些基本观点被更多地纳入全球生产网络研究框架中（Bathelt，2006）。从近些年经济地理学界关于全球生产网络研究的成果看，其所强调的文化转向对全球生产网络中经济交换、价值创造、提升与获得社会文化等方面的整合是有益的。例如，Lagendijk（2004）经过对全球商品链研究总结后认为，“虽然来源于与‘系统－世界’相关的‘结构主义世界体系理论’，全球商品链分析已清楚转向于研究全球生产和发展的‘生活－世界’维度”。这说明市场、政府及其他组织等在塑造全球产业组织方面发挥了主要作用，正如 Sayer（2001）所述：“实体经济组织如企业存在于系统和现实世界中”，而经济系统又“总是文化性地镶嵌和依赖于现实世界”。因此，社会文化是社会经济系统的先决条件而非衍生物，未来全球生产网络研究仍需重视对文化政治维度方面的考量（Hess，Yeung，2006）。

Hess 和 Yeung（2006）认为，全球生产网络研究框架也面对一些理论认知问题，特别是在理论基础方面。经济地理学全球生产网络研究对经济社会学和网络的分析，比正统经济学有更多的理论思考。例如，Peck（2005）认为在全球生产网络研究中，经济地理学家似乎更多“扮演”社会学家和组织理论家而非经济学家的角色，使得全球生产网络研究中过分强调社会联系，在不同尺度空间分析中忽略了构成全球生产网络基础的经济交易活动。对生产模式、企业组织等研究缺陷的认识，仍亟待经济地理学全球生产网络研究跳出社会学着重描述与解释的基本研究思路，更多借鉴全球生产网络中管理学派的思路进行更为深入的研究，从而为地方产业升级和发展提供更为适合的路径。

此外就研究方法而言，全球生产网络研究框架尽管有明显成熟的理论外形，但仍然只是一个“研究框架”，尚未形成一套系统的方法论工具以实施于这个研究框架。通过对已有研究成果进行考察，经验主义的研究主宰了目前的全球生产网络研究。首先，关于全球生产网络的机制和进程研究偏爱于基于采访的方法以收集经验主义的数据进行定性描述，缺少严谨性。其次，传统地理学中的实地跟踪考察为全球生产网络研究提供了很好的路径。例如。跟踪整个或大部分的全球生产网络中某些关键地点，特别是领先企业及其关键供应商和市场所处的地方。但这种“追踪”的方法需要将全球生产网络研究调整至合适尺度，以保证可行性。最后，不同于网络分析和全球价值链及全球商品链的定性分析，全球生产网络研究工作应该倾向定量数据研究的补充，其中关于贸易和生产统计的定量数据都是研究的重要来源。

第五节　小　　结

全球生产网络研究框架源自基于产品内分工发展形成的新的国际劳动分工，包括价值链、“微笑曲线”、网络行动者和镶嵌及全球价值链、全球商品链等方面在内的研究都是其重要的研究基础。全球生产网络研究框架以企业、空间、制度以及各种“流”为主要研究维度，包括技术和时间两个维度和价值、权力和镶嵌三个主要研究内容。从不同流派的研究重点看，管理学派主要侧重于价值生产中企业的网络组织关系及由此反映出的权力关系，曼彻斯特学派则侧重于企业的地方镶嵌及由此反映出的空间组织和权力关系，因此更具有地理学研究的色彩。

但全球生产网络并非是一个完美无缺的理论框架，完全基于生产的考察使得其自身理论体系在发展中逐渐陷入一个“自我陷阱”：虽然打破传统生产制造创造价值的狭义观点，并将管理、研发和品牌营销等置于价值生产链中，但在经济地理学研究流派中，对资本运作、物流配送、信息处理以及人才培训等环节基本忽略。另外全球生产网络研究框架对于主要基于地方化成长的产业集群、智力-文化产业（如创意产业）等都缺乏理论解释，从而出现研究内容的缺失。

同时，管理学派和曼彻斯特学派研究倾向之争亦应该在平衡之中不断前行，既关注企业组织管理又注重地方社会文化、制度的影响，最终实现全球生产网络研究物质和社会文化层面的广泛整合。此外就研究方法而言，全球生产网络研究框架仍然没有一套系统的方法论工具以实施这个研究框架。打破经验主义和传统地理学中实地跟踪考察研究，采用一些关于网络研究和全球价值链及全球商品链的定量统计分析，则是未来全球生产网络研究需要重点突破的领域。

第三章

全球生产网络的生产组织与治理

——国际劳动分工的考察

全球生产网络是基于管理学、社会学以及经济地理学中的某些理论基础而发展起来的一个理论框架。其中在管理学派全球生产网络的研究框架中，关于企业生产组织关系的探讨为其重要内容，主要包括价值生产的区段分配、空间分布以及由其反映的权力支配关系等，这些也都包括在曼彻斯特学派的研究框架中。那么全球生产网络中的企业组织关系到底如何架构？本章围绕这个问题开展进一步的分析。就其本质而言，全球生产网络框架属于经济学中传统的分工研究范畴。在传统经济地理学区域经济与空间结构研究中，已有许多理论将分工纳入了分析主线，如区位论、空间作用理论、核心边缘理论、依赖理论、梯度理论、地域生产综合体等。本章重新回归经济地理学研究的范畴，从国际劳动分工的演化角度入手，探讨全球生产网络劳动分工的实质，力图重新梳理这个既传统又前沿的研究领域。

第一节　国际劳动分工的演化：全球生产网络形成的经济基础

一、新国际劳动分工的兴起与发展

全球生产网络具有多重的空间研究尺度，本章着重于从全球尺度的新国际劳动分工理论开始，探讨国际劳动分工的分工演化及其对全球生产网络生产组织的影响。新国际劳动分工是20世纪50年代出现的劳动空间分工的国际表现形式，跨国公司的迅猛发展、资本流动的日益加速、区域发展一体化等成为其主要特征。新国际劳动分工产生了重要的国际地理结果，表现为传统工业和劳动密集型工业。例如，纺织、服装、电子产品生产装配、重化工业生产制造等开始转向发达国家边缘地区、亚洲新兴工业化国家，并在80年代以后逐渐向东亚、东南亚及拉丁美洲地区的发展中国家扩散。然而不是所有的经济活动都以全球化的形式发展，关键性的部门、产品研究与开发、公司总部仍然保留在发达国家，并在那里做出关键决策及投资分配，由此反映了世界经济格局动态变化的特征，体现了世界范围内跨国界控制与生产的等级体系。这种全球范围内生产空间组织的重组和资本投资指向变革动摇了传统工业地理和工业区位论的基础，催生了劳动空间分工理论（Chapman，Walker，1991）发展。

直到20世纪70年代，空间才开始被纳入社会科学研究体系，并作为一种重要的“生产资料”加以考虑。新国际劳动分工是劳动空间分工的全球尺度表现，表现为跨国公司影响下的国际制造业的扩散及随后发展的服务业的国际扩散。Frobel和Heinrichs（1980）认为新国际劳动分工是产业发展跨国重组的结果，在这个过程中发展中国家依然处于依附地位；Conhen（1981）则专注于新国际劳动分工中的产业转移，从制造业、服务业及国际产业资本三个方面探讨了国际制造业及贸易的全球扩散，其中全球城市是新国际劳动分工的协调和控制中心，从而较早地将国际劳动分工和世界城市体系联系到一起进行研究。Dicken和Lloyd（1990）在麦茜和斯科特的研究基础上，提出新国际劳动分工中的空间分工内涵：在社会生产关系中围绕资本积聚周期，定位于不同空间具有的不同功能，但地方功能是动态变化的。Dicken（2003）随后提出全球性转移（global shift）模式，提出跨国公司已经成为全球劳动分工的主角，推动新的国际分工格局形成的动力是市场需求、契约转让、生产一体化以及降低成本的要求，表现形式是跨国直接投资和生产以及国际贸易的快速增长。新国际劳动分工表现出明显的空间差异，包括发达国家之间的分工、发达与欠发达国家之间的分工、区域分工的升级转换等。

二、国际贸易理论对劳动分工的分析

国际贸易理论研究开创了经济发展与地理空间结合的先河。国际贸易理论最早始于斯密的绝对优势理论，斯密认为每个国家都可以利用自己拥有的某些优势来参与生产分工，并通过贸易获取利益；李嘉图在其著作《政治经济学及赋税原理》中提出了比较优势理论，他认为即使一个国家在生产上没有任何优势，只要其生产各种商品的成本不同，仍然可以通过“两优选其重，两劣选其轻”的分工原则生产并同别国发生贸易；瑞典经济学家赫克歇尔和俄林提出了要素禀赋理论，也称H-O模型，认为生产要素的不平衡分布导致区际和国际贸易的产生。但随着社会经济的发展，经济学家发现H-O模型并不能完全解释某些贸易案例，如“里昂惕夫之谜”[①]。随着交通通信技术的发展，各工业国的要素禀赋变得日益相近而贸易量却在不断增加，新的国际分工和贸易现象需要新的理论解释。

1985年，赫尔普曼和克鲁格曼认为，当市场结构由完全竞争变为不完全竞争的时候，规模经济就取代了要素禀赋差异成为推动国际贸易的主要原因，从而确立了新国际贸易理论的基础。20世纪80年代，美国哈佛大学教授波特提出了国家竞争优势理论，从而使得国际贸易的解释更具“统一性和说服力”。波特在《国家竞争优势》一书中提出，一国兴衰的根本在于能否在国际竞争中赢得优势，而取得国家竞争优势的关键在于国家是否有合适的创新机制和充分的竞争能力。面对国际贸易中的这些新现象，当代经济学家应用规模经济、递增效益和市场结构理论来对产业内贸易做出解释，而国家竞争优势理论则试图从系统的角度建立国际贸易和国际分工中国家竞争优势形成的理论体系。

但国际贸易理论的分析都具有同样的前提，就是假设作为分工和贸易对象产品的全部生产过程都在特定国家或者经济体内部进行。交易产品如果具有跨行业性质，对应的贸易活动就是行业间贸易；如果是同一行业内部不同形态的同类产品，对应的贸易活动就是行业内贸易。以产品为基本分工对象，先验地排除了对产品内国际分工现象的关注和重视，从而导致理论与现实情况的脱节。

三、国际劳动分工的新发展与形式

随着科学技术的发展和生产组织的不断变化，当前劳动分工展现出一个引人注目的特征，就是很多产品生产过程包含的不同工序和区段被拆散分布到不同国家进行生产，形成以工序、区段、环节为对象的产品内分工体系，学界称之为“产品内分工”（卢锋，2004a，b；田文，刘厚俊，2006）。采用产品内分工方式组织生产，特定产品生产过程的零部件和中间产品在不同国家之间的多次流通，构成了过去几十年中国际贸易增长速度显著高于全球国内生产总值（GDP）增长速度的重要原因。当代国际资本和其他要素流动及国际贸易发展的层面，也体现出与产品内分工互动联系的特点。对产品内分工，不同的学科已有很多研究。例如，管理学对“供应链”、“价值链”、“外包”、“代工”等问题的研究，揭示了新分工类型与管理的实践联系；国际经济学对国际生产系统、分散化生产、垂直分工等新的分工形式进行了深入探讨。

Helleiner（1973）敏锐地观察到：发展中国家制成品出口大幅度上升，主要

---

① 美国经济学家里昂惕夫1953年用投入－产出模型对美国20世纪40年代和50年代的对外贸易情况进行分析，考察了美国出口产品的资本－劳动比和美国进口替代产品中的资本－劳动比，发现美国参加国际分工是建立在劳动密集型专业分工基础之上的（即出口产品中的资本－劳动比低于进口替代产品）。这一结果恰与俄林的要素赋予论相悖。

与纵向一体化的国际制造业劳动密集型生产环节相联系，这种现象实际上是发达国家与发展中国家产品内分工的早期形态和表现。Finger（1975）研究美国20世纪60年代出现的“海外组装操作”（offshore assembly operation）。Dixit和Grossman（1982）建立起理论模型，考察多区段生产系统如何在不同国家之间分配工序区段，并分析关税等政策变动对这类分工的影响。Jones和Kierzkowski（1990）把将生产过程分离开来并散布到不同空间区位的分工形态称为“碎片化生产”（fragmented production），该研究强调了服务活动对于展开产品内分工的重要性，并指出两个推动生产过程分散化进程的因素，一是比较优势因素，二是规模报酬递增因素。Arndt（1997）利用国际贸易常规分析技术，对全球外包和转包等新的产品内分工现象的影响进行了研究，并提出不同表述，包括全球外包（global sourcing）、离岸外包（offshore sourcing）、转包（sub-contracting）、产品内分工（intra-product specialization）等。2002年，联合国贸易和发展报告专门讨论了“生产分享”（production sharing）的最新发展，探索了新的国际劳动分工形式（UNCTAD，2002a，2002b）。在经济学与管理学交叉领域对价值链的分析（波特，1985；梁能，1999）、对企业间网络化联系的研究（Jarillo，1988）、对产业群（cluster）形成机制和形态的研究、对模块化生产网络（modular production networks）问题的研究（Sturgeon，2002）等，都从不同侧面涉及产品内分工的考察。

第二节　基于劳动分工新的生产组织

一、模块化操作与转包生产

1. 模块化操作的兴起与汽车产业的分析

面对这样一个全球化和信息化快速发展的新经济时代，基于产品内分工新的生产组织模式，企业生产方式也发生了诸多变化，许多学者纷纷贯之以“柔性生产”、“后福特制”等新的术语（Piore，Sabel，1984；Scott，1988b；Dicken，2003；王缉慈等，2001；刘刚，2004）。鲍德温和克拉克1997年在《哈佛商业评论》上发表《模块时代的管理》一文，从此引发了对模块化（modulization）[①] 生产方式的讨论。按照青木昌彦（2003）的理解，这与斯密的分工概念如出一辙，

① 在计算机术语中，模块化是按照功能将一个软件切分成许多块进行单独开发，然后再组装起来，每一个部分即为模块。其优点是利于控制质量，利于多人合作，利于扩充功能，是软件工程中一种重要的开发方法。

但模块化是分工在信息化背景下新的表现形式，是在数码信息处理与通信技术发展基础上的“现代化分工”。模块化的力量在于三点：①它分解复杂系统后得到的模块本身亦是复杂的系统，即每个子系统又可以分解成次一级子系统，这是一种类似于系统论中超循环的组织结构；②模块间的联系规则并非像标准化设计那样一成不变，通常要持续不断地改进创新；③联系规则一旦确定，各个模块内的设计和改进是彼此独立的，这带来巨大的创新空间。我们可在电脑、互联网、汽车、家用电器乃至金融服务业等多个领域看到模块化原理的应用，并且它不仅适用于生产过程中，而且体现在设计过程、管理流程等方方面面。模块化已经成为推动技术创新、产品创新和管理创新的重要的动力机制，是分工发展到知识经济时代和信息化阶段的标志。

汽车产业兼具传统与现代生产特征，以其为对象考察模块化生产的具体内涵和效果更鲜明和有意义。白雪洁（2005）认为，汽车产业模块化的含义至少表现在三个层次：设计的模块化、生产的模块化及采购的模块化。

汽车产业模块化的第一层含义是设计的模块化。在设计开发中实行模块化运作要以功能可分为前提，汽车是典型的多零部件组装产品，满足功能可分的条件。在最初的统合型设计开发中，每个零部件的设计都要考虑到其他多个零部件的性能，形成多对多的网络型设计开发结构。而模块化的设计开发可以确保产品性能之间形成一对一的关系，提高产品设计的独立性，零部件之间残存的相互依存性问题只需在产品之间的界面上予以处理。两种设计方式的差异由图 3-1 和图 3-2所示，图中 F 表示产品的总体性能，S 表示产品的总体结构，F_1、F_2 表示产品的分性能，f_1、f_2 表示产品分性能的分性能，S_1、S_2 表示大的模块，s_1、s_2 表示小的模块，连接线表示相互间的关系。从图 3-1 和图 3-2 可以看出，两个图左半部分都代表产品的性能，右半部分都代表产品的结构。在统合型结构产品设计时，每个零部件设计者，如 S_1 的设计者必须同时考虑多个因素，如与其他产品性能的相互依存性（$s_1 \leftarrow f_1 \leftarrow s_2$、$s_1 \leftarrow f_2 \leftarrow s_2$ 等）、与其他产品结构的关系（$S_1 \leftarrow S_2$）、与产品整体设计的相互依存关系（$s_1 \leftarrow S_1 \leftarrow S$ 等）及分性能之间的相互依存性（f_1 和 f_2、F_1 和 F_2 等），错综复杂关系导致设计工作缺乏独立性。但在模块化结构产品的设计中，每一种性能的设计都要使产品与性能之间存在一对一的关系。例如，产品 S_1 的设计者只需关注性能 f_1 和总体设计 S 就可以，也就是说这些产品都是性能完整的模块，从而提高设计的效率。

汽车产业模块化的第二层含义是生产的模块化，也是企业生产流程的再造过程。汽车产业的模块化生产由以往集中零部件散件在组装企业内装配，变为模块供应商在组装企业附近甚至在组装企业的生产车间内、在组装生产线旁进行模块的生产供货。这种生产流程再造将及时（just in time）供给的物流模式变为时序

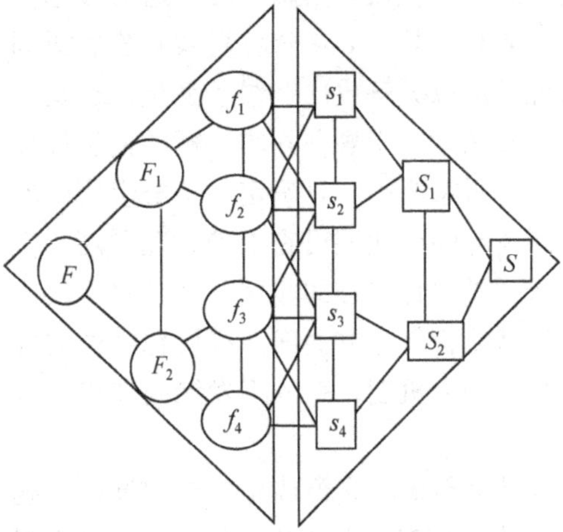

图 3-1　统合型结构产品的设计

资料来源：白雪洁，2005

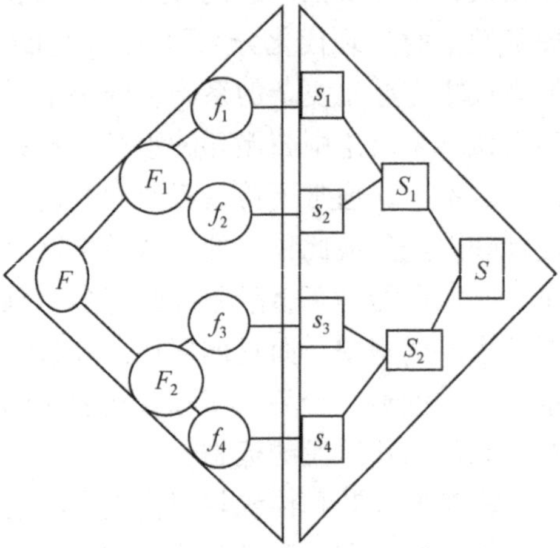

图 3-2　模块化结构产品的设计

资料来源：白雪洁，2005

(just in sequence）供给的物流模式，将过去企业内的工序变为企业间的工序配合。由模块生产企业建成副生产线，并为组装企业的主生产线供货，主生产线的生产流程简化，主、副生产线则要求达到工序高度和谐的物流供给状态，亦即 just in sequence，这大大改变了组装企业的生产流程，而且对模块生产企业的流程再造也提出了要求。

汽车产业模块化的第三层含义是采购的模块化。对汽车产业这种加工组装度很高的产业而言，零部件产品的内制与外部采购缺一不可，模块化采购是一种外部采购形式。从组装企业角度讲，模块化采购与普通外部采购存在交易产品和交易对象的差异，模块化采购的交易产品是集成度很高的主模块，交易的对象是模块集成供应商；普通外部采购交易的可能是一个小小的零部件，交易对象可能是直接零部件的企业。采购模块化使得与组装企业进行直接交易的企业数量大为削减，并由此改变了模块供应商与其他零部件生产企业之间的关系。因此，模块化采购也是企业间关系的一个重组过程。

汽车产业的模块化发展改变了以往组装企业和大大小小的零部件企业构成的汽车企业群关系，出现了组装企业、模块集成供应商、模块构件生产企业以及非模块零部件生产企业之间相互合作与共生的网络组织关系。

2. 产业联系与转包生产

模块化生产组织模式是价值链和（全球）生产网络形成的企业基础，但这其中仍然缺乏经济联系的分析中介，产业联系则提供了这个分析工具。产业联系主要是指工业生产与活动之间的相互关系，包括物质、信息等的交换与流动。传统的产业联系可分为功能联系和空间联系（王缉慈等，2001）。20 世纪 80 年代以前的产业联系强调物质联系的“短距离”特点，企业以集聚的形式出现，包括各种垂直联系的企业、组装与零部件企业等，减少运输费用，降低生产成本、组织成本以及交易成本，并获取外部规模经济效益成为主要的经济目的。到 80 年代以后，随着知识经济的兴起和网络信息产业的发展，产业联系在内容上大大丰富，包括以知识和信息为主要内容的非物质联系成为产业联系的重要内容。而世界范围内产业结构的转型和交通技术的发展也使得以产品内分工为主的企业生产体系开始出现空间上的分离，转包联系成为产业联系的最主要形式。

转包联系指企业通过某种市场协约，让其他的独立企业为其承担生产或加工原材料、零部件甚至是最终产品的活动。就生产组织考察，转包是网络组织模式的重要特征和组成部分。朱华晟（2003）认为，转包的优势主要体现在三个方面。首先，可以实现下承包企业生产的有效性。转包的产生使得很多企业只负责产品生产的某个部分，这使得下承包企业一般呈现规模小、组织结构简单、运行机制灵活、管理成本和生产较少的特点。而通过特定市场契约，亦可减少市场运行的交易成本。其次，对发包商来说，则可以避免新建或扩建工厂所需要的大量投资，专注于自身核心业务的建设，通过改变转包数量来应对市场需求的变化，提高生产供货的弹性程度，降低闲置富余生产能力的机会成本。此外，还可以从专业下承包企业那里获得自己不能生产或要付出更多成本才能实现的专业化技术产品。最后，对于下承包商而言，通过转包业务可以进入自身能力所不能进入的特定市场，提高自身生产能力的利用率。发包商还可能以资本、机械设备或者技术支持的形式对下承包商投入生产要素，使下承包商既可以获得资金支持，又能获得技术指导，使其在生产能力不能扩大的基础上扩大营业范围，甚至可以与发包商形成市场竞争。

发包商与下承包商之间的联系是一种动态变化的进程，其影响因素包括技术层面和社会制度文化层面的内容。首先就技术层面考察，发包商由在最初仅仅由下承包商负责产品生产制造方面的业务，到逐渐在产品设计和质量监控方面赋予下承包商更多的责任，将下承包商纳入到产品创新活动当中，这无疑增加了转包业务之间的联系。基于制度文化层面的考察成为转包联系中的重要研究维度，这种制度包括政府制度和各种非政府组织的影响，如地方政府的政策、国际货币基金组织与世界贸易组织规则、地方工会组织与行业协会的影响以及文化层面如地方文化传统、社会环境、经营理念、社会治安、劳动力素质等对企业间转包联系的推动和制约，这些影响要素都可以在全球范围内进行选择。可以推断出，跨区域及全球范围的转包业务最早是按照劳动力成本最低[①]的原则实现的。这也是发展中国家出现大量跨国公司分厂的重要原因之一。由此可以看出，尽管在企业组织上要求尽可能将产业链的所有环节纳入企业附近乃至其内部，但这并不意味着绝对的生产区域集聚，生产各环节可以实现空间分离，形成生产区位分散的局面。

“分散的集聚”是转包生产关系的另一个重要特点。这固然源自于马歇尔关于外部规模经济和范围经济的效益分析，但从产业联系和创新的角度理解这种集聚可能具有新的意义。首先对于一个以弹性生产为特征的生产系统来说，转包意味着企业间业务往来关系的紧密，尽管交通通信技术已经极为发达，在市场竞争日趋激烈的条件下，这种关于时间交通成本的费用则是以“机会主义成本”形式存在的，减少这种机会主义成本是增强生产系统弹性的必要手段，这就必须保证企业在空间上接近和集聚。同样，就知识资本在生产要素投入中所占比例越来越高的现代产业生产考察，创新是企业市场竞争力的源泉，集体学习则是获得创新的重要渠道，通过集体学习及时捕捉市场行情和新技术信息，并在互动过程中产生创意。就转包的空间演变考察同样验证了以上理论分析，在工业化早期，转包关系发生在特定区域，并促成了高度本地化产业区的形成。交通通信技术的发展促进了发达国家企业国际转包的成长，既能充分利用发展中国家廉价的资源，又能通过远距离的转包系统进行协调。而及时系统和时序系统被广泛采用后，企业之间频繁的货物交流和依赖彼此间联系来应对市场竞争的趋势使得转包对集聚再次提出要求。例如，台资企业在内地长江三角洲地区的投资从一开始就以“母鸡带小鸡”的形式出现，由一个大的品牌商或组装厂商带领配套企业集体投资，而“小鸡”的成长以及“小鸡带小鸡”模式的出现反而引导了“小鸡带母鸡”的新的情况的出现。这种产业集聚模式的出现固然与地方制度和文化层面紧密相关，但其对包括空间交通成本和时间交通成本在内的成本要素的节约追求亦是重要原因。而就意大利以及美国硅谷产业空间集聚现象考察，通过集聚强化彼此功能关系以及面对面交流获取创新的知识则是重要的集聚推动力。

二、从价值链到企业生产网络

模块化运作是全球化和信息化时代与生产网络组织模式相对应的主要生产方式，企业通过模块化生产提高了企业内部和企业之间专业化协作的效率，并在提升单个企业规模经济和价值的同时提升了整个产业的市场价值。在模块化流程将企业内、外部通过生产要素、产品价值构成一条环环相扣的完整链条时，也就出

① 如新国际劳动分工理论的考察。

现了很多与企业生产相对应的“链”的术语。例如，迪肯用来分析全球生产系统的“生产链”（Dicken，2003）、Porter 于 1985 年提出的“价值链”①、Gerefli 在“价值链”基础上提出的“全球商品链”（Gereffi；Korzeniewcz，1994；Gereffi，1999），还有企业管理中常用的“供应链”等概念。从实质看，它们实际上是同一对象的不同表述，均强调使某种商品或服务在生产过程中增加价值的一系列基本活动的集合。

波特在《竞争优势》一书中就企业竞争优势的构建率先提出了“价值链”的概念及其相关论述。他认为企业是一个综合设计、生产、销售、运送和管理等活动的综合体，创造价值的过程可分为一系列互不相同但又相互关联的增值活动，它们的总和构成“价值系统”，每一项经营管理活动就是“价值系统”中的“价值链”。价值链的活动分为基本活动（企业的基本增值活动）和支持活动（企业的辅助性增值活动），价值链的各环节之间相互关联、相互影响。价值链理论认为行业的竞争优势来自该行业的某些特定环节的竞争优势，抓住了这些关键环节，也就抓住了整个价值链。要保持企业对某一产品或在某一行业内的竞争优势，关键是保持企业在价值链上特定战略环节的竞争优势，而不需要在所有的价值活动上都拥有核心专长。这些特定的战略环节可以是产品开发、工艺设计，也可是市场营销、信息技术、服务或人事管理活动等，因行业的不同而各异。任何企业都很难在价值链的全部环节上保有竞争优势，在某些价值增值环节上，本企业的竞争优势较明显，而在其他的价值区段上，其他企业的竞争优势可能更明显。为达到“全赢”的协同效应，联盟各方在价值链的各自优势环节上展开合作，以实现整体效益的最大化。扩展到全球价值链范畴，则是企业在全球范围内实现最优资源配置，在更广的范围内寻找合作伙伴，实现价值链上的更优合作。

格里芬应用“全球商品链”来描述全球不同的企业在由产品的设计、生产和营销等行为组成的价值链条中开展合作的现象，这些行为分散在不同的地方的不同企业，通过各种中间运作生产最终产品（Gereffi，Korzeniewicz，1994；Gereffi，1999）。全球商品链的概念反映了跨国公司打破过去纵向一体化的格局而呈现横向和纵向集成的态势，生产网络组织的特征明显。一方面，营销、产品开发、生产、物流、供应、财务、人力资源等价值链条内部的职能横向集成；另一方面，供应商、制造商、销售商、客户通过信息通信和物流渠道实现纵向集成。从而形成新的生产网络组织模式下的特殊的企业运作模式（图 3-3）。就价值链和商品链考察：一是技术环节，包括研究与开发、创意设计、生产及加工技术的提高和技术培训等分环节；二是生产环节，包括后勤采购、母板生产、系统

① 在价值链概念基础上，后来有许多学者扩展至全球价值链概念，并与全球商品链视为等同。

生产、终端加工、测试、质量控制、包装和库存管理等分环节；三是营销环节，包括分销物流、批发及零售、广告、品牌管理及售后服务等分环节。发达国家逐渐着力于研发和品牌营销、控制核心技术和管理营销，而把加工制造环节转移出去；而发展中国家则在全球价值链条中明确自己的发展定位，着力于加工制造环节。

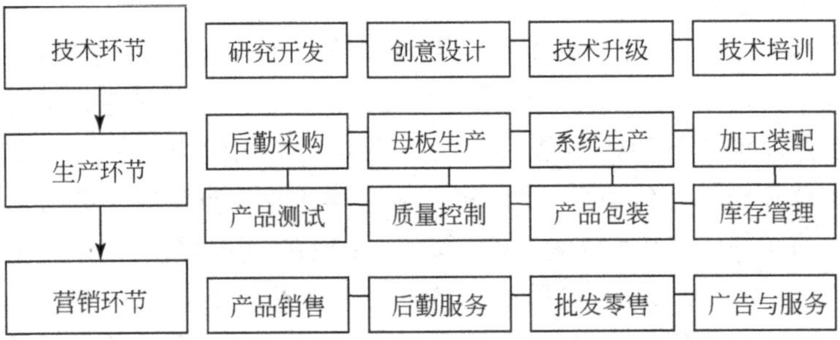

图 3-3　全球生产网络组织模式下的跨国公司运作

显而易见，围绕着价值链条的专业化呈现横向和纵向不断细化的发展态势，各专业化生产过程通过彼此之间紧密的协作关系构成一个完整的生产网络。在这个网络中，以信息通信技术为支撑的基本平台将各个环节集成在一起，进而改变整个企业的运作模式和管理理念。传统的企业内部管理变为整个价值链条的管理、多条链条的相互连接，最终强化了生产网络的形态。为了迎合现实的环境变化，企业组织模式开始了重新的“流程再造”，即公司对企业的业务流程做出根本性的重新设计，在“超职能”的基础上，集成产品和需求从开始到被满足的连续作业过程，跨越不同职能与部门的分界线，以求管理和作业流程的重整。这样的结果之一就是造成了企业边界相互渗透且日趋模糊，所以从企业外部的市场交易行为到企业内部的等级控制体系是一个连续渐变的组织结构演化谱系。由此，围绕价值链的模块运作模式也在传统的企业和市场的两极之间，形成各种以契约形式、资金联结、技术合作等联系起来的中间组织，即生产网络。

三、全球生产网络的生产组织：“价值链陷阱”的出现

1. 价值链生产区段组织过程的空间分离

从模块化和转包生产再到价值链运作和网络生产组织，关于生产过程的割裂分析不断深化，即劳动过程的分离及其空间分离，这是全球生产网络研究中的一条关键主线。全球生产网络具有劳动空间分工的典型意义，其劳动过程的空间分离表现为生产某种产品所需的一系列相关价值区段的经济和空间互动作用的过

程，这个互动作用过程的经济属性和空间属性便是全球生产网络形成的经济和空间基础。

在韦伯的工业区位论和马歇尔的产业区概念中，对地理要素的分析包括原料、市场、运输、劳动力等一般性因素，企业往往根据其产品的特性选择邻近原料地或是市场，形成传统的工业区位论。之后新马克思主义学者给予劳动过程的演变及其空间分离更多社会学的意义，例如，Massey（1984）认为，劳动过程的演变有着其潜在的地理内涵，其变迁的过程涉及分工的属性和程度的变化；Scott（1982，1986）认为，劳动过程是工人运用劳动工具生产可售商品的具体操作任务。很明显，以上是对劳动过程的狭义界定，可是在全球化快速发展、劳动分工日益细化及各生产过程彼此间联系日益加强的情况下，上述理解显然无法涵盖劳动过程的应有价值。从全球商品链概念以及全球生产网络的框架考察，一个完整的劳动过程应涉及某项产品或服务在生产过程中的管理、设计、制造、营销和售后服务等所有能够增加其价值的系列活动的集合以及与之配套的金融、信息、物流、人才培训等过程，同时也应包含地方制度、历史、文化等作用的进程。

全球生产网络是围绕特定产品和服务生产过程的不同价值区段以及相关的管理、研发活动，通过空间分散化形成跨区或跨国性的生产链条或体系。劳动分工的不断深化使得劳动过程空间可分性大大增强，这主要源于以下六个方面的发展。①发达国家建立在福特主义累积机制基础上的大众化生产和大众化消费平衡模式开始遭遇结构性社会调节危机，原有生产消费体系的崩溃迫使发达国家开始在全球范围内寻求新的生产与消费关系平衡；②全球金融市场的开放与建立在关税及贸易总协定（General Agreement on Tariffs and Trade，GATT）（后发展为世界贸易组织）基础上的全球自由贸易体系促进了全球对外经济政策的开放，加速了跨国公司的全球布局；③交通运输和信息通信技术的进步降低、缩短了流通成本和时间，却提高了跨国公司全球布局的组织成本与交易成本；④经济全球化的快速发展促使市场规模不断扩张，竞争也日趋激烈，迫使企业寻找新的市场和更低的要素成本，不仅促进了内部生产弹性化的发展，还强调生产外包制的外部弹性化生产，深化了全球经济在生产上的连接关系；⑤标准化和自动化的形式使得生产系统的组成部分可以分离。模块化的应用使得生产价值区段可以被分解为不同的组块，各自寻求最佳的区位，而不用被其他有着不同需要的工作单元束缚；⑥在一个前所未有的庞大的市场规模和竞争性市场结构中，企业组织模式很快由单厂企业变成多厂公司至网络式，并在经济全球化的过程中迅速成长为跨国公司，而彼此间密切的业务联系又使它们在寻找区位时不断重新产生集聚。

在这样的发展基础与条件下，全球生产网络时的劳动过程可分解为四类不同属性的价值链区段：行政管理、研发设计、生产制造、营销与服务区段。这几类价值链不同的区段劳动过程有着各自的空间属性，最终形成延续新国际劳动分工发展的一个“价值链陷阱”。

（1）行政管理的劳动过程。全球生产网络中最重要的行动者——跨国公司普遍为多单位企业，但其子企业多为所有权和经营权分离的经济活动体，亦然会通过控股或者契约等形式形成网络管理的层级制。这样就会出现三方面不同的空间倾向：①总部与分厂构成的空间生产系统，彼此之间存在密切的经济往来，如上、下游产品的供应与需求关系；②经济所有权和经营权（指投资权、经营管理权、联合任命权以及对员工的监管层级）关系在空间的伸展；③由中枢管理层到底层日常业务管理之间的管理层级在生产发展过程中变得日益复杂，企业内部中层管理实现不同地理空间的扩展和功能重复。此外，在纵向分工中，还充斥着大量横向行政职能的分工，如办公室文员、个人助理、计算机网络维护、财会、法律诉讼、营销等职能部门（Walker，2000）。

（2）研发设计的劳动过程。研发设计从福特制开始成为一个独立的企业关键性部门，其劳动过程可分为研发和设计两个层次。研发设计活动独立后，最初是和总部区位紧密结合在一起的。但随着经济全球化的加速，国际竞争的日趋激烈，为了充分满足市场需求、适应竞争以及利用东道国的人才和政策，跨国公司也开始改变研发活动国内指向型战略，实现研发活动的全球化发展（杜德斌，2001）。大致经历了国内研发、分散研究和国内开发的技术驱动研发、国内研究和分散开发的市场驱动研发、分散研究和分散开发的全球范围研发等阶段（Zedtwitz，Gassmann，2002）。在这一过程中，越来越多的设计、开发活动被分离出来去寻求各自最佳的区位，从而构建全球生产网络中的全球研发网络。

（3）生产价值区段的劳动过程。这是全球生产网络中最基本也是目前发展最为充分的劳动过程。早期制造业的部分劳动过程为实现规模经济的效应而崇尚空间集聚，以马歇尔的产业区概念最为显著。但由于全球化的发展以及地方内部比较优势的形成，产业出现由大尺度（如全球）空间分离后重新集聚的新过程。查普曼和沃克将生产价值区段的空间分离称为“过程分解结构”（Chapman，Walker，1991），而决定不同价值区段的空间取向的关键性因素在于其劳动性质和要素投入比例。劳动性质是指从事某段价值区段对劳动者的技能要求；要素投入比例指该段价值区段是属于资本密集型还是劳动密集型，这对区位选择有着很大的影响。不同的产业、不同的价值区段，其空间指向性差异极大。一般来说，资本密集型模块定位在经济发达的地区，而劳动密集型模块则会寻求低工资的区位。其中不同区位的熟练工人和非熟练工人的比例也决定该地区所能承接到的模块的性质。在此基础上形成了垂直空间分工和水平空间分工并存的格局（图3-4）。

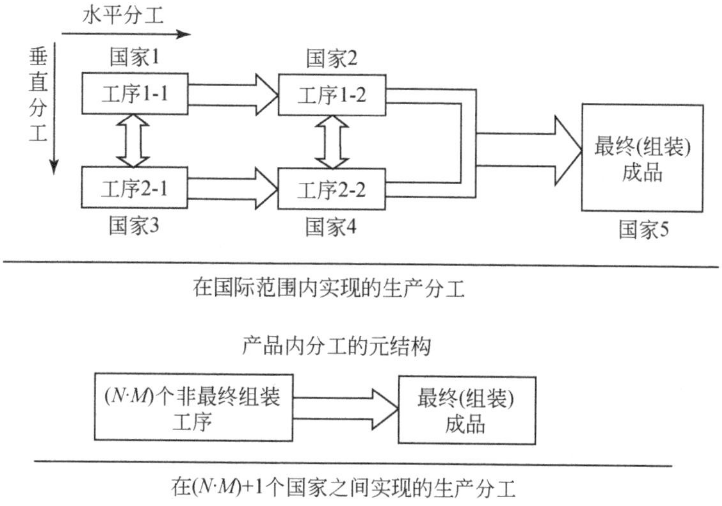

图 3-4　生产制造劳动过程垂直分工与水平分工图解

N 代表在某一垂直工序有 *N* 个国家参与水平分工，

M 代表在某一水平工序，有 *M* 个国家参与垂直工序

资料来源：卢锋，2004a

（4）营销与服务价值区段的劳动过程。营销与服务价值区段是全球生产网络中空间分离最早、空间覆盖范围最广的部门，这主要是基于市场竞争的日趋激烈、为获取最大市场份额而必需的措施。早在第二次世界大战后的一段时间里，很多国家和企业就已知晓国际市场开拓的重要性，从而不断将产品销售市场的触角延伸至国外市场，这样在生产尚未实现国际转移的时候，营销与服务已经率先实现了跨国布局。随着这种扩散的不断进行，营销与服务依据其空间作用范围而呈现等级扩散制，形成了全球营销中心、亚洲区域营销中心、大中华区营销中心、华东区营销中心等。在区域和城市层次，管理和生产空间分离并结合营销活动的发展，对应着大量生产方式下的公司制，都导致了办公活动的快速增加，逐渐替代生产制造活动在区位中的核心地位。

总之，现今的企业边界已经越来越模糊，很多原来统一在公司内部的价值链区段（劳动过程）也已经溢出而进入公开的市场。除已经越来越普遍的生产中的外包和转包现象外，过去传统的管理、研究和设计业务都开始分离出去，导致相关的商业服务部门快速增长。企业内管理、研发设计、生产制造乃至外部商业服务和生产等劳动过程，通过各种有形和无形的联系整合成为一个完整的全球价值链和全球商品链。越来越多产业的相关企业根据各自的优势，占据全球生产网络的不同价值区段。在这些企业彼此间的分工与合作的网络中，形成全球生产网络。全球化已经被视为不仅仅是经济活动跨越国界的地理扩张，而更重要地表现为全球散布的经济活动的功能整合（Dicken，2003）。

2. 跨国公司主导的网络生产联系

随着全球化的发展，跨国公司控制下的全球性生产活动日益频繁。跨国公司往往通过生产经营的全球化，以资本控制世界，并利用研发全球化获取技术领先优势，保持其控制强度和深度。在生产网络的组织框架下，跨国公司一方面会依据内部和外部交易成本的升降变化，并参考不同区位建立在要素多寡之上的比较优势来决定企业边界，将生产经营活动进行更细密的产品内专业化分工，将生产、销售、研发等价值链的各环节以及它们各自的分环节配置于世界各地任何一个可以获得最大利润的地方，在全球范围内整合资源；另一方面，由于价值链条呈现出“微笑曲线”的形态，跨国公司通常乐意在降低成本的同时向价值链两侧的高端拓展。这两方面因素促使今天的企业组织结构发生了根本性变革，促成了生产网络的产业组织结构。

在全球化和信息化条件下，跨国公司不同层次的组织结构都发生了变化。交通运输和信息通信技术的进步提高了企业经营和交易的效率，原本相互分割的局部市场逐渐发展成全球一体化的市场，这样一个全球市场为企业折中专业化经济与交易成本（这时候应该扩展至总成本）的两难冲突提供了更大的余地。在此过程中，企业生产经济过程、管理架构都放在全球框架内进行配置。跨国公司组织结构开始多是建立在M型①公司制的基础上，随着跨国经营活动的逐渐深入和经营战略的差异，一般是从最初的国际业务部制逐渐向地区型、产品型、职能型等组织结构过渡。全球性经营和竞争已成为世界经济发展的趋势，随着市场规模的扩展和跨国公司实力的增强，步入跨国经营战略阶段的企业为实现在全球范围内寻求最优的资源配置，更倾向于网络一体化的组织结构，在价值链组织架构下与当地企业结成各种形式的联盟，使企业绕过各种经济壁垒和法律障碍，在全球范围内实现最优的资源配置，实现整体收益最大化。正是通过不断的组织结构创新以及生产和管理职能的全球布局，在新技术革命的保障和各国政府与国际组织的推动下，跨国公司主导世界范围内资本、技术、信息、产品等诸多要素在全球的流动规模加大、速度加快，从而改写了全球经济地图。

利用价值链条重整生产体系，不仅改变了企业运作的模式，而且拉长了整个生产的迂回程度。跨国公司对内专注于核心技术的开发和生产，同时根据内、外

---

① M型结构（multidivisional structure），即多部门结构，有时也称产品部式结构或战略经营单位。这种结构可以针对单个产品、服务、产品组合、主要工程或项目、地理分布、商务或利润中心事组织其事业部。

部交易成本的比较，决定非核心的技术、资源和生产过程是否由外部企业进行合同制造（contraction production），即外包（sourcing）和转包（sub-contracting）①。这样，跨国公司重构成扩展企业，并出现越来越多的生产网络联合体，包括虚拟企业和战略联盟、企业集团、兼并收购等形式。在IT制造业内，通常根据价值链分离部位的不同而区分OEM、ODM、DMS、EMS、OBM② 等五种由低到高的模式。外包项目以分离制造活动为主，从委托工程设计与制造、组装，到售后服务脱离，直至企业仅仅从事设计和销售两端工作，即网络中所有企业都把内部职能和资源集中于具有核心竞争优势的活动上。例如，品牌厂商通常是仅仅从事产品的设计和销售，而将价值链上的剩余活动全部外包出去，戴尔和耐克就采用该种模式。而承接跨国公司外包任务被称为“代工”。不同的代工企业由于在价值链条中占据的位置不一而境况各异。当前中国代工企业多半停留在OEM阶段，而台湾地区的代工企业处于ODM阶段，给微软、惠普做代工的英业达则处于EMS阶段。随着生产网络的发展成熟和不断演进，跨国公司开始把许多财务、法律咨询、人力资源开发、企业流程设计等职能业务外包出去由专业化公司来完成。这导致生产服务业内部基于分工的网络化组织也在发育，如金融业的活动组织也开始细分，像香港汇丰银行就把大量劳动密集型的结算工作分包到广州的内地企业。

第三节　全球生产网络中企业组织治理模式

全球生产网络中的企业组织治理模式是一个颇有争议的研究课题，学界对其认识也是一个不断深化的过程。从最早的制度地理学派与制度经济学派的网络平行与阶层等级之争开始，到全球商品链关于生产者驱动和买方驱动机制的分析。而后管理学派基于生产组织关系中的企业分类的日益细化，形成领导厂商和当地供应商之分。再之后曼彻斯特学派逐步深化了全球生产网络的社会学研究，关于国家和地方治理的探讨也日益增多，并且认为地方的制度和文化镶嵌是全球生产网络中网络治理模式的重要力量。在本书看来，每一阶段研究内容的创新都是对以前研究的深化，存在特定阶段的社会背景与意义。

---

① 外包就是企业在充分发展自身核心竞争力的基础上，整合、利用外部最优秀的专业化资源，从而达到降低成本、提高生产效率、增加资金运用效率以及增强企业对环境的迅速应变能力的管理模式。

② 国内常常将代工等同于OEM，而事实上代工是由委托制造（OEM）—委托设计制造（ODM）—设计、制造、售后服务（DMS）—工程、制造、服务（EMS）不同阶段构成的完整谱系，在此之上则是原始品牌制造（OBM）阶段。

一、网络中平行与阶层等级之分的组织治理争论

20世纪60～80年代，随着全球尤其是东亚地区一些国家市场准入门槛的下降和投资环境的改善，欧美一些知名电子信息品牌企业扩大了与当地企业的合作。它们或者在当地建立分支机构，或者直接利用当地生产商日益增长的生产能力，地方厂商则采取分包、OEM等形式与跨国公司之间建立联系。但在该阶段，非股权的投资形式还受到多方面的限制，跨国公司迫于生产稳定性的压力及对核心技术保密的需求，对生产拥有完全的控制权。

正是基于这样的社会背景和发展阶段，产生了全球生产系统阶层等级、网络平行之分的组织治理争论。制度经济学派是权力等级论的提出者，认为生产系统中的控制和协调是在市场机制的调节下，通过独立厂商之间的交易来完成的，或者是通过厂商内部特别是跨国公司交易内部化的一种“阶层控制机制”作用来完成的。这种关于生产系统治理机制的立论基础建立在新制度经济学的基础上，强调交易成本最小化是产业组织垂直或者水平细分重组的关键；制度地理学派则是权力网络论的坚定拥护者，认为市场与阶层论忽略了经济交易的社会本质极其复杂的互赖关系，经济交易中真正重要的是“策略性决策中心”（center of strategic decision making）所控制的协调程度，强调生产系统内部各种不同权力关系的互相依赖性及由此形成的“网络结构”。事实上，生产系统就是具有不同“权力和影响”的厂商之间构成的一个复杂的互赖关系网络，在这个集合中合作与竞争并存，网络平行关系与阶层等级关系同样并在。整个生产系统主要是被处于战略决策中心地位的重要厂商控制。

二、购买者驱动型与生产者驱动型之分的治理模式

尽管在全球生产网络模型中，各企业主体彼此之间是以网络连接的关系互相依赖存在的，但一般仍然认为存在着生产网络的核心治理者，那就是在生产网络中占据高附加值生产环节的企业。这些企业一般占据网络中的战略性环节，进而控制整个生产网络和行业，成为整个生产网络的发起者、组织者、驱动者及核心的治理者。

从发起者的角色差异来看，全球商品链的研究（Gereffi，1993，1999）值得借鉴，主要分为两类：购买者驱动类型与生产者驱动类型。购买者驱动类型指以行业中的零售商、品牌营销商、贸易公司等为领导厂商并在全球建立生产网络，主要从事产品设计、生产与营销等活动，以劳动力密集型的消费类生产活动为主，包括服装、玩具、家居用品、消费电子等行业。网络中的领导厂商凭借在设计、品牌与营销方面的突出优势而控制整个生产网络。在购买者驱动型生产网络

中，核心企业主要从事管理、设计与贸易，保证所有个体厂商的商业活动能完整地整合起来，它们的利润来源主要在于高附加值的研发、设计、销售和金融服务等活动。这些活动是购买者和品牌商为促使海外工厂的生产与贸易，能成功结合发达国家的消费市场需求与变化而行使的策略杠杆。生产者驱动类型是指行业中的制造商成为网络的领导厂商，由跨国公司以及大型整合性企业在全球组织形成生产网络，主要包括汽车、飞机、计算机、半导体和重型机械等资本技术密集型产品的设计、制造、销售活动。领导厂商往往在资本、技术方面具有独特优势，而整个生产网络的生产销售甚至研发都能发展为跨国组织的业务外包活动。竞争者之间的企业策略联盟在生产者驱动型生产网络中是相当普遍的。

在整个生产网络中，领导厂商作为核心治理者，一般能占据利润最多的生产环节，因为这些环节有较高的进入门槛。这种较高的进入门槛是领导厂商的特质资产，由此带来类似于经济租的高额回报，在购买者驱动生产网络中表现为领导厂商获得的品牌租、营销租、关系租、贸易政策租等；在生产者驱动生产网络中则表现为制造商的技术租、组织租等。由此可见，不管是购买者驱动型还是生产者驱动型，生产网络中的行动主体通过参与全球生产网络多个环节的活动，逐步获得或形成特定的特质资产，进而获得种种经济租。领导厂商凭借特质资本处于优势地位，并拟定了自己作为核心治理者及相应权利为核心条款的合同，如果其他企业愿意被吸附参与到全球生产网络中来，签约才是理性选择。或者占有利位置的领导厂商也可能在进入某生产网络后，利用自己的垄断地位要求在全球生产网络的控制权结构安排中占据主导地位。

根据威廉姆森新制度经济学的分析，交易成本最小化是最好的网络治理模式安排。对于参与到全球生产网络中的企业而言，其长期购买协议伙伴、合资伙伴以及联盟伙伴等在资产专用性、不确定性和交易次数上均有明显差别。按照交易成本最小化的效率原则，不同的对象采取各不相同的治理结构安排。一般从购买协议到组建战略联盟，再到涉及股权的合资等方式，生产网络的联系程度逐渐加强，领导厂商就是要根据交易类型、交易环境变化等确定合适的网络联系，选择恰当的协作和治理方式，即全球生产网络中领导厂商的治理结构需具有多元特征。

三、管理学学派基于生产组织细分的企业类型划分

20 世纪 90 年代以后，全球同业竞争日渐增强，先前由于对分包商的不信任及技术溢出带来的风险逐渐被竞争压力替代。一些美国品牌电子企业改变了它们对合同制造商的策略，过去它们只是把合同制造商作为过剩能力的提供者，而现在更多地出于战略目的开始最大限度地利用合同制造商的生产能力。这些品牌企业将自身精力集中在发展日趋具有挑战性的“核心能力”上，比如产品规范、

设计、销售、市场营销等。品牌企业发现，通过转包生产能够更迅速地提高或者降低生产规模，当合同制造商的规模扩大时，由于生产能力的集中和元器件采购的集中形成了规模经济，在此基础上又获得了额外的成本优势。企业组织结构开始倾向于逆垂直化发展，这种以逆垂直化为特征的新的生产模式直接促进了跨国合同制造商的增加。Amin 和 Thrift（1994）认为，全球经济发展的主要特征有三个：①产业已经通过全球企业网络在全球的尺度上运作，跨国公司对全球就业、投资和贸易具有越来越多的影响；②公司企业的权力随着它的网络影响力的发展而增长，其结果造成公司企业的寡头垄断效果和卡特尔化发展；③随着新型的合作关系、策略联盟、转包以及其他形式的发展，当今的全球性生产已经朝分散化的方向积极发展。但这个分散化的发展并没有导致管理控制权力的空洞化和分散化，相反的，却使得市场上的领导者更进一步通过市场控制与营销网络取得了战略性的管理位置，这个结果就促使越来越多的厂商整合全球企业网络。

以电子信息产业为例，Yusuf（2004）对以美国为基地的世界五个最大的合同制造商（Celestica、Flextronics、Jabil Circuit、Sanmina/SCI、Solectron）进行考察后发现合同制造商的主要优势在于高端的制造技术以及与下级供应商之间的密切网络关系，为品牌商进行零部件制造、开发、工程化和完成最后组装。在很多情况下，合同制造商管理着整个产品的供应链和生产链，成品最后会送到品牌商仓库或直接进入市场。由于生产能力的集中和元器件采购的集中形成规模经济，合同制造商形成与品牌商截然不同的竞争优势，它们是网络中另一类领导企业。网络中的其他经济参与主体主要是供应商，分为高级供应商与一般供应商。高级供应商或者也可称为次级合同制造商，如中国台湾的宏基、鸿海（Hon Hai Precision）和广达（Quanta）等电子信息 OEM 和 ODM 企业。它们可直接与品牌商接触，拥有特质资产（如设计与生产制造技术），能够完成整个价值链每一环节的活动并建立起自己的次级全球生产网络，具备协调整个全球供应网络管理的能力；一般供应商居于附属的地位，通常缺乏特质资产，其竞争优势主要源于低成本、交货快速灵活等，一般供应商一般不直接与生产网络中的领导厂商接触，而是与高级供应商建立生产联系（图 3-5）。

总之，典型的全球生产网络包括各种不同层次的企业，从有系统整合能力而控制整个网络的领导厂商，到通常规模较小的各种本地专业化网络供应商。其中领导企业位于网络的核心位置，通过战略决策和组织管理直接对资源加以管理、控制，因此，领导企业的战略往往直接影响专业化供应商和转包商等网络低端参与者的成长和战略方向。高端和低端供应商反过来对于领导企业的战略也会产生一定影响。尤其是高级供应商通常承担了众多生产与组装的功能，其较强的生产能力和不断提高的设计能力使得品牌商在技术升级与标准制定方面需要其配合和

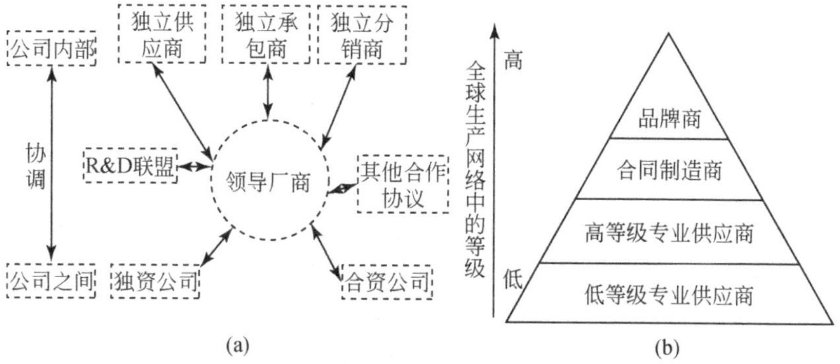

图3-5　全球生产网络中的企业网络关系与等级关系

资料来源：刘德学等，2006

支持，这样长期的附属型关系开始向互补型甚至对等的方向转变。但领导企业仍然通过对重要资源的控制、具备便利的技术创新条件以及拥有协调不同网络结点之间知识交易和交流的能力等诸多有利因素，从而可以更进一步地增强自身获取利润的特质资源，包括技术租、品牌租、组织租、关系租以及贸易租等。

四、曼彻斯特学派全球生产网络的企业治理模式

企业治理模式是曼彻斯特学派全球生产网络研究的重要内容，与管理学派在强调旗舰企业的核心作用的同时更加重视网络中各经济主体之间互赖关系的研究不同，曼彻斯特学派受新马克思主义学派的影响更为强烈，认为全球生产网络中的控制和协调是在市场机制调节下通过企业特别是跨国公司的“阶层控制机制”作用完成的，由此该学派更加强调权力的层级支配关系。与全球商品链研究相比较，全球生产网络同样关注网络中价值链发展的驱动力，更在购买者驱动以及生产者驱动两种类型之外注意到其中的综合类型。例如，电子信息产业、汽车制造业等实际上都包含了两种驱动类型的特点，这是全球商品链关于治理模式中所遗失的部分。

在曼彻斯特全球生产网络研究中，关于治理模式的研究包括公司权力、制度权力及集体权力三方面的内容。公司权力的探察是企业组织关系与治理的细化。曼彻斯特全球生产网络研究强调权力的分配并非是一个零和的概念，即一定存在阶层等级关系。全球生产网络中的领导厂商与供应商之间是以互补性国际分工为基础，通过一定正式的规则（契约）联系在一起的，这种基于互补性分工基础建立的合作关系必然要求相应的网络决策权和控制权等的安排。同时网络化扩大了企业利用的资源与能力范围，融入全球生产网络中的企业成功把原本属于其他企业的资产、技术及产业能力等大量外部资源纳入“为我发展”的轨道，领导

厂商必须与供应商、其他通过生产网络联系在一起的相关利益者建立起相对稳定的合作关系，实现共同决策和共同治理。在这个过程中，领先企业占据了价值链中高附加值的环节，从而抓住了网络中的战略性环节，成为生产网络的核心治理者，并对网络中其他企业的权力与分配产生影响。

此外，全球化的发展固然是在技术和制度层面上废除空间障碍的重要结果，但由于经济活动必须镶嵌于特定空间，因此在全球化时代，集聚经济和面对面接触的不可取代以及制度的空间镶嵌效果，造成了地方空间不可忽略的特质。曼彻斯特学派的全球生产网络研究打破了基于企业组织关系的传统治理模式研究，将全球生产网络中的权力架构扩展到地方（包括国家和区域等多层尺度）制度和社会文化镶嵌等新的研究范畴。全球生产网络的发展并不完全单靠跨国公司自己的能力就能运作，经济与交易都是具体化在国家领土范围内的某个地方的经济活动。因此全球生产网络的发展必然要嵌入到地方制度和文化的特定社会背景中予以考察，包括网络治理模式的研究。实际上关于全球化地方镶嵌中制度文化的分析可以追溯到 Amin 和 Thrift（1992）关于制度厚实论的研究（theory of institutional thickness）分析。阿明认为，全球化中地方发展的成功不能仅仅局限在狭隘的经济因素上，社会文化因子才是地方成功的核心，包括地方政府、金融机构、地方商会、培训机构、贸易协会、创新中心、专业团体、劳动协会、商业服务以及市场营销机构等地方行动者的作用。这些行动者团体之间的互动关系必然形成某种支配机构（structure of dominance）或结盟状态（patterns of coalition），在全球生产网络地方镶嵌中与跨国公司展开利益博弈。Liu 和 Dicken（2006）的“强制嵌入”概念非常形象地表述了跨国公司与地方政府博弈中的权力分配关系。这样通过扩大网络行动者范畴，将地方性的制度和文化纳入生产网络治理模式的分析过程中，成为曼彻斯特学派全球生产网络研究的特色与新的内容。在全球市场竞争日益激烈以及国际贸易组织等国际机构不能充分发挥协调作用的趋势下，关于地方社会文化因子的讨论将会是全球生产网络治理中的重要分析内容。

第四节 小　　结

无论是管理学派还是曼彻斯特学派，全球生产网络的生产组织关系都是其重要的研究内容，但曼彻斯特学派更加重视的是企业的空间组织关系。基于作者的专业背景，本书倾向于从经济地理学中的国际劳动分工理论入手，结合没有空间概念的模块化操作、转包生产，最终经价值链到企业生产网络，揭示出全球生产网络基于产品内分工组织形式的国际劳动分工本质。这样的分析思路揭示出全球生产网络最终再次以跨国公司为媒质营造出一个延续了新国际劳动分工发展的

“价值链陷阱”。这个陷阱在全球尺度以微笑曲线的形式存在，即发达国家把控价值链高端的管理、研发以及营销等环节，发展中国家更多以生产制造和一般组装融入全球生产网络中。

全球生产网络生产组织中并非绝对平行的关系，其阶层性广泛存在；但全球生产网络中行动者之间的关系又并非是一个“零和”概念，即这种阶层性并非绝对制约的关系，某些时候可能形成反制约。正是因为这种动态关系网络的广泛存在，才形成目前学术界关于全球生产网络组织关系的激烈争论。总之，从各主体关系和契约类型来看，全球生产网络中的领导厂商与其他厂商（合作伙伴）之间的关系日益模糊，既不是绝对的上下等级关系，也不是通过松散的产权买卖市场方式组织在一起，而是以互补性分工为基础，以互惠互利为原则，通过相互依存的经济关系往来，以一定的正式规则（契约）相互联系在一起的生产组织治理模式。但我们必须认识到，全球生产网络的治理结构安排是一个动态的发展过程，即使最为稳定的厂商网络关系亦会在新的生产背景中不断发展变化，通过市场竞争中的优胜劣汰，改变全球生产网络中的组织格局并形成新的治理结构。

第四章

全球生产网络空间扩散与地方镶嵌
——地方治理的差异

就全球生产网络的空间内涵而言，包含全球、次全球、国家、区域及地方等多个空间尺度的考察，这是全球生产网络空间扩散和地方镶嵌的不同尺度结果。其中，作为资本而存在的外商直接投资成为重要的分析工具，反映在价值链上则是以管理、研发、生产、组装、营销等环节形式而存在。在全球生产网络的地方镶嵌过程中，正是通过资本尤其是外商直接投资与地方力量的博弈塑造了地方生产网络，而资本流动由此成为全球生产网络的全球扩展与地方化作用的重要媒介和手段。

本章首先以外商直接投资的全球发展现状，探讨全球生产网络全球尺度的空间组织。其次探讨全球生产网络空间扩散中的地方镶嵌，并与新国际劳动分工理论进行比较，分析全球生产网络空间扩散的机制差异。同时，以台资在苏州的投资为案例，探讨制度文化在全球生产网络地方镶嵌中的作用。最后以地方融入全球生产网络为分析对象，探讨地方政府在吸引外商直接投资方面的制度安排以及地方公司融入全球生产网络的不同模式，分析全球生产网络成长和扩张的过程。

第一节　基于外商直接投资的全球生产网络空间扩散

一、全球外商直接投资发展与新的流动特征

2006 年全球外商直接投资流入量达到 13 060 亿美元，较 2005 年增长 38%，接近 2000 年最高峰时候的 14 110 亿美元（表 4-1）。外商直接投资在各类经济体中均出现增长，包括发达国家、发展中国家及转型期经济体（包括东南欧和独立国家联合体国家）。从流入方向看，发达国家流入量达到 8575 亿美元，而发展中国家和转型期经济体的外资流入量分别为 3790 亿美元和 690 亿美元。就国家考

察，美国重新成为最大的外商直接投资东道国，英国和法国紧随其后；在发展中经济体中，中国内地、中国香港和新加坡成为吸引外商直接投资最多的国家和地区，俄罗斯联邦吸引外商直接投资在转型期经济体中占据首位。从外商直接投资的流出方向看，发达国家仍然是最主要的来源，它们占据全球外资流出总量的84%；来自发展中国家经济体和转型期经济体的跨国公司继续海外拓展，2006年发展中经济体中，中国香港对外直接投资总量位居首位；转型期经济体中，俄罗斯联邦领先。

表 4-1　1995～2006 年选列区域外商直接投资流入流出量

区　域	外商直接投资流入量					外商直接投资流出量				
	1995～2000 年（年均）	2001～2005 年（年均）	2004 年	2005 年	2006 年	1995～2000 年（年均）	2001～2005 年（年均）	2004 年	2005 年	2006 年
发达经济体/10 亿美元	543.9	484.3	418.9	590.3	857.5	638.5	621.4	746.0	706.7	1022.7
欧盟/10 亿美元	312.9	327.2	204.2	486.4	531.0	421.3	391.2	359.9	608.8	572.4
日本/10 亿美元	4.6	6.5	7.8	2.8	-6.5	25.1	35.2	31.0	45.8	50.3
美国/10 亿美元	169.7	104.8	135.8	101.0	175.4	125.9	123.9	258.0	-27.7	216.6
发展中经济体/10 亿美元	188.0	230.9	283.0	314.3	379.1	74.3	81.4	117.3	115.9	174.4
非洲/10 亿美元	9.0	20.0	18.0	29.6	35.5	2.4	0.6	2.1	2.3	8.2
拉丁美洲与加勒比/10 亿美元	72.6	69.5	94.3	75.5	83.8	21.1	26.7	27.8	35.7	49.1
亚洲/10 亿美元	105.8	141.1	170.0	208.7	259.4	50.8	54.0	87.5	77.7	117.1
东亚/10 亿美元	70.7	88.4	106.3	116.3	125.8	39.6	36.8	62.9	49.8	74.1
中国/10 亿美元	41.8	57.2	60.6	72.4	69.5	2.0	6.0	5.5	12.3	16.1
南亚/10 亿美元	3.9	7.3	7.6	9.9	22.3	0.2	2.0	2.2	2.6	9.8
东南亚/10 亿美元	27.9	27.9	35.2	41.1	51.5	10.2	11.4	14.2	11.9	19.1
大洋洲/10 亿美元	0.5	0.3	0.7	0.4	0.3	0.0	0.0	0.1	0.1	0.0
转型期经济体/10 亿美元	8.8	26.1	40.3	41.2	69.3	2.0	9.3	14.0	14.6	18.7
世界/10 亿美元	740.7	741.3	742.1	945.8	1306	714.8	712.2	877.3	837.2	1215.8
发达经济体比例/%	73.4	65.3	56.4	62.4	65.7	89.3	87.3	85.0	84.4	84.1
发展中经济体比例/%	25.4	31.1	38.1	33.2	29.0	10.4	11.4	13.4	13.8	14.3
转型期经济体比例/%	1.2	3.5	5.4	4.4	5.3	0.3	1.3	1.6	1.7	1.5

资料来源：联合国贸易与发展会议《2007 年世界投资报告：跨国公司、采掘业与发展》，附表 B.1

就 2005 年外商直接投资的产业类型比较，服务业占全球外商直接投资存量的近2/3；制造业是第二大部门，但所占比例从1990年的41%下降到2005年的30%。从外商直接投资的扩展形式看，主要是跨国兼并和收购（并购）支撑目前全球外商直接投资上升的势头。在发展中国家和转型期经济体，大量制造业的再投资刺激了绿地投资的增长。新的统计数据亦显示，外商直接投资的全球地理分布特征正在发生重大变化，来自发展中国家经济体和转型期经济体的外商直接投资规模在快速增长，发展中国家之间的投资流量也日益增多，这是近期出现的重要趋势。从外商直接投资的新的地理特征看，地理临近性得到充分体现，同一区域内国家之间的关系日益加强。例如，在双边投资存量最大的50对国家中，1997年有17对来自欧洲，到2005年时候则增加到22对。

二、跨国公司及其主导的全球经济扩散

全球外商直接投资的快速增长促进了国际生产与贸易的发展。2006年，78 000家跨国公司及其所下辖的780 000家外国子公司的销售额、总产值和出口额分别较上年增长了18%、16%和12%，增加值占全世界国内生产总值的10%，出口额占全世界出口总额的1/3左右（表4-2）。其中中国继续成为世界上外国子公司数量最多的国家。来自发展中国家和转型期经济体的跨国公司的规模过去15年的增速已经超过了来自发达国家的跨国公司，尽管这些公司在规模和生产经营层次上与发达国家相比还有相当的差距。

表4-2 1982~2006年外商直接投资和国际生产的若干指标

项目	当前价格价值/10亿美元				年增长率/%					
	1982年	1990年	2005年	2006年	1986~1990年	1991~1995年	1996~2000年	2004年	2005年	2006年
FDI流入量	59	202	946	1 307	21.7	22.0	40.0	31.6	27.4	38.1
子公司销售额	2 741	6 126	21 394	25 177	19.3	8.8	8.4	15.0	3.0	17.7
子公司总产值	676	1 501	4 184	4 862	17.0	6.7	7.3	15.9	6.3	16.2
子公司出口	688	1 523	4 197	4 707	21.7	8.5	3.3	20.5	10.7	12.2
子公司雇员（按千人计）	21 524	25 103	63 770	72 627	5.3	5.5	11.5	3.7	16.3	13.9

资料来源：联合国贸易与发展会议《2007年世界投资报告：跨国公司、采掘业与发展》，表1.4

20世纪90年代以来，跨国公司外国子公司的雇员数量已增长了近3倍。其中，在华跨国公司子公司的公司雇员最多。根据中国商务部的统计，2006年已达2400万人。2001~2004年，美国外国子公司的雇员数量缩减至510万，相反，美国在海外的跨国公司的子公司则创造了900万的工作职位。这反映出美国与其他国家相互投资的产业实质，即美国公司在海外的投资以劳动力较密集部门为

主，而其他国家跨国公司在美国的投资更多的为资本和技术密集型的部门，对劳动力的需求量有限。

尽管全球跨国公司总体上仍由发达国家的企业主导，但发展中国家经济体的跨国公司正在崛起。在全球非金融跨国公司100强中，来自发展中国家经济体的企业数量已经从2004年的5家增加到2005年的7家。以中国为例，中国对外投资已从2002年的25亿美元上升到2007年的200亿美元，排名从世界第26位上升到第13位。来自发展中国家的大型跨国公司正在快速实现国际化发展，2005年，发展中国家非金融跨国公司100强的国外销售额和国外雇员分别增长了48%和73%。虽然这些跨国公司在全球地域跨度经营方面仍远不如发达国家的跨国公司，但其经营范围较发达国家跨国公司更为广泛，其中电气及电子设备制造产业成为最重要的行业。亚洲拥有发展中国家最大的100家跨国公司中的多数，共有78家，其后则是非洲和拉丁美洲，各11家公司。

三、外商直接投资主导的全球生产网络发展

如前面所言，外商直接投资是全球生产网络的重要内容和表现形式，也必然会不断形塑全球生产网络新的组织形态和发展特征。就近些年来全球外商直接投资发展和流动的特点看，全球生产网络在内容和形式上都显现出了新的变化。

1. 全球生产网络经济内涵的深化及权力博弈

资本向来是全球生产网络空间范围扩张的最重要媒介。首先，从全球外商直接投资数量的扩张看，1995~2004年基本处于稳步增长的状态；2004年之后，随着发达国家跨国公司并购的发生及基于发展中国家日益开放的自身经济发展，全球外商直接投资进入到迅猛增长的阶段；2006年，全球外商直接投资总额几乎是2004年的两倍，这得益于目前全球较好的经济发展环境以及企业自身经营效率的提升、占有竞争日益激烈的国际市场、瞄准国外资源与能源市场的动力以及寻求特种资源提升自身竞争力，如知识、专利和技术等。尽管有产业转型等客观情况存在，但全球外商直接投资的快速增长也反映了全球生产网络所包含经济内涵的不断增长和深化。

其次，从目前全球外商直接投资的流动方向看，发展中国家外商直接投资的流入总量有突出的增长，但依然只占全球外商直接投资流动总量的少部分，比例不足1/3，这个份额自2004年以来甚至还有不断下降的趋势。发达国家外商直接投资总量占全球外商直接投资总额的2/3左右，2006年外商直接投资存量前20位的伙伴经济体有17对来自于发达国家彼此之间的投资，这意味着全球外商直接投资目前主要存在于发达国家之间，发达国家跨国公司仍然是全球生产网络的

主要行动者和全球生产网络经济活动的核心和重心（表4-3）。另外，从以并购为主的相互投资来看，则反映出全球生产网络行动者权力的合作和博弈并存的实质，这种权力合作和博弈的力度较绿地投资更为强烈，表现为网络中某种权力关系的集中或者扩延。这种以相互投资为手段并彼此融入的经济发展战略促进了全球生产网络经济内涵和要素密度的进一步增长，同时又使得全球生产网络中节点之间的联系更加紧密，网络权力关系更加复杂，彼此之间的制约力更强。

表4-3　至2005年双边外商直接投资存量前20位伙伴经济体

（单位：10亿美元）

排名	母国（地区）经济体	东道国（地区）经济体	至2005年投资量	排名	母国（地区）经济体	东道国（地区）经济体	至2005年投资量
1	英国	美国	282	11	法国	美国	143
2	中国香港	中国	242	12	瑞士	美国	122
3	美国	英国	234	13	卢森堡	美国	117
4	日本	美国	190	14	荷兰	德国	111
5	德国	美国	184	15	荷兰	法国	102
6	美国	加拿大	177	16	英国	法国	96
7	荷兰	美国	171	17	荷兰	英国	93
8	中国	中国香港	164	18	德国	英国	86
9	英属维尔京群岛	中国香港	164	19	美国	荷兰	84
10	加拿大	美国	144	20	法国	英国	80

资料来源：联合国贸易与发展会议《2007年世界投资报告：跨国公司、采掘业与发展》，表1.9

2. 全球生产网络空间范围的扩张与发展

从经济组织和经济网络的角度来考察，全球生产网络是一个动态发展的概念，包括发展过程中网络联系的不断“稠化”和节点数量的不断增多，而新节点总是依赖于老节点的扩散而形成，以全球外商直接投资来考察这个过程则非常明显。发达国家跨国公司在全球外商直接投资中占据主要地位，包括其对发展中国家和转型期经济体的投资。但本书更加注意另一个事实，即不同的数据来源都显示来自发展中国家的经济体和转型经济体的跨国企业越来越成为国际舞台上的重要角色。它们通过对外直接投资向外扩展，为有关的母国经济体以及东道国经济体提供了发展机会。

《1990年世界投资报告》显示外向直接投资存量超过50亿美元的国家中只有6个发展中国家经济体，到2005年则已经有25个发展中国家经济体和转型期经济体，投资总额达到1330亿美元，大约相当于全球外向流量的17%。来自中国、中国香港、中国台湾、巴西、韩国、印度等国家和地区的跨国公司的数量成倍增长，过去10年来从不到3000家到超过13 000家。在这个过程中，来自亚洲的跨国公司日益占据重要地位，2005年其投资额占全球发展中国家跨国公司对外投资总额的63%以上。与发达国家跨国公司开始阶段的扩散经济活动相一致，来自发展中国家的跨国公司在对外投资过程中，首先着重建立如代表处、贸易处等功能部门的发展。因此，从部门角度看，这些投资大部分都是在第三产业活动中，尤其是工商服务、金融和贸易等方面的服务。但与此同时，以电子产品、汽车产业等为主的制造业和以石油勘探、矿业为主的第一产业同样获取了大量外资。

全球生产网络空间范围的扩张表现为更多发展中国家吸引到更多的外商直接投资。联合国贸易和发展组织的一些数据都证明来自发展中经济体和转型期经济体的跨国公司已经成为一些发展中国家以及一些最不发达国家和地区的重要投资者。例如，中国和印度是发展中国家内向外商直接投资的接受国，同时又是吸收发展中国家直接投资的国家，另外还包括泰国、越南、巴拉圭以及一些最不发达国家如孟加拉、老挝、缅甸、埃塞俄比亚和坦桑尼亚等，都是发展中国家经济体外国直接投资的重要国家。以中国内地为例，2005年其吸引外商直接投资前10名国家和地区中有6个来自发展中国家和地区，中国香港、韩国都是位居前列。还有另外的一个趋势就是，发达国家包括新兴工业体已经投资于某发展中国家的企业，可能因为东道国不断上涨的成本因素而转投于其他发展中国家。例如，随着昆山土地和劳动力成本的提升，台资企业仁宝第四期的投资扩张就转投往越南。《财经》最近引用了上海美商会的一个调查报告称，随着中国劳动力成本的提高，有超过一半的受访外资企业认为相比其他一些更低成本的国家，中国正在失去作为全球制造基地的竞争优势，近两成的受访公司称正在考虑将其在中国的生产基地迁往或拓展至诸如越南和印度等其他国家。

3. 全球生产网络中社会制度日益增长的影响

近年来，不同经济体之间的贸易争端问题愈演愈烈。例如，欧洲与美国的农产品贸易争端，美国与加拿大的木材贸易争端，中国与美国、中国与欧洲的纺织品贸易争端，美国对中国食品、玩具、钢铁进口的贸易制裁等。这些国家之间的贸易争端反映了全球化时代国家通过相关政策和制度实施而体现的巨大作用。由于认识到国家目前仍然具有巨大影响力，Dicken（2005）使用“跨国”生产网络以取代“全球”生产网络，他认为“全球”意味着政府和国界不再重要，但现实生活中生产网络不得不在非常复杂的制度体系下运行，而且国家级的政治体系仍起着至关重要的作用。实际上，在全球生产网络中，社会制度作用包括了国际组织层面、国家层面以及地方层面三个层次，它们在全球外商直接投资中得到了充分体现。由于地方层面的多元性，本节着重于从国际和国家两个层面考察社会政策与制度的巨大影响力。

首先从国际层面看，国际投资协定的数量仍在增长。截至2006年年底，其数量近5500项，包括2573项双边投资条约、2651项双重征税条约以及241项载有投资条款的自由贸易协定和经济合作安排。具有投资条款优惠的贸易协定数量在2001~2006年这5年中几乎翻了一番。发展中国家在国际投资规则制定中的话语权日益增加，由于与发达国家已存在的权力不平衡的现实，这种状况实际上更反映了发展中国家之间外商直接投资不断增长的良好势头。

其次从国家层面看，目前大多数国家和地方政府的政策变化仍然有利于全球外商直接投资的发展，但某些特定行业仍出现一些限制性措施（表4-4）。2006年全球各国共出台了147项使东道国环境更有利于外商直接投资的政策变化，其中发展中国家占了74%。这些政策变化包括在降低公司所得税和扩大投资促进等方面采取的特定措施。各国对特定行业采取进一步自由化发展的政策，诸如专业服务、电信、银行和能源等行业的政策措施。但在一些行业出现对外国所有权的新限制，或者出台确保政府占有更多收入份额的新措施，如改革开放初期，中国为保护国有企业以及国家经济安全而出台的外资投资限制性措施。就目前的发展现状看，这种限制性投资情况在采掘业和被认为具有“战略性”重要地位的行业中更为常见，包括高科技产业、石油、天然气、军工和采掘业等“战略性产业”。因此，社会制度与国家政策对全球化发展的影响引起了广泛关注。

表4-4 1996~2006年国家监管与政策变化 （单位：个）

项目	1996年	1997年	1998年	1999年	2000年	2001年	2002年	2003年	2004年	2005年	2006年
改革的国家数目	66	76	60	65	70	71	72	82	103	93	93
监管变化的数目	114	150	145	139	150	207	246	242	270	205	184
更有利于外商直接投资的监管变化数目	98	134	136	130	147	193	234	218	234	164	147
更不利于外商直接投资的监管变化数目	16	16	9	9	3	14	12	24	36	41	37

资料来源：联合国贸易与发展会议《2007年世界投资报告：跨国公司、采掘业与发展》，表1.8

第二节 全球生产网络的地方镶嵌考察

全球生产网络的地方镶嵌与地方的全球生产网络镶嵌是一体的两面。早在20世纪80年代，日本企业为了进一步开拓全球市场，就提出“全球本地化”和

"在地全球化"，目的是为了满足各地多样化的消费者，发展一种接近当地市场的策略和过程，即在全球各主要市场建立从研发、生产到市场销售各阶段均齐备的生产结构，实现"在地性同化"（locally assimilated）的过程。全球生产网络的地方镶嵌与地方的全球生产网络镶嵌在分析层次上仍有角度的差异，就全球生产网络及其主要行动者的跨国公司而言，地方镶嵌是全球布局和本地化发展的策略，借以利用全球资源和接近市场；但从东道国或对象地区看，则正是地方融入全球生产网络的过程。本节正是从地方的角度出发，探索地方融入全球生产网络过程中在经济和社会制度方面所做的努力。

一、全球生产网络空间扩散机制分析

1. 新国际劳动分工机制的探讨

人文地理学古典区位理论更多重视的是空间过程和结构描述，并没有把生产的地理变化与广义的社会关系联系起来。从20世纪80年代兴起的新劳动空间分工研究开始，人文地理学关于空间的研究转向对社会经济过程的分析，认为空间形态是社会过程的空间表现，是社会过程、生产的社会关系的变革和综合作用的结果。这一分析超越了古典区位论的"购物单"方式，不仅着眼于对谋求最大利润和最佳区位的系列区位因子的分析，而且代之以综合的社会经济过程和体系，形成新的区位机理分析。其中，对劳动的分析尤为突出，在劳动力商品属性、劳动成本的构成、劳动过程的分解、地方劳工市场等方面的分析较传统的区位论有突破性的进展，构成了新的劳动分工理论的基础（乔继明、宁越敏，1992）。

新劳动空间分工理论对劳动力商品与劳动过程的分析，为新国际劳动分工理论提供了分析视角。新国际劳动分工理论包括三个重要前提条件：①第三世界国家劳动力后备军的大量存在，使得劳动力十分廉价；②这些劳动力经过短期培训，亦可达到发达国家同类生产者的水平；③生产的全球化形成世界范围内的劳动力市场。按照新国际劳动分工理论的观点，新兴工业化国家和发展中国家是基于产品循环的最后环节从中心地区转移到边缘地区而发展的。这种观点基本上仍是依照资本的利润和成本逻辑，强调跨国公司从中心到边缘的投资，主要动力是在寻找廉价劳动力，因此过分强调了跨国公司的能量，而没有重视东道国投资地的社会经济过程，使得第三世界国家的工业化发展仿佛完全受制于跨国公司。乔继明和宁越敏（1992）则认为，在国际投资中，除劳动力价格因素的影响外，市场也是重要的影响因素。例如，针对商品进口国设置的贸易壁垒，若在进口国设厂就可饶过贸易壁垒。例如，1992年日本利用英国是欧洲共同体（1993年后为欧洲联盟）成员的条件，在英国建立汽车制造厂而把日产汽车打入欧洲大市场，形成发达国家之间的劳动横向分工。除劳动力和市场因素外，如国际金融体制的完善和壁垒的放松促进了国际资本的自由流动，发展中国家廉价的土地、丰富的资源以及投资优惠区（如经济区、自由贸易区、保税区等）等都是吸引跨国公司投资的因素。结合当代国际投资的新研究，这些推动因素可概括为统一的新概念，即商务成本。正是商务成本的高低和市场因素共同引导了新国际劳动分工的空间拓延。在以全球生产网络为组织框架的新的国际劳动分工条件下，这些因素的作用更是日益突出，表现出对外资流动较强的引导作用。

2. 全球生产网络空间扩散实质分析

从全球生产网络空间扩散的实质进行考察，提升自身竞争力与把握市场机会是全球生产网络中行动者的最根本目的。随着母国经济体对国际竞争加大开放力度，企业在国际和国内市场上必须与来自其他国家的跨国公司竞争，对外直接投资可以成为其提升自身竞争力的战略组成部分。发达国家跨国公司在对外投资过程中利用的是建立在技术、品牌和其他知识产权等资产所有权基础上的特定优势，而发展中国家跨国公司则更多地依赖于生产加工能力、网络和关系以及组织结构等形成的企业特定优势。但在特定的发展中国家和地区，由于经济发展程度较高以及生产加工能力的不断增强，其国际竞争优势日益趋向于对关键技术的所有权，如韩国、中国台湾的一些企业。

由此，从全球生产网络中价值链的双向联系考察，应包括向上游的攀登和向下游的扩张两个层次。其中向上游的攀登包括获取新的知识技术资源以及扩大市场规模，通过在发达国家设立区域总部甚至全球总部（例如，联想在收购 IBM 个人电脑事业部后将全球总部迁往纽约）、研发中心等来获取技术、品牌、研发专业知识和设施，并有可能学习母体所未有的管理技术与专长；向价值链另外一个高端的攀登则是在全球设立分销中心，通过市场不断开拓、扩大企业品牌的影响，取得更高的市场效用。向下游的扩张主要因为母国经济体生产成本的提升，特别是劳动力成本的上升及母国内部企业的激烈竞争。例如，马来西亚、韩国、中国台湾以及新加坡等东亚和东南亚国家和地区都更多地因为此类原因促成其企业迈向跨国公司。值得注意的是，中国作为吸收外商直接投资最多的发展中国家，亦开始出现成本上升的势头，包括劳动力成本、土地成本以及制度成本等，这也会持续推动一些劳动力密集型产业外向转移。另外，来自于跨国公司包括母国经济体企业的竞争也是推动发展中国家跨国公司国际化发展的重要动力，这种现象在中国的表现同样也非常明显。例如，家用电器工业的激烈竞争迫使更多企业如海尔、长虹等走出国门，在海外设立生产基地以及研发基地。总之，全球生产网络的成长需要诸多经济要素的支撑，引导两种重要力量推动发展中国家企业走向国际化：第一，母国和东道国的制度和政策会影响外向直接投资的决策，特别是一些扶持性政策和鼓励办法，都会影响外资投向和流量；第二，许多发展中国家的跨国公司越来越意识到自己面对的是全球经济而不仅仅是本国经济，这个更新的概念迫使它们放眼国际化的发展进程。

以上这些因素再加上跨国公司的竞争优势，使得全球生产网络空间扩散机制开始变得鲜明，但却依然无法讲解全球生产网络框架下的完整故事，亦不能把握全球生产网络地方空间镶嵌中的最关键因素，包括不能解释地方镶嵌后企业网络组织模式的形成与重构；不能解释全球生产网络集中于某特定区域，而非劳动力最便宜或者市场容量最大的地方。下面将陆续从地方镶嵌的生产条件、组织以及地方制度文化的影响方面，探索全球生产网络地方镶嵌的机制。

二、全球生产网络的地方镶嵌与组织

1. 对全球生产网络地方镶嵌的理解

20 世纪后期的世界经济是在一对社会矛盾活动的支配下运行的，一方是以生产、贸易、投资越来越自由的全球性流动为代表的全球化（globalization），另一方则是与特定的地理边境和民族利益息息相关的本地化（localization）。王缉慈等（2001）以 Storper（1997）的地域化（territorialization）和国际流（international flow）两个概念，探讨了全球化时代地方社会经济发展的结构变动，认为地域化是经济活动对本地关系依赖的程度，国家流则是生产在国际上流动的程度，并依据对生产系统地域化和国际流程度的细分，解释了不同种类区域的发展特征和趋势，但这样的分析路径可能使地域化和国际流被完全割裂。熊军（2002）以全球化和地方化的响应弥补了这一研究缺陷，“两个彼此竞争的趋势——经济全球化和产业地方化，在产业和公司全球化似乎降低了区域的重要性和独特性的同时，特定产业和经济活动似乎正反其道而行之，呈现出地方集聚趋势。全球化和地方化趋势如同一枚硬币的两面，它们呈互补之势，不仅给国家和地方的发展带来机遇，也对国家和地方政府的管理形成严峻的挑战”。

与以上分析相适应的，则是全球生产网络与地方生产网络的对应。其中全球生产网络主要侧重于国际劳动分工形成的劳务、金融、技术、信息等要素在世界范围的流动，地方生产网络则是国际生产要素地方镶嵌后在本地范围内的流动所形成的地方产业有机集聚体。全球生产网络中全球扩散与地方镶嵌构成事物的两个方面，全球扩散是地方镶嵌的前提条件，而地方镶嵌是全球生产网络全球扩散的必然空间效果。目前已有的全球生产网络地方镶嵌研究着重于全球生产网络的地方镶嵌表现，包括领先企业与配套企业群的生产协作关系，地方生产网络在全球生产网络中的地位与关系重构、动态发展等。地方经济基础、产业体系、制度环境等都对全球生产网络的地方镶嵌产生深刻影响。

2. 全球生产网络地方镶嵌的生产组织

跨国公司是全球化发展和全球生产网络中的关键行动者，其全球搜寻、布局的选择与地方差异性息息相关，如地方性商务成本特质。另外，在不同国家和地方必然存在不同的自然、政治、经济和文化制度安排，这反映出所有全球化的活动都必须适应本地化发展的特点。当今全球化时代，生产要素在国际之间的流动越来越强，区位替代的可能性变得越来越大，地区间的竞争变成了“持久力的比赛”或者“投标战”（Storper，1997）。因此，跨国公司生产经营活动在空间分布上反而趋于集聚到某些特定地区，区域发展呈现高度不均衡的状态，即便在一国内，不同区域之间也常常是繁荣与衰退共存、发展与停滞同在，由此更加突出了地方镶嵌研究的重要性。

跨国公司在全球生产网络中某节点的镶嵌，源于该节点能够提供最多的生产便利条件，如果说追求企业效率、开拓市场是全球生产网络空间扩散的内在因素，那么全球生产网络的地方外部条件，包括地方化的过程、程度、方式及其带来的效应，则是其地方镶嵌的重要决定因素。地方镶嵌主要表现为在全球生产网络地方着陆后的发展过程中，原材料和零部件采购、资金运营、管理与研发人才的使用、产品营销等地方化的实现，由此可以实现新的地方生产网络的重构。理论上，企业在东道国当地镶嵌发展是企业可持续发展的必然途径，地方镶嵌程度越高，表示与当地经济及相关产业的互动越紧密，东道国接受外资和全球生产网络空间着陆的收益越大；反之，则否。

但实际上，全球生产网络在地方的镶嵌却是一个复杂的产业融合和制度环境的适应过程，包括领先企业在地方空间着陆后同全球生产网络的关系以及同地方企业和产业联系的重构，其中可能包含诸多冲突的内容。例如，台资企业接受欧美、日本等国家或地区企业的订单，在已经形成的企业网络内通过转包等形式进行合作生产。但在产业向内地转移的过程中，两岸在劳动力、劳动制度、生产关系等方面的差异，使得原先在台湾的企业网络必须转型成另一个能够镶嵌于内地的在地形式，包括内部垂直一体化生产组织、寻找配套企业等选择。全球生产网络中地方网络的企业组织是以合作生产网络的形态出现的，包括两种发展情况：一是全球生产网络中领先企业进入，提前以契约形式利用中、小企业集群建立次级合同制造或辅助生产；二是领先企业在特定区位通过外包等业务，吸引新的企业进驻，创造一个新的地方或区域社会经济关系网络。台企明基在投资苏州初期时就带来 14 家配套企业的共同投资，而这 14 家配套企业又相继把自己的配套企业带到苏州，促进了计算机及外设产业零部件配套和服务功能在苏州地区的完善，这相继带动了更多领先企业的进驻，形成一种良性循环，即“母鸡带小鸡”与“小鸡带母鸡”的循环。正是这种紧密联系的生产合作网络关系促进了全球生产网络对地方的“根植性”（embeddness）。这种“根植性”的存在正是全球生产网络对地方发展的一种承诺，从一种不稳定的动态发展状态转换为地方发展的“动静结合”，即空间的稳定性和生产网络经济实质的动态升级。

全球生产网络的地方镶嵌包含着生产要素流动与空间着陆连续性、动态性的内涵。全球化发展过程中，个别快速成长的区域成为广大增长迟缓的地区中引人注目的亮点，吸引着新的生产要素等不断涌向这里，实现地方产业的转型和升级，原有要素持续向周边地区转移，由此形成基于价值链区段的新的区域空间垂直分工关系，地方生产网络也开始初步形成（图 4-1）。例如，上海在改革开放初期，引进的外资主要以劳动密集型的生产制造产业和价值环节为主，随着全球性资本地方镶嵌的持续进行，生产网络的根植性也持续增强，基于地方区域发展自然条件、社会基础及制度等的影响，区域管理与研发、高技术密集型制造等新的产业、价值链环节等要素都相继实现在上海的投资。生产要素的持续集聚促使上海原有的劳动密集型产业在 20 世纪 90 年代中期开始向周边的苏州、无锡、宁波、南通等城市转移。90 年代末以后，上海在金融资本运营、区域管理和研发等方面的功能日益突出，苏州开始承接高技术密集型的电子信息制造业，其原先资本密集型纺织服装业则转移至常州、镇江等城市，产业、价值链环节等在区域城市体系中的等级扩散趋势非常明显。

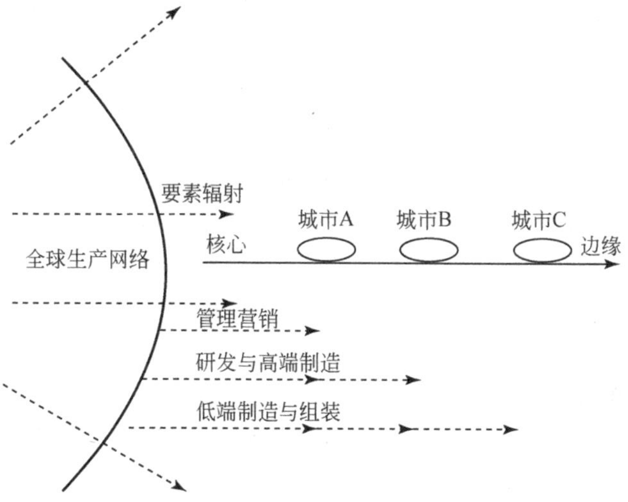

图 4-1 全球生产网络地方镶嵌后的动态发展

三、“三角联盟”理论及其在中国的实践

在新国际劳动分工理论和全球商品链研究中，关于全球化与地方发展关系的研究都趋向于单纯的线性联系。例如，新国际劳动分工理论更多的只是关于跨国公司成本利润的考察，全球商品链研究仅仅增加了对地方企业关系的分析，政府的角色和功能都被大大忽略。Evans（1995）在考察国家角色及其与产业发展关系研究的时候，提出了“三角联盟”（triple alliance）的概念，认为跨国公司、国家、本地资本三者的互动联系是第三世界工业化发展的动力，这一理论在全球生产网络的地方镶嵌进程中表现得尤其鲜明。

中国政府自20世纪70年代末期宣布实施“改革开放”政策以来，经济发展采取吸引外资来加速并深化经济改革的策略，其发展对外开放的经济格局从经济特区开始，到沿海开放城市，再到沿海经济开发区，最后衍射到内陆。在如此开放的序列中，80年代中国内地的建设以南方经济特区为重点。但步入90年代后，中央政府开始将对外开放的重心转移到以上海为核心的长江三角洲地区，集中力量促进上海浦东新区的开放、开发，增强其区域辐射能力。进入21世纪，随着东北老工业基地的振兴和作为第三个经济特区的天津滨海新区的开发，中国内地沿海开放经济带已正式形成。成立不同类型开放地区的目的就是利用这些城市已有的基础和其他优势条件，形成吸引外资的环境，加速提升管理水平、着重引进高新技术，促进国内产业升级。但发展对外开放必须基于一定的内部体制改革来适应，并由此决定了“三角联盟”在中国的差异发展。

在宏观层面上，中央政府掌握国家经济整体的改革发展方向。但在微观层面上，20世纪80年代开始实行的财政收入“分灶吃饭”制度，使得地方拥有了相当程度的财政自主权，中央政府的财政投资已不再是主宰区域发展的主要力量。地方政府逐渐有力量来推动本地的经济建设，包括产业发展和基础设施投资，扭转了传统体制下区域经济发展和结构调整完全取决于中央计划和政府投资的被动局面，地方政府成为具备一定调控权力的主体与经济利益主体。这种双重身份使得地方政府从以往计划经济体制下的完全被动的全国利益执行者转向主动的地方利益追求者，成为地方利益的代表。因此，探讨全球生产网络在中国地方镶嵌中的跨国公司、政府以及本地资本关系，政府层面的研究应包含中央政府和地方政府两个层次，由此深化了Evans的“三角联盟”依赖理论。从Evans“三角联盟”中关于对政府角色的分析看，中央政府对于地方外向型经济发展主要扮演着类似“管理者”和“建设者”的双重角色。就“管理者”角色而言，中央政府在整体经济发展和产业结构、战略以及投资方面都出台了相关的政策、法律和制度，以进行全面调控。另外，从外资的投资方向来看，中央政府发挥了管理者的

引导作用。从最早东部经济特区的发展到上海浦东的开发、开放，再到最近的天津滨海新区开发，中央政府相关政策的引导效果十分显著。而通过实施欢迎、限制以及禁止之类的差别产业政策，高科技产业及以出口为目的的制造业都得到了大量的外来投资，资源与能源、金融业等限制性投资项目则较少有外资的融入。在“建设者”角色方面，国家资本直接投入产业发展，苏州工业园区则是一个典型案例。由于苏州地方资本不足，由中央政府涉入地方的投资和建设，联合各级政府部门组建中资集团与新加坡政府及财团合作开发园区。在该案例中，中央政府不仅是管理者和中介角色，更是直接参与者，国家行政和国家资本同时介入全球生产网络的地方镶嵌的过程中并发挥重要作用。

虽然中央政府依然具有管理者乃至建设者的角色功能，但从地方发展的实际运作情况考察，地方政府才是真正的落实者并拥有相当大的自主发挥空间。例如，就苏州工业园区而言，尽管中央政府和新加坡方面进行了前期的谈判和建设工作，但中央政府到目前仍然是名义的监管者，地方政府扮演着举足轻重的角色。在实际运作中，苏州市政府代表中央政府负责园区管理和运行，从而具备相当大的自主权。至于地方政府在 Evans“三角联盟”政府角色中的作用，同国家一样倾向于兼具管理者和建设者的双重角色。在全球生产网络地方镶嵌的过程中，地方政府一般会充分考虑自身在地条件，根据自身优势采取不同的措施，用以鼓励或限制外资活动，特别是针对跨国公司及其投资产业项目的选择。以昆山为例，传统上农业较发达而工业化程度较低，紧邻上海是其最大的区位优势，在发展外向型经济时注重与上海及其周边区域的产业发展融合，以台资电子信息企业为重点，兼顾产业的根植性和特性、相关产业的集群形成。在这个过程中，各种形式的开发区成为地方政府发挥制度和政策主动性的最重要的空间。由于本地企业在资本方面的匮乏以及政策的原因，地方政府扮演建设者角色，将资本投资在基础设施建设上，以改善投资环境来吸引外商直接投资，一方面便于各种经济要素的集中配置；另一方面便于政府对外资企业的监督、管理和服务。地方政府在全球生产网络地方镶嵌过程中是连接跨国公司与地方经济发展的中介和服务者，在某种程度上更像一个政治、经济合为一体的超大型企业，充分运用其所拥有的一切资源要素，包括土地、劳动力、资金以及各种软、硬件基础设施，一方面希望跨国公司能够不断增资投产，实现在本地的根植发展；另一方面则希望发挥良好的服务功能，吸引更多跨国资本前来投资。

与 Evans“三角联盟”理论中的本土企业的角色表现不同，中国的本土企业在多方力量的博弈过程中处于绝对弱势的地位。就某些区域核心城市的大型企业而言，其在与跨国公司合作甚至博弈的过程中表现出了一定的竞争力，在生产合作的接轨过程中也表现出了一定的适应性。但对于更多的国内企业而言，其在接轨一些高新技术产业跨国企业时，在资本积累、产业技术层次、经营管理理念等方面跟不上跨国公司的配套合作要求，出现与跨国公司接轨时的脱节现象，只能在比较低技术等次的产品领域与跨国公司进行配套。这种脱轨现象不仅表现在技术层次上，还表现在经营体制方面。例如，苏南模式中，原有乡镇企业在层次和管理机制方面与跨国公司的运作机制相差甚大。因此，本土企业更希望地方政府能够采取某些制度和政策方面的优惠，组织与跨国公司的合作，尤其是技术方面的转移。但地方政府迫于经济发展、就业以及增加地方税收、刺激地方消费水准等方面的压力，又不能给予跨国企业更多的压力，因此难以在跨国公司与本土企业的经济联系中发挥更大作用。而不同行政区招商引资时相互恶性竞争的局面使得跨国公司取得了对地方政府和本土企业绝对的制约权力。所以综合看来，中国地方发展中“三角联盟”关系实际上是一种不平衡和不稳定的伙伴关系。

由此总结，在全球生产网络地方镶嵌过程中，中国的“三角联盟”表现出了与 Evans 依赖关系理论截然不同的特点。首先，政府层面分为了两个层次，即中央政府和地方政府，其中后者更是发挥了相当大的主导作用。其次，外资在地方镶嵌过程中表现出了很强的主动性和选择性，取得了在“三角联盟”中的核心地位，这与 Evans 传统依赖关系理论中政府占核心地位的表述有较大差异。而就本土企业而言，其与跨国公司并没有出现好的接轨，尤其在外资集聚的各类开发区内，地方资本几乎基本缺失，外资是一种绝对的直接投资模式，全球生产网络地方镶嵌中所要求的地方根植和网络性并没有得到体现。这使得中国的“三角联盟”关系模型并没有真正形成，而更多的只是地方政府与跨国企业之间的一种直线关系。由于地方政府本身并非技术和经济要素的运行者，因此地方资本的缺失实际上就是地方经济联系与全球生产网络的断裂，很难促进全球生产网络流动的技术和经营理念根植化。实际上也并非是一种绝对的全球生产网络地方镶嵌的内涵，而更多的只是一种传统的外商直接投资概念。

四、地方网络镶嵌的制度与文化影响

新国际劳动分工对跨国公司投资的地方社会脉络分析基本上是相对忽略的。但在任何国家和地方，政府在投资发展中都处于主导地位并扮演积极角色，政府尤其是地方政府甚至可以说是连接全球生产网络和地方产业、企业的中介。政府的不同介入方式都是全球生产网络地方及区域镶嵌的重要作用力。Evans（1995）提出了“三角联盟”模式，认为现今世界中国家介入产业发展是难免的，这并非“是或否”的问题，而是“介入程度”和“什么样的介入类型”的问题，外资、政府以及本地资本三者之间的互动关系是发展中国家工业化发展的重要动力。包括“官商关系理论”中关于官员与商人之间的非正式结盟关系以及基于

“政企关系理论”强调的制度、组织与企业的互动联系，都是关于全球生产网络中地方镶嵌研究的重要内容，这在价值、权力和镶嵌三个维度的研究中都有所涉及。

全球生产网络的地方镶嵌过程首先必然是与东道国政府、企业等进行谈判和博弈，这个过程中增加的是交易成本，完善的制度无疑可以大大降低全球生产网络的地方镶嵌的此类成本。表现为在跨国公司的地方投资中，东道国提供的投资政策、政策差异性、政策连贯性、行政办事效率、产业和区域发展政策导向，这些行政行为都可能增加企业的风险成本，良好的政策和制度无疑会降低这种成本，并促进这个地方镶嵌的过程。随着全球生产网络地方镶嵌进入比较成熟的阶段，跨国公司在客观上需要和当地企业密切合作，政府通过产业引导政策、交通实施建设等来保证全球生产网络的地方根植性，培育特色各异的地方生产体系，产业集群成为重要的发展成果。而这毫无疑问会促进协作生产，并建立地方生产网络。此外，地方政府会通过重视大环境建设来创造更为有利的地方镶嵌条件，包括水电交通设施的建设、住宅区的兴建、学校医院的建设、文化娱乐的实施以及生活条件、卫生及社会治安的强化等。

Amin（1997）从区域发展的角度提出了“制度厚实”的观点，认为区域发展必须有相关制度的配合，这些制度应该能够加强区域网络发展、鼓励磋商，维持学习与适应，构建企业支持系统、政治制度与社会关系的整合，并必须注重区域脉络与路径相依的特性。从 Amin“制度厚实”的观点分析，在全球生产网络地方镶嵌的过程中，地方除自身环境条件与产业特色外，还必须具备创造地方经济活力的能力，其中通过正式与非正式制度的组合，提供地方社会与经济网络的基础，即通过建设强而有力的地方制度关系以促进区域经济发展。Amin 甚至认为，地方竞争力的资产并非在于特定厂商，而在于是否有吸引人的地方特性，以提供最佳的制度氛围，支持厂商的发展需要。周志龙（2002）总结“制度厚实”包括：①机关团体与组织；②机关组织间的互动；③集体管理机构的文化；④共同价值伦理观的形成；⑤共同的未来发展目标。从“制度厚实”的组成看，实际上就是在治理的制度框架下产生创新。这种制度包括各种正式的和非正式的制度，包括建立区域产业环境、相关法令法规及产业政策，营造良好的产业基础设施和生活环境，知识的学习、适应与网络组织等。

另外，社会文化的作用日益被添加到全球生产网络地方镶嵌的机制研讨中。例如，法国年鉴学派历史学家费尔南·布罗代尔（1993）就认为：“文化因素并非永远是善战的，它必须落实在具体制度的运作中才能显现效果，毕竟不同地方或现象经常产生文化雷同却尺度差异的情形”。但是这个观点在全球生产网络研究中却被证明并非是完全正确的，尤其是对于通过非正式契约途径建立的紧密的企业关系，是社会文化而非制度在发挥作用。全球生产网络的地方镶嵌会受制于与经济活动密切相关的制度和社会文化环境。例如，海峡两岸政治上的隔离并没有封锁住“台资企业”对中国内地的投资，文化的同根、血脉的同源在很大程度上主导了两岸以及香港同内地的经济交流。熟稔于同地方政府交流并能更好地把握社会关系的处理问题成为台资、港资企业在内地投资时相比于欧美、日本企业的最大优势。而在全球生产网络地方镶嵌后的空间拓展中，对于地方社会的结构与变迁，特别是人们对生产、生活习惯以及文化性格的把握，都是决定其发展成败的重要原因，尤其对于以市场开拓为目的的跨国公司而言，更是如此。

新经济社会学的代表人物 Granovetter（1985）认为，经济行为根植在网络和制度之中。以社会资本为核心构建出的制度与网络，既可以降低交易成本，同时还可以提高企业的创新活力。在经济全球化的时代，企业的边界相互渗透且趋于模糊，空间对于企业的意义就不仅仅局限在对专业化经济的促进和生产成本的降低上，因为这还停留在基于企业自身能力的思考上。企业越来越依赖于与外部企业基于资源共享的交易，因此必须重视除正式契约经济关系的经济组织之外的社会组织，即非正式契约的社会关系。企业相互间趋向于集聚在一起，其地理接近的综合内涵比自然属性的距离靠近要深入，空间的意义并不限于对成本的节约，而在于通过合作生产网络的建设，促进全球生产网络的发展和地方根植性。

第三节　地方网络镶嵌的不同模式：兼对中国的分析

一、基于分工和比较优势原则的两种差异模式

曼彻斯特学派对全球生产网络的研究非常重视企业在价值链中的位置及其所决定的地方生产模式和权力架构，因为这决定了地方未来的发展前景。但在价值链中，高、中、低端位置的嵌入分析更多的是一种表象，无法分析地方经济是如何在发展过程中充分发挥自身能动性的。就这个角度而言，探讨不同企业及其所代表的地方空间融入全球生产网络中的经济学模式和实质就成为一项重要任务。杨小凯（2003）曾经对亚当·斯密以后的现代经济学理论发展进行过系统梳理，将经济学分为两大传统领域，其一是斯密提出的如何组织经济活动的效率问题，即专业化经济的问题，分工是其核心概念；其二则是李嘉图和马歇尔的资源配置效率和规模经济问题，如何发挥比较优势以提高资源配置效率是其核心概念。美国杜克大学社会学系教授高柏（2007）则认为，经济学这两大传统之间的重要区别在于斯密分工理论包含着人主观选择的可能性，而李嘉图和马歇尔的比较优势理论则排斥这种可能性。由此高柏认为，所谓的“比较优势”完全可以被不同

的社会进行不同的建构。例如，认为资源配置最重要，那就肯定要强调自身特有资源如廉价劳动力、资源以及技术的重要性；如果相信分工的重要性，在国际分工体系里占据更为有利的地位，那就需要自主创新。根据高柏的观点，全球生产网络地方镶嵌就形成两种模式：低端以发挥自身静态比较优势为目的的发展和高端以分工和发挥竞争优势为目的的发展。

1. 比较优势理论及其应用

从传统主流经济学的观点来看，比较优势就是自然禀赋，即一国生产要素的配置，包括劳动力、资本和技术等。按照比较优势的理论，即使一个国家在生产上没有任何绝对优势，只要它与其他国家相比生产某种商品的相对成本不同，那么仍可以通过“在生产率方面具有最大比较优势的商品或服务的出口以及进口其比较优势最小的商品而从贸易中获得利益”（李嘉图，1817），即按照“两优取其重，两劣择其轻”的原则，仍存在国际贸易的可能。赫克歇尔和俄林认为比较成本的差异关键在于要素比例，提出要素禀赋论，即生产要素的不平衡分布导致区际和国际贸易的产生。在此基础上，俄林认为贸易格局理论应是：“出口那些需要多用本国充裕的生产要素而少用本国稀缺生产要素的商品，用以交换其要素比例正好相反的商品……充裕供应的要素用于出口，稀缺供给的要素则进口”。

20 世纪 50 年代后，日本和亚洲“四小龙”在新国际劳动分工发展背景下的经济腾飞进程中将自身劳动力资源的优势发挥到极致。如今，中国、印度及东南亚国家仍然保持劳动力资源优势，并基于特定发展环境和阶段嵌入全球生产网络。当然，在强调比较优势发展的过程中，比劳动力数量更重要的是劳动力成本，劳动力的优质和低廉可以降低生产成本，从而提高企业的利润率和国际竞争力。在高额利润及国际竞争压力条件下，发达国家以及新兴工业化国家都开始进行生产调整，充分发挥自身在技术及资本方面的比较优势，专注于高端资本、技术密集型的产业部门及产品生产环节。同时，全球生产网络中价值链中、低端劳动力密集型环节的生产、组装及出口贸易等转移到廉价劳动力丰富的地区，而发展中国家往往为了经济的发展和解决劳动力就业问题会迎合这一发展趋势，这是发展中国家和地区基于比较优势嵌入全球生产网络的动力机制。

2. 分工理论及其应用

尽管先前已有许多关于分工的讨论，但直到亚当·斯密 1776 年出版《国富论》并对分工进行细致研究之后，人们才意识到分工的重要性。斯密把分工称为国民财富人均产量增长的两个原因之一[①]（斯密，1776），分工和专业化的发展是经济增长的源泉。在国际贸易的思想中，基于分工发展的模式与基于比较优势发展的模式存在根本的思路差异。前者更加强调在国际分工体系中的地位建设，通过专业化分工提高效率和巩固自身竞争的优势。基于分工发展的模式以日本和德国为例，他们强调本国在国际贸易分工中，依靠技术工人和工程师之间的紧密合作而生产高附加价值的产品，靠产品的质量来竞争而非靠低成本和低价格来竞争。由此可以看出，所谓的“比较优势”，包括筱原三代平提出的动态比较利益原则[②]，完全可以被不同的社会进行不同的建构。如果认为资源配置最重要，那就要强调廉价劳动力、资源乃至市场的重要性；如果相信分工的重要性，要在国际分工体系里占据更有利的地位，那就需要自主创新。实际上，随着全球产业经济转型和生产力发展转向以科学技术为主导，知识技术经济的发展越来越重要，技术进步能够消除土地、资源、资本和劳动力方面的不利因素而形成自身特定的比较优势，通过重视分工发展提升自身技术创新是日本经济发展的成功经验，韩国和中国台湾也正在逐步实践该道路。

从地方企业如何参与全球生产网络和国际贸易以获得最大利益这一特定命题出发，斯密的分工理论、熊彼特的创新和企业家精神概念、波特的竞争优势理论等，都可以视为一个彼此呼应的、与主流经济学强调以自然禀赋为基础的比较优势理论截然不同的经济学传统。斯密强调了分工对贸易的意义，熊彼特强调以创新为基础的分工，波特则对创新需要什么样的制度支撑进行了可行化分析。高柏（2007）认为，从长期的角度来看，熊彼特意义上的企业家与一般商人这两者之间有着天壤之别，商人可以是什么挣钱干什么，这正是资源配置效率的本意，而熊彼特讲的企业家需要一种品格。从资源配置效率的角度来看，研发在成功之前对一个上市公司的股价没有太大好处，因为投资者关心的是短期股价，而研发的风险与不确定性太大。反之，无论是德国和日本这种所谓“工匠型”国家，还是华为、展讯和阿里巴巴这些国内创新型企业，它们把自身定位在贸易分工中的高附加价值端，绝不因为资本回报率低这一资源配置的原因而轻易放弃此定位。正是这种基于分工的思想，最终形成了基于竞争优势发展的全球生产网络企业嵌入模式。

当然，在当今现实经济社会里，地方企业不会严格遵守以上经济原则从而融入全球生产网络。例如，韩国的汽车产业、中国台湾的电子信息产业等几乎都是

---

① 另一个原因是生产性劳动者占总人口的比例。

② 按照比较成本或者生产要素禀赋论，第二次世界大战后资本除劳动力资源外并无其他优势，但经济的快速增长打破了传统理论。基于此，筱原三代平认为任何一个国家经济在世界经济中的相对地位都会发生变化，因为经济发展过程是一个动态进程，在这个过程中包括生产要素禀赋在内的一切经济要素都会发生变化。

迈步在两种经济原则之间的，既包括了各种技术自发创新和品牌塑造，又努力发挥自身劳动力优势以发展低端生产组装部分，尽管这些低端生产部分可能布局在其他地区。而市场效应、特定资产（技术、资源等）效应等亦可以分别归纳到比较优势以及竞争优势的范畴中，只是研究对象发生了变化。同时，如果研究尺度由地方扩展到更大区域范围，还可以包括多重不同程度和类型的融合模式。总之，依赖比较优势或者竞争优势而融入全球生产网络，都与地方特定的环境和发展阶段息息相关，因此地方嵌入全球生产网络中的不同模式研究必须采用动态的观点。

二、中国融入全球生产网络的模式与发展分析

20 世纪 80 年代，中国实行改革开放政策以吸引外商来华投资，其重要目标即为引进外国先进技术，被称之为“市场换技术”。“市场换技术”是一种形象的比喻，意指通过开放国内的生产和销售市场，吸引跨国公司到中国投资，最终实现技术在中国的扩散。在当时全球化初步开始加速的发展阶段，“市场换技术”是对全球化发展的初步理解。从实际的发展效果看，由于中国政府在政策方面的引导作用，如限制某些国内市场的开放、出口退税，及国内消费能力不足等原因，从 80 年代至今，除个别行业如手机、家电等外，市场对中国招商引资的作用从来都没有处于主导地位。反而以劳动力数量和成本、低价土地和能源资源、亲商服务政策和环境等为代表的商务成本比较优势，配合国际资本转移的大趋势，真正成为中国招商引资的主导因素，并将中国纳入依据比较优势融入全球化发展和嵌入全球生产网络中的发展模式。高柏（2006）将中国发展模式称为“东亚新发展主义模式”，之所以称为“新发展主义”，是与日本重视国内市场保护、积极发展本国战略产业的古典发展模式相比较而言的。中国模式极为大胆地引进市场力量，并积极利用比较优势吸引外来资本以发展本国产业，这在生产和进出口贸易方面都有显著表现，其结果是一个“世界工厂”的出现。

1. 外商直接投资的发展与分析

自 1993 年以来，中国已经成为发展中国家当中最大的外资吸入国，目前是仅次于美国的世界第二大外资吸入国。10 多年以来，中国吸引的外商直接投资尽管在某些年份略有沉浮，但总体上一直呈现稳步上升的态势，2004 年突破了 600 亿美元，2008 年迈上了新的高度，达到 924 亿美元（图 4-2），连续 16 年位居发展中国家首位。自改革开放以来至 2008 年，中国累计吸引外商直接投资已高达 8500 亿美元，仅在 2003 年中国吸引的外资就已经与日本在第二次世界大战后吸引的外资相差无几。此外，就中国对外投资考察，也已从 2002 年的 25 亿美

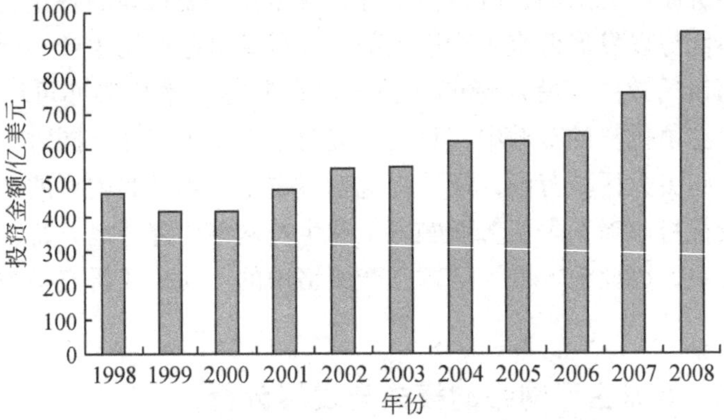

图 4-2 1998～2008 年中国吸引外商直接投资金额

资料来源：1998～2007 年数据来自《中国统计年鉴 2008》，
2008 年数据来自《2008 年国民经济和社会发展统计公报》

元上升到 2008 年的 407 亿美元，居发展中国家首位。

按中国外商直接投资的产业结构分，制造业是跨国公司最重要的投资领域。2008 年，中国实际使用外商直接投资金额 924 亿美元，其中制造业占 54.0%，房地产业占 20.1%，租赁和商务服务业占 5.5%，批发和零售业占 4.8%，交通运输、仓储和邮政业占 3.1%。外商直接投资以制造业为主的现象反映出中国作为世界制造业发展的重要区域的地位。近些年来，特别是加入世界贸易组织后，中国逐步开放了更多的投资领域，加上国内生产成本的上涨，外商直接投资产业结构开始发生变化。2006 年，上海美国商会曾经对 66 家外资企业进行调查，发现因为生产成本上升，已有约两成的企业正考虑将生产基地迁往成本更低的越南和印度。研究报告称，有超过 52% 的受访外资企业认为，相比其他一些更低成本的国家，中国正在失去作为制造基地的竞争优势。在表明有运营转移意向的公司中，88% 的公司指出，它们曾经因为廉价的工资成本而选择中国，但如今其他国家更低廉的工资成本以及税收优惠政策使得中国的吸引力日益受到威胁。这意味着中国作为廉价劳动力资源地的光环已经渐渐褪去，以比较优势为发展基础的中国新发展主义将面临转型的重大机遇和挑战。

2. 国际贸易发展及其分析

改革开放以来，外资的大量进驻使得中国逐渐成为“世界工厂”。1978～2008 年，与外商直接投资的发展相对应，中国国际贸易一直呈现快速增长的势头。加入世界贸易组织以后，中国的进出口总额从 2002 年的 6208 亿美元增加到 2008 年的 25 616 亿美元，年均增长 26.6%，成为改革开放以来增长时间最长、速度最快、增速最稳定的时期（图 4-3）。同时，中国对外贸易交易总额在世界的排名跃居第三位，出口排名更跃居第二位，外贸占全球比例从 2002 年的 3% 提高到 2008 年的近 8%。

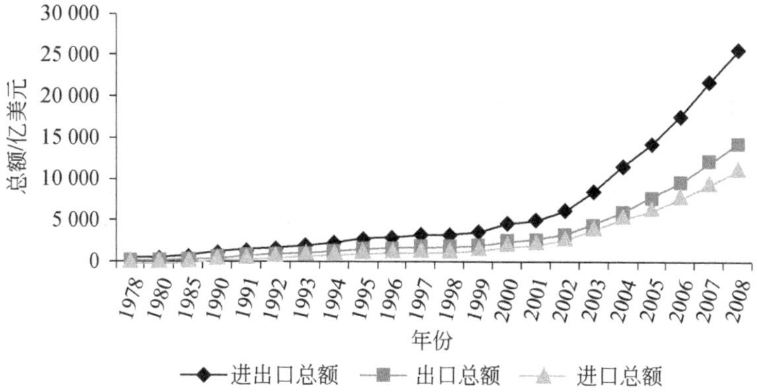

图 4-3　改革开放以来中国对外贸易发展

资料来源：1978 ~ 2007 年数据来自《中国统计年鉴 2008》，
2008 年数据来自《2008 年国民经济和社会发展统计公报》

从对外贸易结构考察，2008 年加工贸易占中国全部贸易总额的 41.1% 左右，即中国国际贸易的 50% 左右是在为外国企业代工，主要是对进口零部件进行组装。在这样的国际分工体系中，中国主要承担的是劳动力密集部分的任务。这与日本模式中注重依靠内生的创新机制、发展独立品牌、生产高附加价值产品的做法有很大不同。但这种贸易方式在近些年逐步发生了变化，表现在尽管中国对外贸易总额包括加工贸易额持续上升，但加工贸易在对外贸易总额中所占的比例却自 2000 年前后达到高峰后开始逐年下降，而一般贸易额在对外贸易总额中的比例都在上升（图 4-4）。

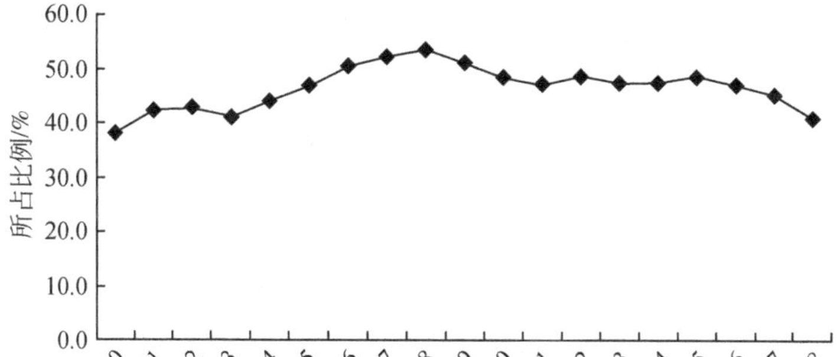

图 4-4　1990 ~ 2008 年中国加工贸易占贸易总量的比例

资料来源：1990 ~ 2007 年数据来自《中国统计年鉴 2008》，
2008 年数据来自《2008 年国民经济和社会发展统计公报》

由于中国劳动力成本上升和人民币升值的趋势已成为不争的事实，未来中国的发展模式也必定要经历大的改变，这将深刻影响中国嵌入全球生产网络中模式的选择。例如，高柏（2006）认为，中国是以廉价劳动力参加大规模的国际生产分工，实际上直到2004年底之前，建立自主创新机制始终未成为政府关注的重点。2008年2月，中国商务部部长助理傅自应出席“全球战略与全球责任——跨国公司与中国可持续发展峰会”时称：“中国下一步将坚定不移地对外开放，以引进先进技术、先进经验为重点……同时中国可持续发展需要提高利用外资的质量……有关当局将鼓励跨国公司在华设立采购中心和研发中心，优化外商投资的产业结构，修改和完善外商投资目录等”①。这表明，政府对未来中国嵌入全球生产网络发展的道路选择将有所改变，技术创新和市场将成为未来的主导因素。

3. 中国嵌入全球生产网络的模式总结：兼与日本的比较

中国的新发展主义与日本的古典发展主义在很多方面存在着发展理念的差异（表4-5）。首先从资本形成方面看，日本古典发展主义模式主要依靠内生的资本，而中国新发展主义模式是内生和外来资本并举。Huang Yasheng（2003）经过统计分析后认为，外资在中国的资本形成方面大概占17%，而外资在日本的资本形成方面所占比例连1%都不到。其次，在与国际市场的关系上，日本模式坚决发展本国的品牌，并重视以独立知识产权为主的研发成果，而中国模式完全是为全球价值链服务，承担劳动密集部分的生产，依靠引进外资带来的生产技术提升自身产业升级。最后，在社会经济发展贸易的依存度方面，日本在最高阶段也没有超过30%，而中国则呈现持续增长的趋势，在2007年已经接近70%。由此可见，中国新发展主义模式中经济总量的增长过分依赖于对外贸易，这可能会使得中国模式与日本模式在重大外部条件变化下的存活率大相径庭。中国新发展主义模式使得自身社会经济竞争力在外部条件发生重大变化时肯定会大大降低，因为靠廉价劳动力支持的比较优势在人民币不断升值的条件下会日渐消退（高柏，2006）。

表4-5 两种发展模式的特点分析

指标	古典发展主义（日本为例）	新发展主义（中国为例）
资本形成	内生	内生与外生并举
国际市场	本国自主品牌	为全球价值链服务
新技术	以独立知识产权为主的研发	外资生产技术的引进
贸易依存度	低	高
资源依存度	较低	较高

资料来源：高柏，2006

① 傅自应出席“全球战略与全球责任——跨国公司 中国可持续发展峰会”，2008-03-01，商务部网站，http://fuziying.mofcom.gov.cn/aarticle/activities/200802/20080205392615.html。

但仍必须认识到外资进入中国后仍可带来的巨大效益。外资企业在日本生产的产品的90%以上在日本国内市场销售，只有不足10%的产品销售到国际市场。与此相比，2008年在中国的外资企业将大量产品销售到国际市场，外资企业进出口贸易占中国对外贸易的60%以上。这意味着外资去日本的目的主要是占据日本的国内市场，而外资来中国生产和组装的目的是参加全球价值链的分工。与外资的增长相对应，中国对外贸易的发展也十分迅速。跨国公司对中国经济发展作出的巨大贡献源于中国对外贸易很大部分都是由外资企业完成的，与此同时，中国经济GDP贸易依存度迅速提高（图4-5）。这些事实显示，中国的经济发展依靠外资引导外贸增长是重要的途径。特别是20世纪90年代以来，中国的新发展主义模式已经将中国经济变成一个高度开放的市场经济体。

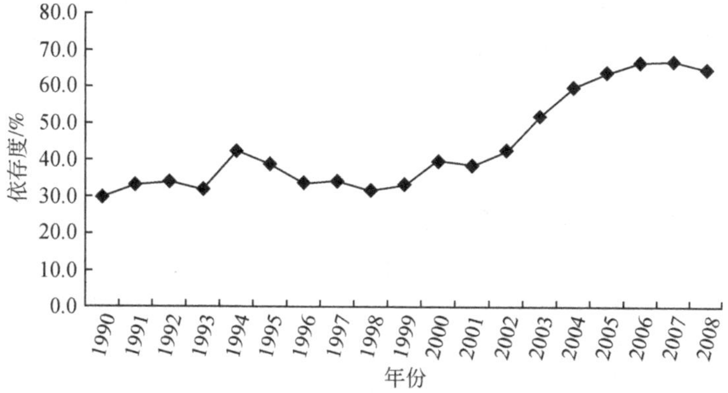

图4-5　1989年以来中国对外贸易依存度的变化

资料来源：1990～2007年数据来自《中国统计年鉴2008》，
2008年数据来自《2008年国民经济和社会发展统计公报》

中国新发展主义模式的软肋主要体现在外资企业产品在中国市场的占有率和对财富创造的分配方面。以2003年中国汽车市场的占有率为例，我们可以看出，外国汽车品牌在中国汽车市场的占有率加起来要超过90%，中国汽车的自有品牌在本国市场的占有率还不足10%。此外，由于中国参与全球生产分工的基础主要是提供廉价劳动力，而跨国公司则拥有品牌的知识产权，所以它们拿走利润的大部分。2004年，在华跨国公司以30%的资本占有了50%的股份，并拿走了70%的利润（高辉清，2005）。商业部跨国公司研究中心的《2005年跨国公司在中国研究报告》指出，自20世纪90年代初期以来，中国国民收入和国内生产总值开始出现严重差距，这意味着在90年代之后虽然中国经济高速发展，但发展所得的相当大的部分被跨国公司拿走了。近些年，这个差距在逐步缩小，在2005年出现了反转的趋势，其原因除中国企业对外投资的发展之外，也包括跨国公司在中国经营战略的调整。

4. 未来中国嵌入全球生产网络的模式选择

根据联合国贸易和发展会议2005年完成的调查，无论对外资研究专家还是对跨国公司而言，在未来几年中国都是全世界对外直接投资的首选地，这表明中国模式在积极吸引利用外资、促进生产要素与外国资本相结合等方面做得相当成功。上海美国商会2006年进行的名为《中国制造业竞争力研究2007~2008》的调查发现，尽管劳动力成本上升和人民币升值，但是仍有约八成的企业决定留在中国。参与调查的博思艾伦副总裁何德高认为，中国的成本和货币架构已经改变，跨国公司需重新思考其在华经营的战略和更好地将中国融入其全球供应链战略。从比较优势主导向比较优势、市场引导及自我创新为主的混合模式转变可能是其更好的选择，但这需要提升企业的运营能力并由此吸引如总部管理、研发设计、金融运营、信息处理等部门的进入与综合协调发展。《中国制造业竞争力研究2007~2008》调查了中国境内66家外资企业，大约30%的受访公司表示除在中国进行制造生产外，还设立了其他重要机构，包括代表处、区域或全球总部、区域或全球采购中心及区域或全球研发中心。

联合国贸易和发展会议2005年的世界投资报告的调查结果表明，61.8%的跨国公司表示它们将把中国作为研发全球化的首选地，而比较优势和市场的因素发挥重要作用，包括：①中国可以提供大量廉价却经过良好训练的工程师从事研发工作；②中国将成为世界上最大的商品市场之一，而后者在2001年中国加入世界贸易组织后越来越显示出巨大的潜力。全球最大的信息服务跨国企业汤姆森科技信息集团2006年发表的调查报告显示：有48.2%的亚洲企业把大部分研究与发展经费投向中国市场，其中约40%的公司认为中国最大的研发优势是政府的大力支持。《光明日报》报道，信息技术产业跨国公司在中国设立研发中心已经走在前列，在这些企业的带动下，中国正成为设立研发中心的热土。2006年8月22日，AMD上海研发中心在浦东的张江科技园区正式投入使用，这是AMD公司在美国本土之外设立的最大的研发中心，AMD原在台北的研发工作逐步转到上海研发中心。AMD总裁DirkMey-er说，“AMD要在全球成功，必先在中国成功”，未来AMD在中国需要加快发展自主研发、自主制造能力。AMD上、下游厂商早已在长江三角洲地区落脚，包括苏州、昆山、吴江城市到上海只有两小时左右的路程，现在全球电脑多在中国生产，将研发中心设在中国有利于缩短研发周期，加快创新进程。除AMD外，摩托罗拉、微软、IBM、惠普、西门子、诺基亚等都已经在中国设立了研发中心，到目前已经有超过700家跨国公司在中国建立了研发部门。跨国公司在中国设立研发中心，不仅促进了自身的发展，也带动了我国的科技创新，成为我国科技创新体系的有机组成部分。例如，微软通过设在中国的技术创新实验室，帮助我国的信息技术厂商开发最新的电脑，使得联想、浪潮、方正等中国信息技术厂商能够与世界领先的厂商同步推出新型电脑和服务器。这表明跨国公司在中国的发展战略已转型，中国正迅速从低成本生产基地转向低成本创新基地；从全球生产网络价值链角度来看，是向价值链高端升级，这使得中国在全球生产网络中的权力地位和关系更加复杂化。

特定的中国新发展主义模式必将引导中国走向与其他国家不同的道路，根据国际、国内发展环境的变化，不断调整自身战略也将成为中国政府和跨国公司实现成功发展的选择。嵌入全球生产网络的模式也可能会出现新变化，包括地方制度建设、本土企业发展等问题，而加强自主创新和通过发展产业配套升级促进跨国公司根植性、进一步开放市场等则是一些具体的路径选择。此外，跨国公司在中国投资凭借技术和资本等特质资源优势而具有绝对权力，打破这种权力的非均质状态也是中国未来发展的重点问题，而着眼点在于对垄断的祛除。例如，从2006年开始，AMD在中国迅猛发展，相继与同方、联想集团、方正等本土厂商达成合作，这进一步刺激英特尔在中国的投资。2007年年底，英特尔与大连市政府联合举办投资大连新闻发布会，英特尔中国区总裁陈伟锭认为，在中国设厂有诸多好处，其中一是降低人力成本；二是英特尔下游厂商，包括主板、电脑制造厂商都聚集在中国，英特尔离自己的产业族群更近。而事实上根据美国的有关规定，出口中国的芯片生产工艺必须晚于美国两代，英特尔大连的12英寸投资工厂显然不在此之列，而且大连同时面临着来自爱尔兰、印度、美国本土、以色列等4个国家20多个城市的竞争。由此可见，利用跨国公司彼此间的市场竞争，可以提升中国在全球生产网络产业价值链中的地位，还可以打破国际技术封锁，促进高端知识技术向中国的流动甚至溢出。

第四节 小　　结

资本的全球流动，尤其是外商直接投资是全球生产网络空间扩散的重要媒介，也是本书分析全球生产网络空间扩散的基本工具。从分析结果看，跨国公司已经成为主导全球生产网络空间扩散的最主要行动者。发达国家彼此之间的相互渗透仍然是全球生产网络空间扩散的最主要形式，但目前表现出与过去截然不同的新发展态势，即发展中国家的跨国公司已经成为全球生产网络空间扩散的重要力量，包括以获取管理和研发资源为目的的向发达国家的扩散，以及以获取各种原材料、劳动力和能源等资源为目的的向发展中国家扩散，从而使得全球生产网络的生产组织关系更加复杂化。在发展中国家中，东亚、东南亚及南亚的印度依然是全球生产网络空间扩散的主要区域。

全球生产网络的地方镶嵌具有复杂的运行机制，包括经济、社会、文化等多个领域的内容。首先从跨国公司看，已突破了新国际劳动分工中更多的基于劳动力成本空间差异投资的目的，通过海外投资提升自身竞争力和把握市场开发机会成为目前的主要动力。提升跨国公司的竞争力包括基于不同发展目的向价值链上、下游延伸。其次从地方看，积极的投资和贸易政策、良好的基础设施、廉价而优良的生产要素条件以及基础设施、开放的市场等都成为吸引全球生产网络地方着陆并最终镶嵌的重要动力。另外，国际金融、投资和贸易机构的发展及其鼓励政策亦成为全球生产网络空间扩散的重要制度因素。

地方都倾向于积极融入全球生产网络，但基于自身发展条件的融入模式具有明显差异。本书以中国和日本为案例，将其分别视为依靠比较优势和依靠自我创新发展两种不同模式，最根本的差别在于对市场的态度及其政策导向，最终形成中国以劳动力、资源等比较优势吸引外资和开拓国际市场，而日本以高技术开拓国际市场的发展差异模式。最后，对中国的外向型经济发展进行实证分析，基本验证了以上关于中国发展模式的结论。近些年来，随着中国劳动力、土地、能源等成本的不断上涨，跨国公司逐渐调整了其发展战略，这是中国外向型经济发展的一次机遇和挑战，通过自我创新和不断开放国内市场以吸引跨国公司高端价值环节投资中国，则是未来的必然选择。

第五章

计算机产业全球生产网络的研究
——典型产业的案例分析

从第二次世界大战后的20世纪50年代开始，科学技术的进步和新兴产业的崛起使得产品内分工层次在经济全球化浪潮的影响下日益深化，这种发展趋势极大地拓展了国际劳动分工的范围和深度，开辟了生产率提升和经济增长的新源泉。全球生产网络研究包含对价值生产、分配到权力制约、企业网络及地方镶嵌和网络镶嵌等内容的探讨，在一个整合的体系下把握了全球生产组织的最新变化和机制，解释了其新的变化动力与进程。但由于数据获取比较困难，目前全球生产网络研究多以定性分析为主，即使是对特定产业全球生产网络的研究，也多注重企业网络组织关系、地方与跨国公司的权力与利益博弈等方面的定性分析，而以定量统计对特定产业全球生产网络中价值分配及空间竞争性的研究则不足。为此，本书以计算机全球生产网络为例展开相关研究，以期引起学术界对全球生产网络研究的更多关注，并为我国地方融入全球化发展提供新的视角和思路。

自从施振荣提出价值链——“微笑曲线”的概念后，在我国学术界的引用甚广。但高科技产业各生产环节的价值分配是否表现为“微笑曲线”、其空间竞争性如何、企业网络组织情况与权力关系究竟如何分配、特别是我国高科技产业在全球生产网络中的地位如何等问题仍待深入分析和验证。在此，根据全球商业类期刊中权威的《商业周刊》（2006）、《财富》（2006）两份杂志及2007年中国信息产业部等公开发表的相关企业资料，辅以对部分企业的访谈，分析计算机产业全球生产网络中的企业组织及其价值、权力分配关系以及中国内地计算机产业价值链的构成、价值分配，并从地方发展的角度探讨中国内地计算机产业融入全球生产网络的情况。

第一节　计算机产业全球价值链分析框架

根据信息产业部对电子信息产品的分类统计以及一些学者的研究（卢明华，

李国平，2004)，结合行业间上、下游的联系和功能作用，本书把ICT产品和业务分为五类：①基础部件，包括微电子、光电子和其他电子器件；②核心部件，主要为集成电路和软件产业；③消费产品，包括计算机、掌上电脑、手机及零部件；④信息应用与网络，包括通信、网络产业，它们能为信息应用提供基础设施平台；⑤市场销售与信息服务，包括消费产品的销售与售后服务、信息咨询以及与各行各业相结合的信息服务业（图5-1）。在ICT产业以上定义范围内，将中国计算机产业全球价值链的一般分析框架分为研究与开发、产品设计、生产制造、服务与贸易销售等环节，其中生产制造包括核心部件制造、一般部件制造、组配加工等。所有环节依据产品价值增加的多少又可以归类为全球价值链高端、中端和低端三个层次，相应地形成两端凸起、中间凹下的“微笑曲线”（图5-2）。

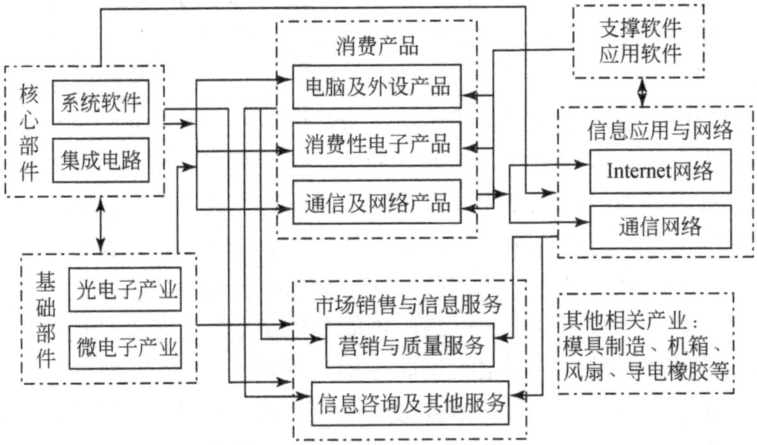

图5-1 ICT产业基本构成与联系

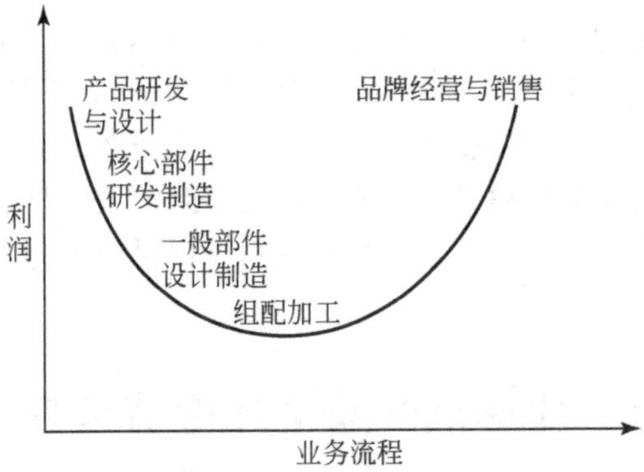

图5-2 计算机产业一般价值链——“微笑曲线”图示

(1) 全球价值链高端：产品研发和设计是整个计算机及外设产业的龙头，是产业技术和工业标准的发源地，具有很强的行业壁垒，涉及软、硬件两个领域。例如，微软及英特尔公司分别负责标准制定、产品研发以及系统集成，控制着核心产品和新产品的生产。位于价值链另一个高端的则是品牌经营和销售。品牌商盈利来源在于其品牌在消费者中的信誉，拥有好的品牌即获取了自己的“市场标识”，从而拥有最好的销售渠道和最大的市场资源优势。

(2) 全球价值链中端：位于价值链中端环节的是核心部件生产制造和一般零部件生产，分为两个层次。其中，核心部件制造由于自身的特质资源而在全球价值链中依然占据较高利润环节；而计算机及外设产业一般零部件的生产几乎都已经实现标准化和模块化制造，技术创新带来的超额利润较为有限，其原因在于该生产领域新技术的扩散速度非常快，多数厂商更愿意扮演技术追随者的角色。因此，零部件厂商的利润主要来自于规模生产和专业化生产，而不是缘于基础性技术的创新。

(3) 全球价值链低端：位于价值链最低端的则是整机组装加工和包装环节，主要工作是将品牌商或者 OEM、ODM 厂商采购来的零散部件进行最终产品组装。该环节技术含量低，是典型的劳动密集型生产，主要集中在具有劳动力比较优势的发展中国家和地区，包括中国内地、东南亚以及中北美一些发展中国家，空间布局符合赫克歇尔－俄林模型关于要素禀赋与国际劳动分工的论述。

第二节 全球计算机产业价值链分割与关系网络

一、全球计算机产业价值生产与空间竞争性

当前劳动分工的最大特点就是深入到劳动过程内部，这在技术密集型产业中表现得尤为突出，并相应地促成了模块化生产方式。本书结合全球价值链中关于生产环节分类及全球生产网络中关于企业类型分类这两种概念，依据企业的主营业务并参照各模块部件的相对重要性、技术高端及垄断性等因素将计算机产业生产企业分为五种类型。企业样本选自 2006 年美国《商业周刊》全球信息技术企业 100 强中主营业务与计算机产业相关的 34 家企业，再加上英特尔公司，合计 35 家企业[①]。由于它们分别是所在行业营业收入规模最大的企业，因此均为各行

① 《商业周刊》全球信息技术企业 100 强上榜企业必须符合一定标准，如企业年销售收入少于 5 亿美元、股票价格下降 75% 以上、较上年销售收入萎缩等，则不予上榜；但某些垄断企业被排除在外，如英特尔公司。但考虑到英特尔在计算机产业中的主导地位，本书特以《财富》500 强统计补充到此次案例分析当中。

业中最重要的企业。其中，微软与英特尔因为其技术的高度垄断性及 Wintel 联盟在计算机产业中的绝对权力制约关系，作为技术发源与标准制定中心单独归类①；核心部件设计与制造入选企业 14 家；品牌营销与服务 5 家；一般部件设计与制造 9 家；代工生产与制造组装 5 家。为了使各类别行业的数据比较更加合理，除技术发源与标准制定类别外，其余 4 类分别选取等量的企业，即对营业收入排前 5 位的企业②进行平均营业收入、平均利润以及销售利润率三项指标的统计（表 5-1），以分析全球生产网络中各环节的价值分配情况。

表 5-1　按价值链分类全球计算机产业前 5 名企业平均业务

业务归类	平均营业收入/亿美元	平均销售利润/亿美元	平均销售利润率/%
技术发源与标准制定	407.3	110.7	27.2
核心部件研发设计与制造	76.4	10.8	14.1
一般部件设计与制造	59.3	1.9	3.2
代工生产与制造组装	126.0	4.5	3.6
品牌营销与服务	458.8	19.4	4.2

资料来源：根据 http：//bwnt. businessweek. com/it100/2006/index. asp 有关数据整理

1. 基于平均销售利润的全球计算机产业价值链——“微笑曲线”考察

五大行业类别中，首先为平均利润超过 100 亿美元的，只有技术发源与标准制定一个类别，达到 110.7 亿美元，远远超过其他 4 个类别企业平均利润的总和；其次为品牌营销和核心部件设计与制造两类，平均利润分别达到 19.4 亿美元和 10.8 亿美元；最后为代工生产与制造组装及一般部件设计与制造企业，平均利润最少，分别为 4.5 亿美元和 1.9 亿美元，在计算机产业价值链中处于低端位置。

由图 5-3 分析，计算机产业 5 个类别的平均利润额在价值链中的分布表现出非对称“微笑曲线”的特征：Wintel 联盟在技术上的高度垄断，使曲线左端高高扬起；品牌营销与服务类企业利润也较高，使曲线右端也有所上扬；一般部件制造和代工生产与组装两个类别企业的平均利润最低。但总体上该曲线同标准“微

① 在计算机产业中，软件企业除操作系统外其他并非 PC 价值链的组成部分，但微软主要产品 PC 操作系统（DOS、Windows）是整台 PC 工作的基础，而正是通过 PC 捆绑微软操作系统售卖的模式，微软操作系统也成为 PC 的标准部件。

② 核心部件研发设计与制造类环节包括 AMD、希捷科技、西部数据、德州仪器、安捷伦科技 5 家企业；一般部件设计与制造类环节包括光宝、冠捷、NVIDIA、尼迪克和 Anixter International 5 家企业；代工生产与制造组装类包括鸿海、广达、仁宝、英业达、纬创 5 家企业；品牌营销与管理类包括惠普、戴尔、苹果、东芝、宏基 5 家企业。

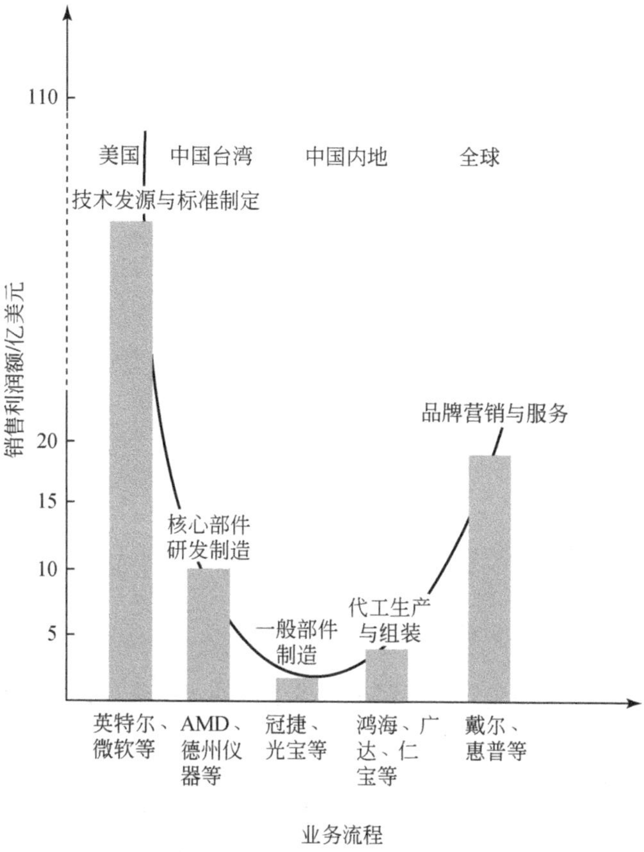

图 5-3 按企业销售利润额计算的计算机产业价值链——“微笑曲线”

笑曲线”两端同幅向上延伸的特征相比差异较大，呈现显著不对称的特征。

2. 基于平均销售利润率的全球计算机产业价值链——“微笑曲线”考察

销售利润率能够很好地反映企业的经济效益。从企业销售利润率方面考察，全球计算机产业价值链——“微笑曲线”同样呈现为非对称“微笑曲线”（图 5-4），但差异相比销售利润“微笑曲线”小。技术发源与标准制定、核心部件研发与制造的销售利润率分别高达 27.23% 和 14.2%，技术垄断所形成的高利润率十分明显；品牌营销类五家企业的销售利润率差别较大，但平均销售利润率仅为 4.2%，与技术发源与标准制定、核心部件研发与制造类企业相差甚远；一般部件制造类别平均销售利润率仅为 3.8%；代工生产与组装类企业更是只有 3.4%。

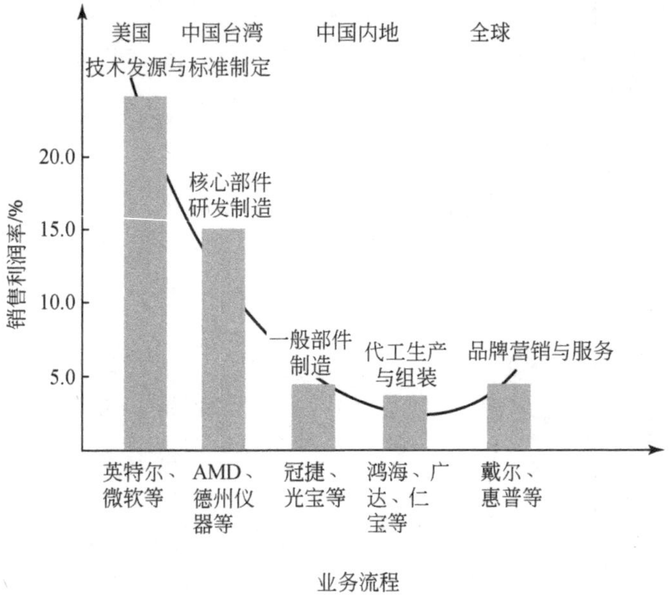

图 5-4 按企业销售利润率计算的计算机产业价值链——“微笑曲线”

水清木华研究中心曾经对某品牌笔记本电脑的成本结构进行分析，该产品采用 Pentium M740CPU，二代 SONOMA 平台，15.4 英寸 WXGA 显示屏，256 电脑主板，DDR333 内存，DVD 刻录光驱，60G5400 转硬盘，预装正版 XP，出厂成本价大约为900 美元。按上述价值链分类考察，CPU 与软件分别占成本的23%和9%，显示屏、主板、硬盘等核心部件分别占 17%、12%、10%，光驱、外壳、内存分别占 6%、2%、3%，制造组装则仅占 3%，这与图 5-3、图 5-4 显示的各环节的价值分配情况有相似之处①。

3. 全球计算机产业生产网络价值空间竞争性分析

全球生产网络中价值空间竞争性是全球生产网络研究的重要内容，反映了全球化过程中地方发展的实质与层次。从本书研究案例的 35 家入选企业考察，微软与英特尔为技术发源与标准制定中心，占据了价值链“微笑曲线”的最高端，且都是美国企业；核心部件设计与制造入选企业 11 家，美国企业达 9 家，我国台湾企业因在集成电路代工方面占有突出地位，入选企业也有 1 家，英国 1 家；品牌营销与管理 6 家企业，其中美国 3 家，中国台湾 2 家，日本 1 家；一般部件设计与制造 11 家，其中美国 5 家，中国台湾 3 家，日本、瑞士与中国香港各 1

① 水清木华研究中心，《2007 年笔记本电脑产业研究报告》。

家；代工生产与组装5家，全部来自中国台湾（表5-2）。

表5-2　按价值链分类全球计算机产业主要企业的空间分布

业务归类	主要企业的国家与地区分布
技术发源与标准制定	美国（2）
核心部件研发设计与制造	美国（9）、中国台湾（1）、英国（1）
一般部件设计与制造	美国（5）、日本（1）、瑞士（1）、中国台湾（3）、中国香港（1）
代工生产与制造组装	中国台湾（5）
品牌营销与管理	美国（3）、中国台湾（2）、日本（1）

注：括号内数字为企业数目。

资料来源：根据 http：//bwnt. businessweek. com/it100/2006/index. asp 有关数据整理；英特尔资料来自于《财富》500强相关统计

结合图5-3和图5-4，显示出计算机产业全球生产网络的价值空间中，位于高端的企业多为美国、日本企业，我国台湾企业因在集成电路代工中占有突出地位，其销售利润也较高；一般部件设计与制造类企业仍以美国、日本等发达国家为主，但亦表现出较明显的空间分散特点；价值链——“微笑曲线”最低端的代工生产与制造组装类别企业多来自于我国台湾地区，这主要依赖于台湾迅速发展的大规模制造技术及本地产业协作网络。但随着全球化的发展和两岸经济的融合，其生产空间以中国内地为主。由于价值链各生产环节之间交流的密切关系，由区域生产组成的网络关系仍然十分明显（图5-5）。

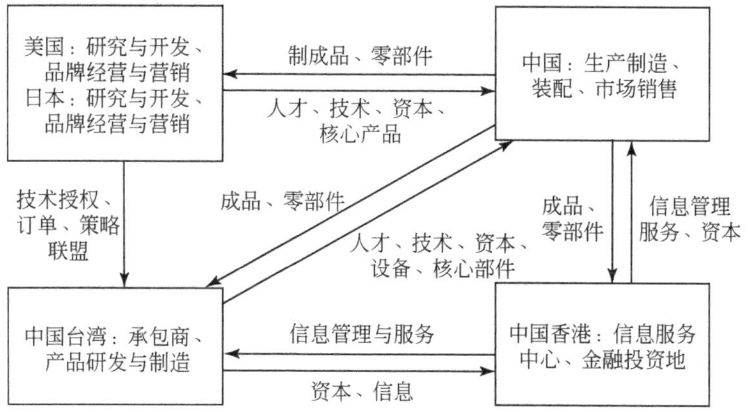

图5-5　计算机产业全球生产网络组织与联系

二、全球计算机产业权力等级与关系网络分析

从以上分析看出，计算机产业全球生产网络中各环节价值生产能力存在巨大

差异，诸多镶嵌于不同价值生产环节的企业，通过彼此之间的投入产出联系形成了复杂的权力制约关系与网络组织结构。

1. 企业权力等级分析

（1）技术发源与标准制定类企业。只有少数公司属于该类别，其典型代表是英特尔公司和微软公司，他们是计算机产业的龙头，通过合作形成的Wintel联盟制定了计算机产业软、硬件工业标准，控制着计算机最核心产品的研发和生产。英特尔的CPU和微软的Windows都具有很强的技术垄断性，从而保持强大的核心竞争力，占据产业内最大利润空间。从第二节第一部分的相关统计看，当整个信息技术产业的平均利润率为13.1%时，Wintel联盟的利润率却高达27.2%。

（2）品牌营销与管理类企业。品牌商盈利的来源在于通过拥有好的品牌获取了自己的“市场标识”，从而拥有最好的销售渠道和最大的市场资源优势。品牌商并不直接掌握生产技术，当前在生产制造和销售市场逐渐扩大的过程中，品牌商逐渐将生产制造交付于专业合同制造商，形成OEM、ODM等新的生产组织方式，而自身专注于产品的市场销售。目前包括惠普、戴尔和苹果在内的全球主要的计算机制造商已经把它们的笔记本产品全部外包给中国台湾的笔记本制造商（表5-3），日本东芝、富士通和索尼的笔记本产品外包的比例也在继续增长，只有中国联想电脑集团增加了自己生产笔记本的比例①。

表5-3 全球主要笔记本电脑品牌厂商代工厂家客户一览表

品牌厂商	主要代工厂商
惠普	广达、仁宝、纬创、英业达
戴尔	广达、仁宝、纬创
联想 Think Pad 系列	广达、纬创
苹果	广达、华硕
索尼	广达、华硕
NEC	广达、华宇、大众、神基
东芝	广达、仁宝、英业达
富士通西门子	广达、志合
宏基	广达、仁宝、纬创

资料来源：根据水清木华研究中心《2007年笔记本电脑产业研究报告》整理

（3）核心部件研发设计与制造类企业。例如，AMD、德州仪器、希捷、台

① 他山石编译，全球笔记本电脑销量过亿“台湾制造”超九成，2008-03-10，比特网转引中文版《商务时报》，http://tech.sina.com.cn/roll/2007-12-30/0934538394.shtml。

积电等，其掌握核心部件的生产技术的同时具备资本优势①，由此形成较强的产业内垄断优势，在全球生产网络中占据重要位置及产业内相当一部分的利润空间。核心部件研发与生产属于高技术资本密集型环节，但在技术研发与标准制定方面又受制于英特尔等企业，随着该环节相关技术的扩散，其单厂平均利润额度开始呈现下降趋势，但整体利润率仍保持较高水平。

（4）一般部件设计与制造类企业。目前计算机产业中多数零部件生产技术已趋于成熟，几乎全部实现标准化和模块化生产，因此该环节产生的利润主要来自于规模生产和专业化生产，技术创新带来的超额利润较为有限。加之该环节生产领域新技术的扩散速度非常快，多数厂商更愿意扮演技术追随者的角色，充分利用市场成熟技术。因此，尽管该环节中也有一些零部件体现高科技含量，如电脑显示器、高档主板、高档显卡等，但从总体看，该环节通常缺乏特质资产，进入门槛较低，同类企业彼此间竞争较为激烈，产品可替代性强，由此决定了该环节在计算机产业生产网络中较低的地位。

（5）代工生产与制造组装类企业。该类别企业主要从事计算机最终产品的生产组装。该环节的一些大型专业合同代工厂商，如鸿海、广达等厂商，拥有特质资产（包括设计与生产制造技术），能够完成整个全球生产网络每一环节的活动并建立起自己的次级全球生产网络，具备协调整个全球供应网络管理的能力。同时当生产规模扩大时，由于生产能力和元器件采购的集中形成了规模经济，该类厂商能形成与其他类厂商不同的竞争优势。从第二节第一部分统计看，其单厂利润额仍然处于一定水平即为例证。但该环节仍是典型的劳动密集型生产阶段，技术含量不高，因此主要布局在具有劳动力比较优势的国家和地区，包括中国内地、东南亚以及中北美一些发展中国家，在全球生产网络价值分配中处于劣势地位。

但全球生产网络中企业权力关系是随着发展条件的变化而动态变化的，表现在控制与被控制关系的转换上。例如，Linux、Unix 操作系统采取免费使用手段对微软 Windows 系统带来一定的冲击；AMD 在生产制造能力日益增强的情况下开始形成自有技术与标准体系，对英特尔原有技术标准带来一定挑战；合同制造商中宏基、华硕亦开始向价值高端攀登，发展自由品牌，改变了计算机原来的国际生产格局，宏基目前已成为全球第三大品牌商，华硕亦迈入前十行列。

2. 企业关系网络探讨

根据对全球生产网络企业权力等级关系的分析，结合计算机产业劳动过程上、下游的组织关系，形成如图 5-6 所示的企业网络组织架构。其中技术发源与

---

① 一般而言，投资一条先进的集成电路生产线通常需要 10 亿美元以上的投资，由此限制了中小企业涉足该领域。

标准制定类位于计算机产业发展的前端，是行业核心技术的发源地与标准制定者，制约着其他4个门类的技术标准及产品生产。但计算机产业真正的中心环节却是品牌营销与管理类企业，他们会根据计算机产品样式、内部与外形设计及配置需求对其委托的代工制造商提出相关技术要求，并进而或直接或间接地对核心部件研发设计与制造、一般部件设计与制造等环节形成一定的制约关系。代工生产与制造组装类企业尤其是大型合同制造商，通常与品牌商及零部件供应商间存在密切联系，这也是其在网络生产中的最大优势。核心部件研发设计与制造类企业一般遵循上游企业的技术标准，为品牌营销与管理、代工生产与制造组装提供产品。由于存在“技术租”与“资金租”优势，核心部件研发设计与制造类企业在网络中占据较为有利的地位，但随着技术扩散引起的激烈竞争，该类企业在网络中的地位开始出现滑落。一般部件设计与制造类企业多与代工生产与制造组装类企业发生联系，有时候也会与品牌营销与管理类企业进行谈判，但总体上在网络中处于较低的地位。需要指出的是，网络成员间的关系是动态变化的。例如，宏基、联想通过收购的方式从地方品牌商发展为全球第三和第四大品牌商。而在品牌商和代工商之间的关系方面，品牌商为摆脱对少数代工商的依赖，会采取选择更多代工商的战略，从而形成较大的议价空间；代工企业则会通过研发不断提升自己的竞争力，从OEM厂商升级为ODM厂商，甚至向品牌商的方向发展。

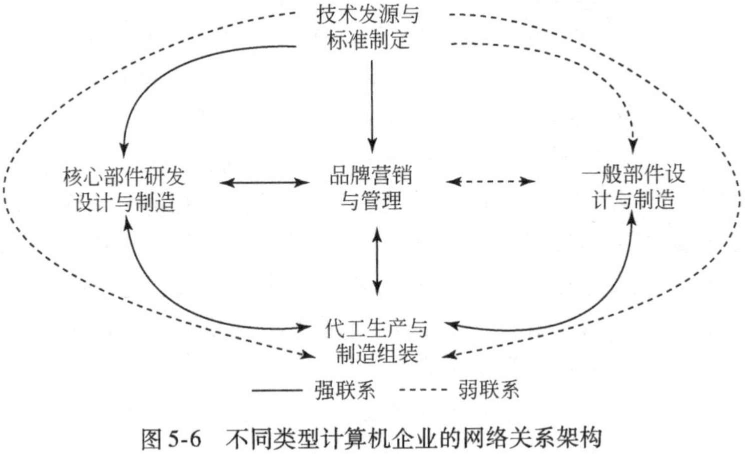

图5-6 不同类型计算机企业的网络关系架构

第三节 中国计算机产业地方生产网络发展与分析

一、中国计算机产业发展的一般状况

20世纪90年代后，外国投资企业对中国电子信息产业投资加速，并促进中

国电子信息产业的快速发展。尤其在2000年以后，除低廉的商务投资成本和中国地方政府优惠的投资政策两大要素外，中国内地市场的力量逐步开始释放，也成为吸引电子信息产业跨国公司投资的重要推动力量，中国成为全球最大的电子信息产业制造基地。

2006年，中国内地微型计算机产量9336.4万台，销售收入12 060亿元，分别占全球总出货量和总销售额的39.1%和37.9%。但必须指出的是，在中国计算机产业快速发展的进程中，中外合资企业、中外合作企业和外资企业成为重要力量。2006年，“三资企业”在规模以上企业计算机产业销售收入、工业增加值以及利润中的比例分别高达80%、79%及80%。以台资笔记本电脑投资内地为例，2006年中国台湾笔记本电脑生产厂商占据的市场份额为90.2%①，但其产能几乎全部集聚于中国内地（表5-4）。

表5-4 中国台湾主要笔记本电脑代工厂商在内地产能

厂家	广达	仁宝	伟创	英业达	华宇	华硕
生产基地	上海松江	昆山	昆山	上海漕河泾	吴江	上海南汇、苏州
内地产能/%	95	90	60	95	90	60
厂家	志合	大众	神基	伦飞	蓝天	精英
生产基地	苏州	苏州	昆山	昆山	昆山	深圳
内地产能/%	100	100	90	100	90	90

资料来源：中国市场情报中心，2007年中国计算机外设行业研究报告，2007-12-26，http://market.ccidnet.com/pub/report/show 6140.html

在长江三角洲上海、苏州、无锡、杭州，珠江三角洲深圳、广州、东莞等城市，由于当地优良的投资环境，兼之地方政府有规划的组织，外资企业以经济技术开发区、高新技术开发区为空间载体，迅速促进地方计算机制造产业的发展，并形成较为完整的计算机产业集群。近些年来，台资电子信息制造企业更有进一步向京津冀地区转移的趋势。从全球在地化发展观点考察，外资企业除资金筹措尚受内地金融政策的一定限制外，包括人才利用、原材料采购、生产制造以及市场销售等方面都已经实现了相当程度的本土化，这使得外资企业在中国内地的投资更能以一种可持续发展的模式运作。

一国或地区产业对外贸易结构和层次是其产业发展层次的直接反映，更能反映出地方在跨国公司主导的全球生产网络中的地位及网络权力制约关系。2007年，中国外商投资企业进出口中机电产品和高新技术产品已占据相当比例，成为

① 水清木华研究中心，《2007年笔记本电脑产业研究报告》。

中国对外贸易发展的重要力量。但从贸易进出口结构置于产品内分工的视角进行比较，可发现出口产品中自动数据处理设备（以个人电脑为主）及零部件居首位，多为模块式产品的最终组装成品，其装配组装属于下游生产的终加工环节，需要大批非技术性熟练劳动力，属于典型的劳动密集型工序，出口额远大于进口额；进口产品中电子元器件即集成电路、印刷电路等遥遥领先，其进口额远大于出口额。集成电路及其微电子组件、印刷电路属于高技术产品内的核心技术产品，是计算机类产品和通信技术类产品的核心组件，属于价值链的高增值环节（表5-5）。以长江三角洲地区为例，2006年该地区生产近6000万台笔记本电脑，约占全球产量的75%以上。这些产品更多是台湾厂商以OEM、ODM等形式为戴尔、惠普、苹果、索尼等品牌厂商进行的组装生产，计算机所需的核心芯片及操作系统均依赖进口。因此，长江三角洲地区笔记本电脑的生产过程仍以劳动力使用较多、知识含量较低的产品或产品生产环节为主。

表5-5 2007年中国外商投资企业主要电子信息产品贸易情况

（单位：亿美元）

主要出口产品名称	出口额	主要进口产品名称	进口额
机电产品	5078.00	机电产品	3794.31
高新技术产品	1861.32	高新技术产品	1970.51
自动数据处理设备及零部件	906.19	集成电路及其微电子组件	1097.02
自动数据处理设备的零件	293.49	自动数据处理设备的零件	152.48
集成电路及其微电子组件	224.12	自动数据处理设备及部件	150.30
印刷电路	89.23	印刷电路	95.33

资料来源：中华人民共和国商务部网站，http：//www.fdi.gov.cn/pub/FDI/wztj/lntjsj/default.jsp

从全球生产网络的研究视角看，在全球化迅速发展的条件下，加之从中央政府到各级地方政府的积极招商政策，与中国丰富的低成本劳动力的比较优势相适应，跨国公司把电子信息产业价值链低端的下游生产组装通过全球生产网络转移到中国，同时电子信息产业价值高端环节的核心零部件，如集成电路制造、特殊材料仍需要从国外进口。就价值链的分配情况看，中国电子信息产业呈现为明显的“橄榄球”形态，即竞争优势体现在中间的生产制造以及组装环节，但两端的产品研究开发和品牌营销、信息服务环节则非常薄弱，主要由于中国在多数电子通信产品领域不是技术发源地和控制、营销中心，缺乏技术和品牌优势，失去占据价值链高端和网络主导权力的根本条件。由此不难理解中国电子信息产业出口贸易以最终消费品的计算机和手机等为主，进口则以高技术密集型的集成电路为主的现象。

二、中国计算机产业价值生产及空间竞争性探讨

中国内地已经成为全球最重要的计算机生产基地。本书从2007年中国电子信息百强企业名单①中选取与计算机产业相关的16家企业（外加名单外中芯国际）进行考察，包括7家品牌外设生产商、7家集成电路制造厂商、2家专业外设生产厂商。从中选取各类别营业收入最高的前5家企业②进行营业收入、利润以及销售利润率统计，外设制造企业采用行业平均值③。

在对企业的分类归纳中，中国内地计算机产业全球生产网络中的价值构成存在两个主要问题：一是系统软件开发和某些核心高端产品研发制造等环节缺失；二是某些制程分工程度低，多数品牌厂商同时是外设厂商和组装厂商。2006年，中国计算机产业中集成电路设计与制造类前5名企业平均营业收入66.8亿元，平均利润5.3亿元，分别只有全球同类前5名企业平均营业收入的11.3%和6.5%；品牌外设生产制造类前5名企业平均营业收入377.9亿元，平均利润11.5亿元，仅有全球同类前5名企业的10.5%和7.7%（表5-6）。因此总体而言，与世界领先企业相比较，中国内地计算机企业的规模明显偏小，利润率较低，反映了中国内地计算机产业总体竞争力与发达国家和地区相比仍有较大差距。

表5-6 按价值链分类中国计算机产业前5名企业平均业务表现

业务归类	平均营业收入/亿美元	平均利润/亿美元	平均销售利润率/%
集成电路设计与制造	8.6	0.7	8.1
外设产品制造	—	—	2.8
品牌外设生产制造	48.4	1.5	3.1

资料来源：根据信息产业部网站 http://www.mii.gov.cn/art/2007/06/08/art_3079_31052.html 整理

1. 基于平均销售利润的中国计算机产业价值链——“微笑曲线”考察

在相同坐标体系下考察中国计算机产业价值链——“微笑曲线”。就销售利

① 2007年中国电子信息百强企业评选采取企业申报、地方行业主管部门推荐和信息产业部审核的办法，中芯国际在销售规模达标的情况下由于未知原因并未列入其中。另外，软件企业同样未列入考察范围。

② 品牌外设生产制造类企业包括联想、方正、同方、紫光、七喜5家企业；集成电路设计与制造类包括中芯国际、深圳赛格、上海宏盛、华润、华虹5家企业；2家外设厂商分别为京东方和长城。

③ 水清木华研究中心，2007年笔记本电脑产业研究报告，并以1:7.8的美元对人民币汇率换算。

润价值链——“微笑曲线”看，其特点是两端略微上扬，即集成电路设计与制造和品牌与外设生产制造两类企业的利润略高于外设产品制造企业，但与全球计算机产业销售利润价值链——“微笑曲线”相比，集成电路设计与制造、品牌与外设生产制造两类企业的利润不突出，整条曲线处于很低的位置（图5-7）。

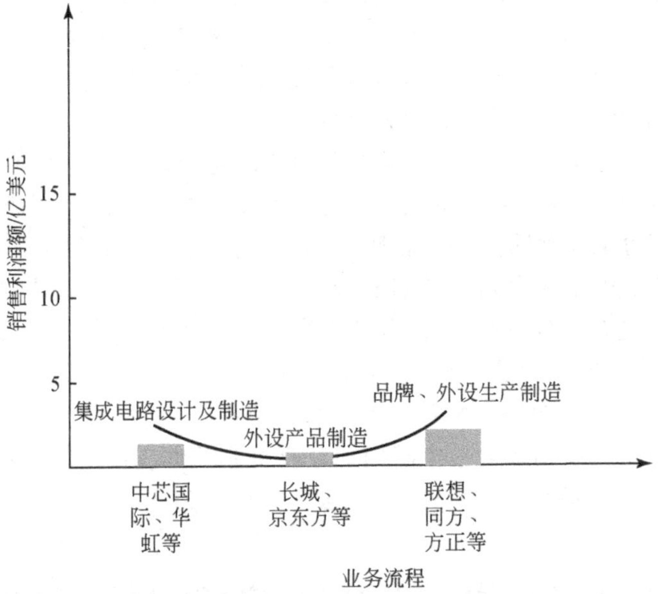

图5-7 中国内地计算机产业销售利润额价值链——“微笑曲线”

2. 基于平均销售利润率的价值链——“微笑曲线”考察

中国计算机产业销售利润率价值链——“微笑曲线”与全球计算机产业销售利润率价值链——“微笑曲线”的形状大体一致，都呈现出非对称的特点，但因高端企业的利润率较低，如集成电路设计与制造类企业由于以代工制造为主，平均销售利润率只有7.9%，品牌及外设生产类企业由于品牌市场认可度低、劳动分工细化程度及制造技术水平低等原因，平均销售利润率只有3.0%，而外设产品制造也达到2.8%。与全球生产网络中的价值链分配相比，中国计算机产业价值链高端与低端之间的差异较小（图5-8）。

对图5-7和图5-8进行比较，集成电路设计与制造类企业在销售利润额和销售利润率两个指标上都有较稳定的业务表现，而品牌厂商的两个指标则出现较大反差，显示出集成电路设计与制造类企业以技术取胜而品牌厂商更多地以规模取胜的实质。

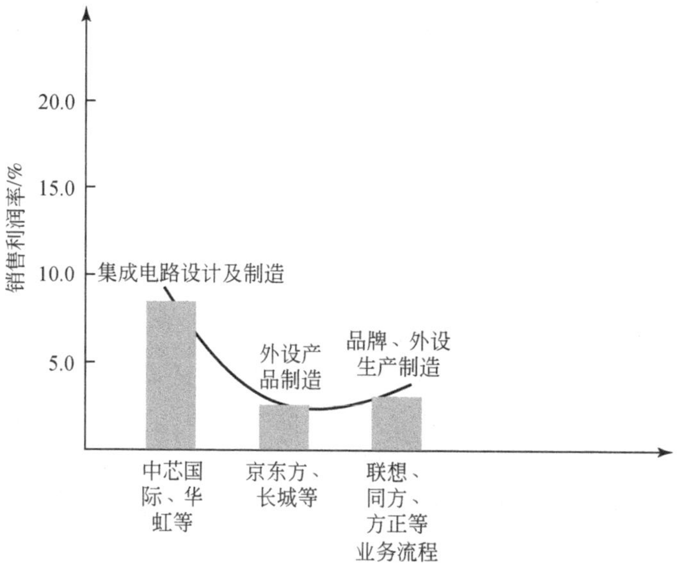

图 5-8　中国内地计算机产业销售利润率价值链——“微笑曲线”

3. 价值空间竞争性分析

在政策、人才、技术以及市场方面的显著优势使得东部沿海地区成为中国内地计算机产业发展的主要基地。从纳入研究范围的 16 家企业的总部考察，全部位于从北京到深圳的东部沿海地区，但就价值链空间竞争性考察，存在一定区域差异。在品牌外设生产制造类中，有 4 家是总部位于北京，另外 3 家分别位于济南、广州和深圳；外设产品制造类企业中，北京和深圳各 1 家；在技术最为密集的集成电路设计与制造类别中，有 3 家位于上海，另外有 2 家分别位于长江三角洲的南通和江阴，珠江三角洲地区的香港和深圳各 1 家（表 5-7）。

表 5-7　按价值链分类的中国计算机产业主要企业的区域分布

业务归类	主要企业区域分布
品牌外设生产制造	北京（4）、济南（1）、广州（1）、深圳（1）
外设产品制造	北京（1）、深圳（1）
集成电路设计与制造	上海（3）、江阴（1）、南通（1）、深圳（1）、香港（1）

注：括号内数字为企业数目。

就我国计算机产业价值链的空间竞争性分析，北京、上海、深圳成为最集中的城市，分别为京津唐、长江三角洲和珠江三角洲地区计算机产业发展的龙头。其中，北京因为信息产业部等中央部门的存在以及丰富的人才资源和便捷的信息交流等原因，成为品牌厂商最集聚的城市；上海因为周边区域完整的计算机产业链以及丰富的人才资源等优势，成为集成电路设计与制造类企业最为集中的区域。因此，在我国计算机产业生产网络中，北京和上海两地企业占据了最重要的位置，较其他地区具有更强的空间竞争性。深圳则表现出综合性特征，三个类别企业各有1家。

必须指出的是，以上考察的是企业总部，实际上大多数企业都已经实现了更大范围的空间布局。例如，长城计算机集团的总部位于深圳，但在北京、香港、长沙、怀化等分别设有分厂，进行不同业务功能模块的操作；京东方科技集团的总部位于北京，但在香港、绍兴、苏州等城市都有分厂。这些意味着在比较优势主导下，企业开始把价值低端的生产制造类部分进行更大范围的布局或合作生产，从而将更多地方及企业纳入中国计算机产业生产网络，这当然包括中西部地区的成都、西安等重要城市。

三、计算机产业的地方镶嵌与中国的网络镶嵌

1. 跨国资本的地方镶嵌与发展

自20世纪80年代中国实施改革开放政策后，凭借充裕、廉价、优质的劳动力以及巨大的消费市场、优惠的招商政策，加之发达国家与亚洲新兴工业国家和地区遭遇生产成本瓶颈，国际计算机制造产业率先向中国内地扩散。进入90年代以后，改革开放步伐的进一步加快及中国市场对计算机产品需求的日益旺盛，使得外商在中国计算机领域的投资加速增长，并持续出现深化趋向，生产本土化和研发转移趋势明显，上、下游行业相互带动向中国内地转移的现象逐步呈现，通过投资价值链环节的不断升级，逐步实现了在中国的地方镶嵌和长期发展。表5-8揭示了自1985年以来英特尔在中国的发展历程，从在北京设立代表处开始，逐渐完成了英特尔生产制造基地、研发中心和区域总部等的建设。从价值链环节考察，英特尔在中国的研发从设立研究实验室开始，到发展应用设计中心、技术开发公司，并成为中国国家人才培养体系的重要部分；生产制造不断升级，从以芯片封装测试为主，到英特尔奔腾4处理器在中国的组装测试，再到在大连投资25亿美元建立高端技术90nm级的晶圆厂。此外，微软在上海设立了微软全球技术中心，惠普在北京设立了中国总部，IBM成立了中国研究中心和软件开发中心并在深圳成立全球采购总部等。

表 5-8　英特尔在中国的发展历程

时　间	时　间
1985 年	英特尔在北京设立了第一个代表处
1994 年 1 月	第一个英特尔架构开发实验室（IADL）成立
1994 年 11 月	位于上海的芯片测试和封装工厂破土动工
1998 年 11 月	英特尔中国研究中心（ICRC）创建，是英特尔在亚太地区的第一个研究实验室
2002 年 5 月	英特尔宣布在中国组装和测试英特尔奔腾 4 处理器
2002 年 10 月	英特尔亚太区应用设计中心（ADC）在深圳设立
2003 年 8 月	英特尔宣布在四川成都投资建立封装和测试英特尔半导体产品的工厂
2005 年 5 月	英特尔技术开发（上海）有限公司成立
2005 年 6 月	英特尔渠道平台事业部成立，全球总部设于上海
2005 年 6 月	英特尔宣布设立 2 亿美元的“英特尔投资中国技术基金”
2005 年 9 月	英特尔亚太区研发有限公司在上海紫竹科学园区成立
2006 年 10 月	成都芯片封装测试项目二期工程竣工
2006 年 11 月	英特尔中国研究中心博士后工作站成立，成为国家人才培养体系的一部分
2007 年 1 月	中国成为英特尔一个独立的地区进行销售与市场运作
2007 年 3 月	英特尔宣布在大连投资 25 亿美元，建立 90nm 级技术的 300 毫米晶圆厂
2007 年 9 月	英特尔在亚洲的第一座 300mm 晶圆工厂大连芯片厂破土奠基

但从总体来看，外资在中国内地的投资仍是以生产制造与组装为主。在长江三角洲的苏州、无锡，珠江三角洲的东莞等城市，由于当地优良的投资条件，兼之地方政府有规划的组织，外资企业以经济技术开发区、高新技术开发区为发展载体，迅速促进了计算机制造产业的发展。例如，苏州新区、昆山经济开发区、吴江经济开发区等都已经形成了较为完整的计算机产业集群。2006 年中国台湾笔记本电脑厂商出货量占全球市场份额的比例高达 90.2%，其中前 5 名的代工企业即高达 81%①。事实上由于全球化的发展，台湾地区代工生产与制造组装可以分为两个层面：中国台湾接受订单和中国内地制造组装。即中国台湾凭借与品牌企业良好的业务关系和设计制造技术获得代工订单，借助内地丰富的劳动力进行零部件制造和笔记本电脑的组装工作，这些企业生产基地高度集中在上海、苏州和昆山。从全球在地化发展的观点看，除资金筹措受内地金融政策的限制未能实

① 水清木华研究中心，《2007 年笔记本电脑产业研究报告》。

现大规模本土化之外，人才利用、原材料采购、生产制造乃至市场销售等都已经实现了相当程度的本土化，这使得外资企业在中国内地的投资更能以一种可持续发展的模式运作。

2. 地方发展的网络镶嵌

如果说外资的地方镶嵌为“全球在地化”，那么地方对全球生产网络的镶嵌则是“在地全球化”。“在地全球化”包括两个方面的考察维度：一是地方吸引外资方面的策略；二是地方企业与外企的联系及国际市场的开拓。

1979 年实施改革开放政策以来，中国经济发展开始采取吸引外资加速并深化经济改革的措施。1980 年，中国共产党第十三次全国代表大会和全国人民代表大会常委会通过了发展对外开放的经济格局，经济特区、沿海开放城市及沿海经济开发区依次开发。20 世纪 80 年代，中国内地以南方经济特区为首，迅速促进了深圳、广州、东莞等城市外资的集聚，开始与全球生产体系发生联系。步入 90 年代后，中国内地发展的重心转移到以上海为中心的长江三角洲地区，集中力量促进浦东开发，增加其辐射能力，进而带动周边区域发展。在对外开放的发展进程中，80 年代初实施的财政“分灶吃饭制”使得地方拥有相当程度的财政自主权，地方政府从而成为具一定调控权力的主体与经济利益主体。以“管理者”（custodian）和“创造者”（demiurge）（Evans，1995）双重角色出现的地方政府在经济发展规划的基础上，结合当地的发展条件，采取许多政策，以鼓励或限制不同外商的投资活动。为了便于提供土地、厂房、水电交通基础设施、劳动力培训、优惠赋税制度，发挥规模经济的效益，实现集中式服务以及便于管理，新的经济部门——开发区就成为地方政府实现全球化发展的平台。由此可见，地方政府已经成为连接跨国资本与地方发展的中介力量，其对外资不同的介入方式必然会促成跨国公司在地方投资的不同模式，但地方经济发展的全球连接性都是显而易见的。

外资企业的进驻也大大刺激了中国内地本土计算机企业的发展。在投资初期阶段，为了积极开拓市场及规避高交易成本，外资企业往往选择与本土企业合作，这使得本土企业在管理、设计与研发、生产技术等方面都实现了突飞猛进的发展，并形成了一批本土知名计算机企业。以普惠公司与中国企业合作发展为例，其与联想、方正、清华紫光以及神州数码等企业的合作都大大促进了这些企业的成长。另外，例如，联想通过对 IBM 个人计算机业务的收购，在技术研发、生产制造、市场开拓方面都实现了快速发展，目前联想电脑已经成为世界第三大个人计算机品牌商。但从整体考察，中国计算机产业与外资企业的业务合作还是存在脱节现象。从大多数本土企业看，由于技术层次、经营管理与理念等跟不上世界潮流，很难在高端生产配套、市场营销、技术合作以及资本运作等方面与外资企业实现紧密联系，更多的只是在低层次生产配套环节存在一定合作。从外资企业看，其来华投资的根本目的是更好地利用资源以及开拓市场，在与本土企业度过蜜月般的合资合作之后，为了避免关键技术与知识的外溢，更多地采用了独资企业的形势，表现为外商直接投资在外资中的比例的不断增长，但随着中国市场竞争的日益激烈以及本土企业在管理和生产技术方面的提升，外资企业与中国本土企业的产销合作还是未来发展的趋势，张家铭（2006）对台资企业在苏州的发展研究亦验证了这样的判断。从地方政府看，对改革开放理解的偏差导致地方政府对外资的狂热追求，却忽略了吸纳外资的真正意义，开发区成为外资企业在中国的“领地”及本土企业的“禁地”，这强化了跨国公司与本土企业联系的断裂，也使得外资企业在中国的发展很难实现深入镶嵌。从 Evans（1995）政府-本土企业-跨国公司“三角联盟”的分析框架看，明显缺乏本土企业这一重要支点，只存在地方政府和跨国企业之间的一种“线性关系”，这也使得中国招商引资政策的效用大打折扣。

另外，从本土企业国际市场的开拓考察，其产品外销率普遍偏低，2006 年联想产品外销率为 10.6%，方正为 3.4%，浪潮为 0.6%，同方为 11.4%。而联想在国际市场主要以 Think Pad 为品牌标志，而更多其他企业的产品也仍以国内为主要市场。而一些外销率高的企业，如上海宏盛、深圳赛格则多为代工企业，其产品向国外定向供应。

四、基于广达集团全球功能布局的实证考察

通过吸收大量外商直接投资，我国制造业尤其是电子通信制造业得到了快速发展。在这个快速发展的过程中，最初的动力来自内地劳动力、土地等低成本生产要素和良好的招商引资政策等。随着生产规模和能力的扩大，规模经济和集聚经济形成的是多种优势集中带来的制造业综合竞争力的提高。以笔记本电脑的发展为例，中国台湾曾经是全球笔记本电脑的主要制造基地，随着台湾本地生产成本的不断提高和内地投资环境的优化，大批台湾笔记本生产线转移到内地，使得内地电脑的生产规模、生产能力、研发力量大大提高，已取代台湾成为全球最大的笔记本电脑制造基地，在全球范围内形成无以匹敌的竞争力。

从生产厂商的空间布局来看，沿海地带的长江三角洲和珠江三角洲地区仍是笔记本电脑的主要生产区域。例如，全球最大的笔记本电脑生产厂商广达电子及相关配套企业落户上海松江开发区；台湾十大笔记本电脑企业中已有 9 家企业落户苏州；深圳在全球笔记本电脑生产领域也具有重要地位，是 IBM、长城、联想等中、外笔记本电脑的重要生产基地。在以上几个城市中，已有相当多的国内、

外名牌电脑以设立研发中心、贴牌、联合开发、集中生产等方式在其工业区及高新工业区制造，并最终通过便捷的空运和远洋物流等方式出口国外。作为模块生产方式的最终成品，笔记本电脑生长厂商的空间转移同样带动了笔记本电脑零部件供应商的转移，华硕、微星、技嘉科技等台资知名企业也逐渐把其生产基地转移到了内地。虽然笔记本电脑的量产地重心已经转移到中国内地，但现阶段笔记本电脑的研发重心并未随之转移到内地，核心技术和部件的研发生产以及品牌经营和营销依然由美国控制，中国台湾亦从事了相当重要的研发和核心部件的生产。从目前的发展和未来的趋势观察，短期内笔记本电脑的基本设计工作将会转移到中国内地，但尖端技术方面与全盘控管将依旧会置于美国、日本跨国公司以及中国台湾部分电子企业。以中国台湾广达电子为例，进行以上分析的实证研究。

目前世界上最大的笔记本电脑生产商广达电脑于1988年开始成立，1990年开始正式批量生产笔记本电脑，在20世纪90年代前期先后实现了486笔记本电脑、彩色笔记本电脑和超薄型笔记本电脑的批量生产；广达电脑集团于2000年12月在上海松江出口加工区投资，当年营业额达到828亿元新台币。经过几年的发展，逐步建立了以达丰（上海）电脑有限公司为首，由达丰、达功、达伟、达业、达福、达利、达人、达群8个子公司和达研、达威、达辉3个兄弟企业构成的QSMC广达上海制造城。通过积极的集聚辐射效应和内部协作配合，达丰（上海）电脑有限公司取得了较快发展。2005年以出口额114.56亿美元的成绩在上海市电子企业出口额排名中名列第一，同时也是2005年上海市对外出口贸易总额最大的企业，其在中国内地生产的笔记本电脑已经占广达电脑公司总产量的80%以上，成为包括戴尔、苹果、IBM、惠普、东芝、索尼等知名笔记本电脑品牌商最重要的代工企业。

台湾多数大型电子企业最初都是由中、小企业发展而来的，斯密曾经说过“市场容量决定分工”，并认为“分工才是经济增长之源泉”。随着技术的发展进步，信息技术市场的需求不断扩大，在全球化条件下，深化分工并实现空间布局的调整和集聚成为许多台商信息技术企业的成长机遇和发展必经之路。从广达电脑公司发展的历程看，在2000年前其营业收入未超过千亿元，但随着市场对笔记本电脑需求的扩大，广达电脑集团迅速将生产制造功能实现了向内地的空间转移，并以达丰（上海）电脑有限公司为主体，在实现研发和制造空间分工的同时，又先后成立了10个配套公司进行产品内分工生产。在实现规模经营的同时又实现了空间的集聚，营业收入迅速达到2003年的2923亿元，并于2005年突破4000亿元大关，分工和空间转移配置生产要素对企业经济效率的提高显而易见（图5-9）。

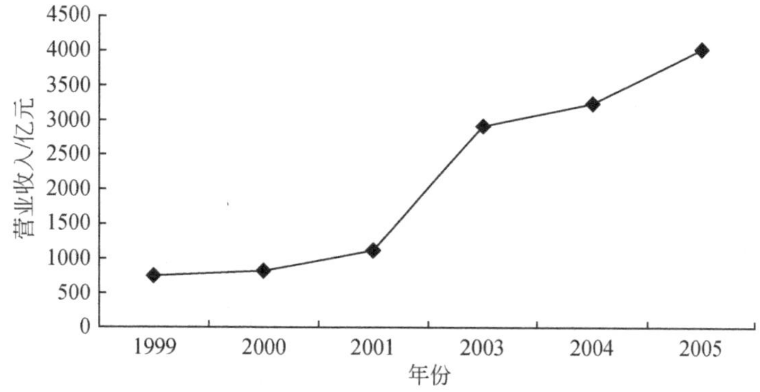

图 5-9 1999 ~ 2005 年广达集团营业收入

资料来源：根据广达集团网站整理

笔记本电脑的价值链同样包括研发、生产和营销三个环节，由于包括 CPU 等核心部件的生产主要由美国的厂商如英特尔、AMD 等控制，台湾笔记本电脑生产厂商主要在其他一些零部件，如主板、显卡、网卡、驱动器等环节具备某部分或全部研发功能，另外还包括笔记本电脑的外形与结构的设计等工作。就广达电脑公司而言，尽管已经是世界上最大的笔记本电脑生产商，其技术水平也依然没有实现某些核心部件如 CPU 的生产制造。但从产品内分工产业链的角度分析，从广达集团分企业组织框架及其主营业务和产品分区域的空间差异依然能够看出广达电脑在中国台湾（研发）－中国内地（生产）－欧美（销售）形成的全球分工格局（表 5-9）。

表 5-9 广达电脑关系企业全球布局与经营业务列表

企业名称	地址	主营业务与生产项目
广达电脑台北办公室	台北市士林区	公司管理与事物处理
广达电脑研发中心	台北桃园县	技术与产品研发、设计
广明光电（股）公司	台北桃园县	DVD 等光学及电子零组件制造业
广辉电子（股）公司	台北桃园县	LCD、光学及电子零组件制造业
广达德国公司	Augsburg, Germany	计算机及外围设备之销售及维修
广达美国公司	Fremont & Nevada, USA	计算机及外围设备之组装、维修及销售、售后服务
广达（英属维尔京）公司	Tortola, Virgin	计算机及外围设备组装、销售及代理维修
达丰（上海）计算机有限公司	上海松江出口加工区	笔记本电脑、桌上型电脑
达功（上海）计算机有限公司	上海松江出口加工区	生产主机板、服务器、笔记本电脑半成品

续表

企业名称	地址	主营业务与生产项目
达业（上海）电脑科技有限公司	上海松江出口加工区	主机板、笔记本电脑、液晶显示器、上网机
达伟（上海）电脑有限公司	上海松江出口加工区	笔记本电脑键盘
达群（上海）电脑有限公司	上海松江出口加工区	生产销售笔记本电脑、售后维修服务
达福（上海）科技电脑有限公司	上海松江出口加工区	笔记本电脑及外围设备
达利（上海）电脑有限公司	上海松江出口加工区	笔记本电脑及外围设备
达人（上海）电脑有限公司	上海松江出口加工区	笔记本电脑及外围设备
达研（上海）光电有限公司	上海松江出口加工区	光盘驱动器、影碟机
达辉（上海）电子有限公司	上海松江出口加工区	生产薄膜电晶体、液晶显示器
达威（上海）电子有限公司	上海松江出口加工区	网络信息产品，包括无线模块、网卡、路由器

资料来源：http：//www.sjiz.org/ryqy.php 及 http：//www.quantatw.com/c_ contactus.htm

（1）研发与管理："深耕台湾，布局全球"是广达集团长期的发展策略。尽管已经对内地进行了较大规模的投资，但广达集团的核心研发部门仍然布局在台湾岛内（2005 年 4 月份广达研发中心在台湾桃园县成立），而一些基础性研究会逐渐迁至内地。另外，广达公司总部也设立于台北市，负责广达公司各部门和子公司的管理以及资金的运转，是广达集团发展战略制定和发布的核心。

（2）生产与制造：QSMC 广达上海制造城的建设和发展意味着广达已经将几乎全部的生产制造功能转移到了内地，初步形成了以达丰（上海）计算机有限公司为核心厂、其他公司配套零部件的生产组织体系。通过企业空间生产的集聚实现了高度的纵向一体化，大大降低了交易成本、交通成本和信息往来成本。

（3）品牌经营与营销：作为世界上最大的代工厂商，广达电脑的产品多是为欧美品牌商进行的贴牌生产，最终由欧美品牌商进行价值链最后环节的品牌经营和营销活动。从空间布局来看，广达德国公司、广达美国公司以及广达欧洲公司的主营业务也都是计算机以及零部件的销售与售后服务功能，属于"微笑曲线"的右侧高峰。

广达集团在台湾设立管理和研发中心，除配合台湾当局政策、争取更多的优惠与投资机会外，主要是出于两岸产业分工布局的考虑，将高端的技术研发与高附加价值的产业留在台湾岛内发展，同时也在内地设立研发中心与生产基地，充分利用内地的优秀人才、廉价土地与庞大市场，实现两岸分布合作的战略布局，以提高企业的竞争力。

第四节 小 结

从本书的研究结果看，计算机产业的全球生产网络已经基本形成。在劳动分工原则的支配下，研发、设计、营销、制造等价值链生产环节已完全分割并各具优势，在全球范围内进行合作与竞争，形成特定形式的动态权力架构模式。价值链环节的分割决不会只存在于企业之间，亦应该包括在那些既做品牌又做代工的企业内部。这意味着全球生产网络研究不能只包括企业间的组织关系，还应该涉及企业内部之间联系的协调。此外，全球生产网络各节点在空间布局上并非是均质化的，“全球在地化”以及“在地全球化”都需要在特定的条件下实现，各种自然要素和社会要素的作用与机制在不同地方都不尽相同，这是全球生产网络未来的一个研究重点。

就权力制约关系而言，全球生产网络中的核心治理者把握网络中的核心战略环节，占据高附加值的生产环节。但在本书的案例分析中，Ernst 全球生产网络研究中所强调的旗舰企业并没有在计算机产业中表现出绝对的优势地位，技术发源与标准制定类企业具有比品牌企业更好的业务表现，显示出该类别企业在全球生产网络中对资源及技术创新能力的控制权，而旗舰企业在网络中的优势地位更多地体现在网络联系及其生产规模上。因此，计算机产业全球生产网络中有两类权力主导企业，一类是以技术研发和标准制定为基础形成的技术垄断性企业，另一类是以品牌营销和服务为基础的市场垄断性企业。该两类企业以新产品开发、业务流程重组、网络一体化以及网络资源、客户关系管理等业务活动将全球计算机及外设的生产、消费、知识整合到一个统一的全球生产网络中来进行管理和控制。

从本书案例分析中可以看出技术研发、品牌营销与高端制造多位于发达国家和地区，在那些国家和地区形成了拥有独特资源包括高端研发能力和精密工程技术的“卓越技术中心”。价值链低端的一般部件制造、组装等转移到劳动力多而便宜的发展中国家，形成能提供及时且成本较低的生产服务的“成本节约中心”。但为了保持产品竞争力或更好地适应当地的市场需求，许多跨国公司也开始将部分非核心的高端技术转移至发展中国家，或直接在发展中国家设立区域总部、研发中心，这都为发展中国家和地区的产业升级提供了机会，同时促进了网络的成长。但还必须看到，知识的扩散总体上还是封锁的，目前已有的许多 R&D 投资研究结果都证明了这些（杜德斌，2001）。

外资企业的进驻刺激了大批中国内地本土计算机企业的产生，从品牌商、核心部件制造商到一般部件制造商，一应尽有，涵盖了生产网络从管理、研发和营销到生产制造、组装等大部分生产环节，但关键技术的缺失使得中国计算机产业全球生产网络价值构成并不完整。与国际领先企业相比，中国计算机产业自主创新能力不足、核心基础产业薄弱、优势骨干企业缺乏等，这些都制约了中国计算机产业国际竞争力的进一步提升。同时，由于中国内地计算机企业与外资企业联系以及国际市场开拓的不足，出现了中国作为一个特定的地域已经融入全球生产网络而本土计算机产业尚未全面融入全球生产网络的特殊局面。未来中国计算机产业发展的途径仍在于本地企业与全球生产网络的融合，但必须解决以下 4 个问题：首先，在快速融合的过程中，应注重吸引跨国公司地区总部、研发中心、先进设计与生产等价值链高端部分向中国的转移，强化高端部分的本地化和知识外溢，最终协助某些优势城市的产业向全球价值链高端发展并提升其在全球生产网络中的资源控制权和决策权；其次，以塑造核心竞争力为目标，强化分工，促进品牌经营企业与一般制造、组装等环节的剥离，通过相互协调的知识流动促进区域生产网络的成长；再次，促进本土厂商在不断扩大生产规模的同时，通过市场进行整合或建立策略联盟，确保企业生产和市场的规模效应。同时，加强与外资企业合作，积极开拓国际市场；最后，继续发挥中国丰富、优质的劳动力的比较优势条件，以建立计算机产业集群为目标，促进价值链生产环节在适当区域的集中，壮大中国计算机产业的规模和实力。

第六章

全球生产网络与大都市区生产空间组织理论架构

——多重作用力的区域空间效应

当代城市与区域的发展受经济全球化的影响日渐加深，探讨全球化对区域以及城市空间组织发展的影响，已成为人文地理学研究的重要内容之一。本书第三章和第四章分别论述了全球生产网络的组织关系及地方镶嵌，由此奠定了全球生产网络地方化作用的分析基础，为本章从全球生产网络转到大都市区空间组织的分析提供了理论依据。本章研究的重点主要是从全球生产网络到区域空间组织机制的探讨，包括三个层面的研究。首先是宏观层面，主要对全球生产网络多尺度空间扩张作用所调动的全球城市网络予以描述和解释，包括核心节点的全球城市、基于不同等级节点联系的全球城市体系、节点区域空间整合的全球城市区域；其次是中观层面，在认识区域空间组织内涵的基础上，以新时代和区域发展背景下新的影响因子，来解释大都市区空间组织的内涵并分析其特性和表征；最后，从微观层面结合传统的城市土地利用结构模式，探讨全球生产网络价值链各生产环节的空间投影，对全球生产网络地方镶嵌后的内在作用机制及全球生产网络与大都市区生产空间组织的互动内涵进行更深入的分析。

第一节　区域空间组织概念的解析与再认识

城市及区域都是复杂的系统，是以各种空间经济主体为“点”（子系统），以各类经济联系包括资本流、商品流、劳动力流、信息流等为“线”构成的空间网络，这是本书从网络模型角度对空间系统的描述和理解。全球生产网络则是在全球化的组织框架与动力机制下，专注于地方发展的分析体系，由此成为本书对城市及区域空间系统研究的嵌入式分析工具。因此，在本书的研究框架下，全球生产网络成为城市及区域空间结构新的分析框架，其理论基础是区域经济、空间经济等经济学理论，还包括传统的空间结构理论。

一、区域空间组织的概念化与认知

在人文地理学中，空间组织（spatial organization）被视为学科研究的基础和原则。空间组织在本质属性上是一个相当复杂的主观概念，除了自然属性之外，随着社会经济的发展，更被赋予了社会人文属性（石崧，宁越敏，2005）。后现代理论的兴起使得后现代人文地理学家更深入地思考空间组织的社会经济含义。例如，Harvey（1973）认为空间组织是体现社会各种生产关系更宽泛结构的一整套表述。索雅（2004）认为空间组织产生于有目的的社会实践，是有组织的空间结构形式。

法国马克思主义社会学家列斐伏尔被认为是一位“元哲学家”，他在把历史性、社会性和空间性结合起来研究方面的影响远超过其他学者。列斐伏尔从20世纪60年代开始把空间引进其研究框架，到70年代（英文本为90年代），他在《空间的生产》一书中对社会空间关系进行了极富想象力的分析，他认为空间不仅仅是社会关系演变的静止的“容器”或者“平台”，我们所面对的社会空间是多重的、相互重叠的。按列斐伏尔的理解，资本主义的空间具有以下功能：①生产资料的功能。城市空间不仅是消费的场所，城市、区域、国家或大陆的空间配置增进了生产力，利用空间就如同利用机器一样。②消费对象的功能。作为整体的空间在生产中被消费。③政治工具的功能。国家利用空间以确保对地方的控制。④阶级斗争的介入。由此列斐伏尔以新的“空间生产”概念作为城市研究的新起点，提出将“空间中的生产”（production in space）转变为“空间的生产”（production of space）。其区别在于前者指自然属性空间，而后者特指社会属性的空间，空间作为一个整体进入了现代资本主义的生产模式，它被用来生产剩余价值（宁越敏，石崧，2011）。

正是在以上的认识基础上，本书认为区域空间组织首先被确定为是一个多空间尺度的研究范畴，可能同时发生在地方、区域、国家和全球尺度上；其次是空间中社会经济关系相互作用的过程及其产生的循环累积因果关系，是空间组织形成、发展的动力机制；再次是一个典型的结构主义产物，社会经济的发展塑造空间组织，而空间组织的发展又会不断对社会经济发展的规则和模式提出调整要求；最后是一个动态变化的过程，强调区域功能的联系。作为社会经济发展的空间组织模式，全球生产网络无疑是很好的理论分析工具，其符合空间组织以上4个内涵特征，并且迎合了当今全球化、信息化发展的趋势，同时包含政府及各种非政府组织的制度分析，从而为空间组织分析在自组织的基础上增加他组织的探讨，保证了空间组织动力机制和作用过程分析的完整性。

二、区域空间组织新的影响因素

区域空间组织和区域空间结构是两个完全不同的概念，从系统哲学论看，两者是动态与静态、过程与格局的关系，互为因果、辩证统一。传统的空间组织概念包含空间结构、空间运动机制与过程，而延续列斐伏尔“空间的生产”的思路，空间组织应是空间结构的生产和再生产过程；而空间结构是各功能区的空间格局及其分布特征的组合关系，是空间组织的地理表征和一种静态的结果。由此全球生产网络中的要素流及其集聚（动态部分）与点、线、网络（静态部分）在空间组织、空间结构上实现了概念的统一。

全球生产网络中的地方镶嵌以及地方网络镶嵌对区域发展的重要影响之一就是基于产品内分工的新的劳动空间分工的出现，通过不断运行的资金流、货物流、服务流、人才流、技术流、信息流以及思想流等，使得城市和区域空间发展逐渐突破行政区域的限制，渗透到更广泛的区域层面，塑造了新的城市区域新格局。在这个过程中，一方面，以信息化、迅速的技术变革及知识、技术在市场竞争中的重要性为特征，产生了新的空间结构影响因子，如知识、制度等；另一方面，传统影响因子如区位、生产组织、交通也发生了新的变化。

1. 传统因子的变化

（1）区位因素。在全球化发展时代，全球生产网络的形成使得生产和市场范围都扩展到全球尺度，而网络密集的交互关系则需要发达的交通和通信联系来保障。如果将传统时代的区位因素视为“自然区位”，那么全球化时代更需要的是建立在高度发达的现代交通通信基础设施上的新的“社会区位”，包括海港、空港、信息港等。

（2）经济因素。在全球生产网络的组织框架下，资本、土地、劳动力的概念与内涵发生了变化。其中，资本已经超越原有的地方资源限制，表现为从地方到全球资本的高度流动。资本的全球选址刺激了作为有限资源的土地的经济价值的持续增高，级差地租引导的土地利用格局势必发生变化，混合型和多样性的空间结构开始出现。同时，知识经济的兴起使得全球生产网络对劳动力的需求在继续重视成本和数量的同时，更加重视劳动力的结构和培训水平，以满足高科技产业对高素质劳动力的需求。

（3）生产组织因素。在全球生产网络主导下的区域经济发展过程中，生产组织形式倾向于纵向一体化发展，不同价值区段镶嵌的地方主导了不同的区域经济发展类型。例如，以管理和营销为主的核心城市、以研发为主的二级城市和以生产组装为主的外围城市，并形成了不同的空间组织模式。总体来看，区域内以城市为节点的网络联系更为紧密，构成了更大尺度的空间体系，并促成大都市区域的形成。在城市内部，生产网络价值区段模块化操作等新的生产组织模式使企业的管理部门、服务部门与生产部门在空间布局上出现了城郊脱离的现象，并通过企业内部联系空间上的延伸，建立了城市内、外空间之间的紧密联系，也重塑了城市的空间组织。

2. 新的影响因子

（1）知识要素。在全球生产网络的研究框架中，关于知识的生产、流动和配置的研究是重要内容。高层级主体特别是领导厂商之所以能够占据附加值相对较高的价值链环节和增值活动，是因为它们控制着一些稀有资产（Gereffi，1999），而以知识技术为代表的“技术租”无疑是较为显著的部分。在全球生产网络的空间作用过程中，知识在价值区段的流动是知识作为空间经济基础和新区位因子发挥重要作用的途径。不同价值区段的类型企业及其所携带的特定类型知识，通过向特定空间的镶嵌和集中，塑造不同的城市景观，并通过彼此之间紧密的合作关系，引导区域空间组织与联系发生变化。尤其当全球生产网络中的知识体系发生重大变革时，其所影响的区域功能和规模体系都将发生变化。

（2）信息技术。技术从来都是塑造社会生产空间结构的重要因素之一，是区域空间组织变动的重要引擎。信息技术对区域生产空间结构的影响可以归结为（甄峰，2004）：①信息技术改变了传统生产方式，提高生产效率，促进传统产业的转型升级与空间再布局；②信息技术对企业运营和企业区位决策都产生至关重要的影响，形成新的社会区位条件；③信息技术产业的发展促进了生产组织的弹性布局和管理，改变了企业内部的组织联系与空间布局；④在全球生产网络组织框架下，信息技术及其产业扩散方式与规律不再限于传统的等级扩散模式，网络状的扩散模式已经形成并带来空间结构的转型；⑤信息技术的应用体现在政府决策与空间管理过程的联系组织作用上，加强了区域内城市之间的经济联系和空间互动。

（3）制度因素。城市和区域的发展不单纯是经济发展的产物，地方政府及其制度对区域空间结构的形成和发展也起着重要的作用。政府通过政策对企业和个人施加影响，有效地影响了他们的空间行为，进而也对城市的空间组织产生影响。但在全球生产网络的主导框架下，政府政策和制度的作用更多地体现在政府对网络地方镶嵌的鼓励或制约上。例如，上海出台的总部经济发展政策以及苏州出台的高科技产业鼓励发展政策等，都大大促进了全球生产网络不同价值区段的空间着陆，引导了新的区域和城市空间结构的形成。

三、区域空间组织新的构成要素

Haggett（1965）率先在其著作《人文地理学的区位分析》一书中提出，人文地理研究的区域空间形式由节点、层次、网络或渠道、流、面五部分组成。之后在该书1977年的第二版中，哈格特从枢纽区域中分解出运动模式、运动路径、节点空间布局、节点的层次、地面、时间和空间的扩散多个几何要素，由此奠定了空间系统构成的基本论调。

在全球化时代，资本、信息、市场等经济要素的国际流动性加强，原有区域空间系统被迫向国际、国内大环境开放，封闭的区域节点体系已被打破，区域经济发展的资源和商品面向的是整个全球市场，产生了新的空间结构影响因素，区域空间系统的构成要素也被赋予新的含义，这必然会重新塑造区域及区域城市体系。在全球生产网络中，节点包括两方面的内容（网络行动者）：一是生产网络中的企业；二是生产企业镶嵌的地方（城市）。线是将网络节点联系在一起的重要通道，但在全球生产网络中，线是一种动态和静态概念的集合，包括资本流、商品流、劳动力、信息流以及支撑各种“流”流动的软、硬基础设施建设，如交通通信基础设施、市场流通渠道等。正是各种不同性质、不同方向的线将节点连接在一起，构成了全球生产网络与区域不同功能空间的等级体系（表6-1）。

表6-1　全球生产网络主导下空间结构要素的新组合模式

区位要素及其组合	空间子系统	空间组合类型
点－点	资本与信息节点系统	区域城市体系、城市内部功能区
点－线	资本信息枢纽系统	金融中心、信息中心、知识创新中心
点－面	城市－区域系统	大都市区、大都市区域
线－线	网络设施系统	资本网络、信息网络、高速交通网络
线－面	产业区域系统	特定的高科技产业带（走廊）
面－面	一体化经济系统	基于分工合作的特定产业区
点－线－面	空间经济一体化系统	价值区段劳动分工区域（组合）

首先，在区域城市体系中，城市自身所拥有的资源和市场已经不是决定城市规模及其在城市网络体系中的地位的主要原因，在全球化以“流动的空间”为主要特征的时代，城市流入和流出的知识、资本、商品和信息等“流”的种类和数量才是决定城市规模及其在网络中的地位的根本要素，其中资本流和知识流在节点联系方面的作用日益突出。这意味着城市的发展不再仅局限于某个区域内，而是在更高层次的全球经济网络中，其资源和市场面向的是全球市场。其次，全球生产网络中知识和技术的作用日益突出，而品牌营销与资本运营、信息

处理等非生产领域亦是高价值创造区段。这些价值环节共同的特点是需要快捷的信息获取、处理和密切交流，基础设施完善的区域中心城市无疑是最佳空间。中心城市开始从生产中心转向知识创新和技术研发中心、金融中心、管理中心、信息处理中心等，实现了所谓的“功能软化”。制造业亦依次向周边不同等级的节点扩散。在这样的发展机理下，节点功能呈现多级分化的态势，不同节点之间的功能互补性加强，区域节点通过各种“流”的密集联系，网络特征更加明显。最后，全球生产网络模块化操作模式的出现改变的是企业生产模式，使得企业生产在空间上实现了分离，由此引导了区域经济空间模式的改变，这一过程伴随的是新产业空间的出现。区域节点城市逐渐打破传统“摊大饼”的空间扩展模式，在全球生产网络的组织框架下，通过各种“流”将节点联系起来，各节点城市之间的互动加强。

四、区域空间结构新的特性与表征

网络模式是欧几里得平面几何中最复杂的平面结构，表现在全球生产网络及其镶嵌的区域空间结构中，则是生产网络中各因素之间的相互渗透、相互包含，与传统以固定场所为特征的地理空间存在着明显的差异。本节主要是对全球生产网络主导下的新的空间结构特征进行分析，包括区域空间的多样性、区域空间边界的模糊性以及区域空间的互动性三个方面（甄峰，2004）。

1. 空间的多样性

在工业化经济时代，空间内部经济系统的完整性决定了区域空间的单一性。全球化经济时代，全球生产网络组织框架下的区域空间是基于价值链垂直分工和水平分工而形成的功能互补且相互融合的新的空间范畴，区域经济活动的内容、方式及其空间表现与工业经济时代相比较都发生了很大的改变。管理、金融运营及品牌营销区段趋于向核心城市中心区集聚，形成城市CBD；后台服务与办公倾向于核心城市的城郊结合带，减轻级差地租压力并享受城市基础设施服务，形成Sub-CBD或者服务业集聚区；研究开发与设计、高科技产品生产制造趋向于环境优美、智力密集的地区，形成科技园区或高新技术开发区；劳动密集型生产趋向劳动力廉价密集地区，形成工业区或工业基地。这些基于全球生产网络价值区段存在但却具备不同功能的区域经济空间体功能互补、相互依赖，通过彼此间的互动联系共同构成了综合区域空间结构，这些经济区域之间彼此的互动联系则是区域空间组织的动态过程。

2. 空间边界的模糊性

在工业经济发展的时代，由于交通、通信技术的落后，区域经济的发展局限于内部区域，强调系统内部的独立性，区域的社会经济联系在空间上表现为连续的、不间断的特征，并可以通过社会经济活动明确的边界予以定义。而全球化和信息化的发展促使社会经济的活动开始扩展其原先活动范围而跨越更广泛的空间，区域社会经济活动表现出明显的跳跃性和更大空间范围发展的特征。

在全球生产网络的组织框架下，基于价值链区段劳动分工存在的空间镶嵌使得区域间以及区域内部各节点之间的交流日益频繁。而借助于发达的远程信息及快速的交通网络，生产、贸易、消费等活动已经不再被局限在区域内部，而更多地表现为各节点之间跨越了较大时空尺度的区域与区域之间、城市与城市之间、企业与企业之间的网络联系。这使得区域空间一方面继续延续过去空间连续性的特征，另一方面也表现出在地方空间—区域空间—国家空间—次全球空间—全球空间不同空间层面的跳跃性。区域和城市越来越表现为一个“流动的空间”以及在地域和功能上相互依赖、相互融合的动态弹性空间，从而使得原先以固定场所存在的区域空间边界变得越来越模糊（图6-1）。

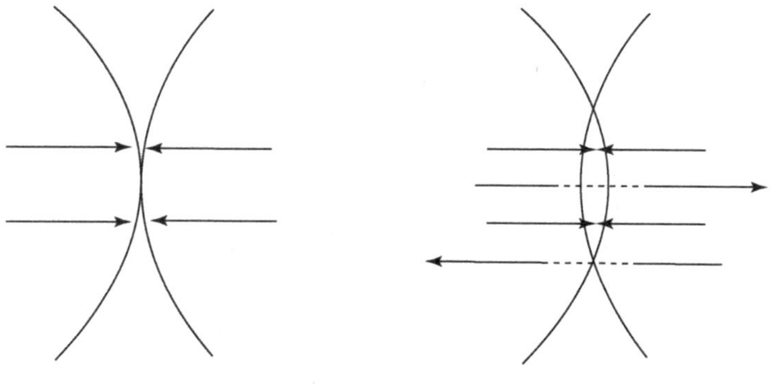

(a)空间的连续性，边界显明　　(b)空间的跳跃性，边界模糊

图6-1　全球生产网络主导下区域空间边界的变化

资料来源：甄峰，2004

3. 空间的互动性

在全球生产网络组织下，区域空间的互动性不断加强，推动这一互动进程的关键力量仍是基于生产网络价值区段而存在的劳动空间分工。其中核心城市功能从产品生产制造和商品服务中心转向知识和信息生产中心，而生产制造则转向郊区和周边次级城市。我国香港和珠江三角洲地区之间“前店后厂”的关系（图6-2），即以香港负责销售与营业、广东负责生产的地方生产网络是反映区域空间互动性的典型模式。这个模式成功地利用内地廉价的劳动力和土地资源，提高了香港出口加工业的竞争优势，更加强了与内地的依存关系。在城市层面，则是城

市中心 CBD 地区与郊区工业园区之间的功能联系，CBD 为郊区工业园区提供金融、信息、知识以及技术等方面的支持和服务，而郊区工业园区在生产制造方面为 CBD 地区提供支持。总之，在全球生产网络劳动分工的基础上和发达的交通技术和信息网络的支持下，区域经济要素在空间上的集聚与扩散呈现新的特征，区域日益成为一个在地理和功能上相互融合、相互包含的动态弹性空间。

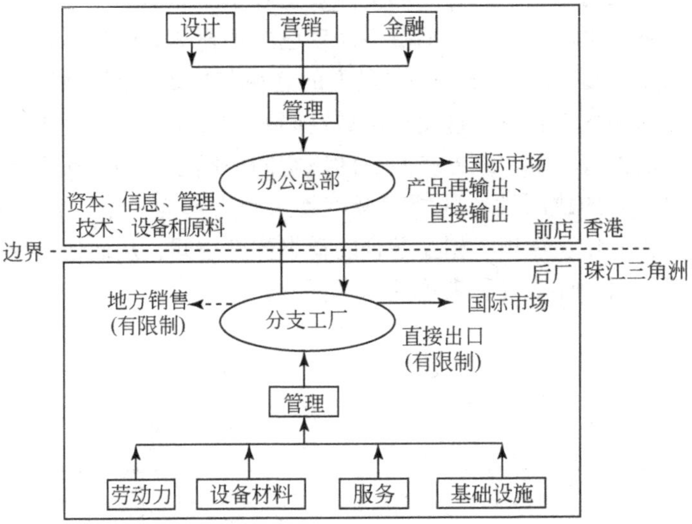

图 6-2　香港 - 广东“前店后厂”整合模型

资料来源：Sit and Yang，1997，转引自简博秀，2004

第二节　全球生产网络主导的区域空间作用机制

特定的空间塑型是全球生产网络的内在特征，每一种全球生产网络都可以通过将行动者置于特定空间并描绘他们之间的相互联系而实现“地图化”，即每一种形式的镶嵌总有固有的空间特征，多重空间效果的累加最终塑造全球城市体系、区域城市体系以及城市内部空间结构的现状模式，而全球生产网络的动态发展又使得其空间作用机制引起更大区域范围内空间结构的重组。

全球生产网络具备强烈的空间性内涵，又是一个多重尺度下的研究框架。为了更有效地探索其对区域空间系统，包括大都市区及大都市 - 区域的真正的社会经济作用实质、机制和效果，本书将全球生产网络置于一个不确定尺度的框架中进行分析，在“以虚务实”的基础上实现研究尺度的融合与统一。在确定分析尺度的基础上，本书倾向于从传统区域空间结构理论作用的机制出发，进行梳理和分析，这对于理解全球生产网络主导的区域空间结构发展机制具有重要意义。

一、劳动分工理论与规模经济的启示

1. 分工、交易成本与规模经济探讨

从劳动分工理论的角度探讨城市空间结构最早应该源于 Scott（1981）。在之后的研究中，Scott 将制度经济学中的交易成本要素赋予“空间”内涵，通过分析企业内部、企业之间的劳动分工和生产组织过程中的纵向结合和纵向分离、生产联系、空间集聚而得出现代工业的区位原则。1988 年，斯科特又发表了《大都市：从劳动分工到城市形态》一书，探讨了后工业化社会的生产组织形态与大城市空间布局的关系，从产业联系和联系成本的角度，探讨了不同类型产业集聚的特征、过程及产业综合体的形成。

Scott 认为，产业之间的联系是有成本的，在经济学家重视的组织成本的基础上提出了空间成本的概念，降低或者消除组织成本有利于纵向分解，但由此会导致空间成本发挥更重要的作用。Scott 根据交易成本学说，提出不同分工形态导致企业间出现不同形式和特点的交易活动，企业联系的空间成本与企业间交易的性质、特点密切相关。基于此，Scott 认为，企业的区位过程出现两种联系：一方面联系是小规模、非标准化、不稳定或需要特殊中介的企业，单位流动的距离附加成本较高，导致生产活动多变，该类企业主要位于联系伙伴附近，其集聚程度取决于产品价值与交易、联系成本的比例；另一方面联系是大规模、标准化、稳定和易于管理的企业，由于单位流动的交易成本较低，企业区位选择的自由度较大，可以实现与联系厂家空间分离的布局。

建立在新古典经济学基础上的城市经济学，进一步从经济学的基本内涵的角度探讨了城市中产业集聚的三点原因：地区的比较优势、生产上的内部规模经济以及在生产和市场销售上的集聚经济（奥沙利文，2000）。Hirsch（1984）认为，内部规模经济有利于空间集中，因此成为许多城市产业发展的经济学基础，内部规模经济可以产生两种效应：一种是随着产量的增加而导致单位成本的下降；另一种是随着经验的积累而提高专业化水平后，单位时间的产量上升，单位成本沿“学习曲线”下降，是一种典型的专业化经济发展后果。集聚经济则是产生于区域水平的规模经济，可以产生较高的生产力水平。但城市规模不可能无限膨胀，城市规模的增加还存在城市拥塞效应，造成规模不经济，因此出现了专业化与交易成本提升的两难冲突。当城市中可交易品种很多时，类似于克里斯塔勒的中心地理论中关于商品服务地理范围的讨论，对于一些门槛较低的商品，人们到大城市交易反而会造成不必要的交易成本；相反，那些门槛较高的商品，则倾向于在大城市交易。因此，对专业化与交易成本两难冲突的解决结果就是在大城市和周边区域之间形成次级中心城市，以进行交易与实现经济要素的集聚，形成分层区

域体系结构。

2. 全球生产网络的分析角度

全球生产网络研究框架的经济学元理论是劳动分工。分工有多种层次，包括经济学、社会学及地理学等多重学科概念体系，其中全球生产网络主要综合地理学与经济学的分工概念，故可命名为“产品内分工与组织网络”。它强调围绕特定产品和服务生产过程的不同工序活动，包括管理、研发、生产组装等，通过空间分散成跨区域、跨国性的生产链条或网络。全球生产网络与其他劳动空间分工概念的关键区别在于其劳动过程的空间可分性大大增强。

对于生产网络中的关键行动者——企业而言，空间集聚既可以因为区域化经济而节约交易成本，又可以因为产业内外部性的存在而获取专业化经济的好处。因此，即便随着交通通信技术的发展，物理和时间成本都大幅下降时，很多交易活动高昂的成本仍然迫使生产网络中各功能主体的行动者倾向于集聚。行动者的空间集聚又会因地方提供的广泛多样化并能有效提高土地利用效率的各类基础设施，而加固其他各类企业集聚的倾向。因此，通过这些途径，全球生产网络在地方发展有集聚的可能，全球生产网络中各价值链分割带来的分工经济会在区域内形成 Scott 提出的“产业综合体”，其特征便是组织和交易关系的联合效应，鼓励着存在功能联系的生产者之间的地理集聚（Scott，1988a），而产业综合体所产生的集聚经济效益又会陆续吸引许多无关联的产业集聚在附近以利用其市场和服务。在产业综合体内部发展的动态过程中，生产网络中价值链的分割迂回程度会越来越长，新产生的价值链功能环节总能很快被企业行动者找到发展空间，由此塑造城市功能组织模式。但在自然条件、社会环境及制度制约（如城市规划）等多种因素叠加的持续作用下，又不断重构既定的城市功能和空间组织模式。

杨小凯和张永生（2000）在考察专业化与城市体系发展关系的时候，认为交易成本与专业化经济两难冲突的最优折中就是在区域产生一个给定分工水平条件下的最优城市层次数，其中分工水平决定每层次城市的个数。而就单个城市考察，一个常见的现象便是城市化发展到一定阶段便会产生郊区化过程，逐渐打破原来城乡分离的二元化格局，走向大都市区的新发展形态。通过这样一种空间形态，城市实现了专业化经济与交易成本最优化的有机平衡。

随着现代生产方式从福特制到丰田制、再到新经济时代后福特制的产业组织模式的转变，以电子信息产业为代表的新兴产业产品内分工的发展日益细化，企业管理、市场营销、研发设计、高端生产制造、低端生产制造、产品组装与测试等等价值链环节不断分解出来，规模经济的效应有可能引导“产业综合体”的不断膨胀。城市规模的持续增加造成规模不经济而提升交易成本，出现了专业化经济与交易成本提升的两难冲突。因此，当生产网络价值链环节分割日益细化时，对于那些价值链高端的生产环节而言，因为其具备高获利能力，才足以支持专业化经济克服交易成本提升的压力，同时由于其交易产品多为非具体的物质流，具有非标准化的不确定性，因此该类生产环节仍倾向于在大城市进行生产交易；而在制造、组装以及测试等价值链低端的生产环节，会因为其较低的获利能力不足以支撑交易成本过高的压力而开始向周边区域转移。因此，当生产网络中价值链分割进一步细化并引起规模不经济的时候，对应专业化与交易成本两难冲突的解决结果就是在大城市和周边区域之间形成次级中心城市进行交易与经济要素集聚，形成了分层区域体系结构。这样既可以最大限度地发挥城市有利于交易效率提高的优势，获取专业化经济收益，又可以在一个层级体系框架内将交易成本降到最低。

二、创新理论与空间扩散理论的解释

1. 创新及其空间扩散的解释

空间扩散理论和核心边缘模型都可以追溯到熊彼特的创新扩散理论。熊彼特（1912）认为技术创新是资本主义经济增长的主要源泉，由此导致了经济发展的长波。由于技术创新在空间分布上是不均衡的，故创新总是由核心扩散到边缘再扩散到外缘。在过去近半个世纪的研究中，创新在生产过程以及经济增长中的作用已经得到了学术界的广泛认同。但熊彼特创新理论本身并不直接涉及空间组织与发展的关系，地理学的介入使得学术界开始注意产业创新的空间背景及其重要性，创新理论的研究视角和范围逐步从企业内部、企业之间、产业组织发展到区域空间环境，出现诸如地域生产体系、产业区、创新区域以及地区创新网络等概念。

瑞典地理学家 T. Hagerstrand 在 1953 年首次系统地提出空间扩散理论。空间扩散理论认为城市核心区域作为空间系统的基本结构要素，一方面，从边缘区吸收经济要素，产生大量的创新元素和成果；另一方面，这些创新元素和成果源源不断地向外扩散，引导周边区域的经济活动、社会文化结构、权力组织和聚落类型等的转换，从而促进整个空间系统的发展。而学术界一般观点认为城市中心在区域发展中的作用应该包括两个方面的内容：一是创新的渗透作用，使经济增长通过城市等级逐渐向下传播；二是增长利益的扩展作用，包括从核心区向腹地地区及从大都市中心向城市间外围区的扩散。从这个角度而言，区域发展不均衡源于创新的收益效应为时间的递减函数，并为扩散的门槛范围所制约。因此，核心大都市作为创新的源地，强烈影响区域采用创新成果的时间顺序，进而促进整个区域城市体系的形成（图 6-3）。

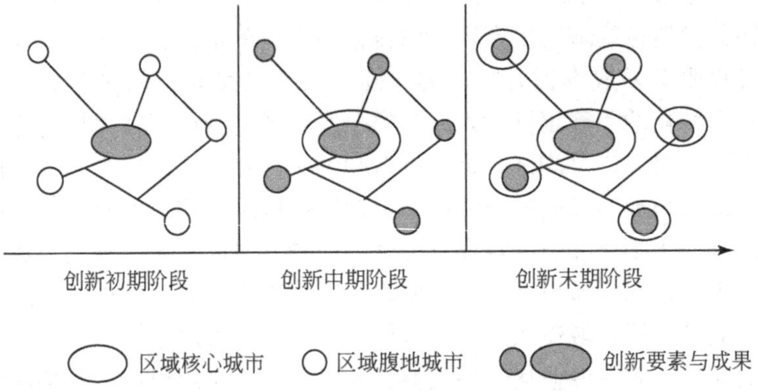

图 6-3　创新要素空间扩散阶段与层级性

美国城市和区域规划学家弗里德曼（J. Friedmann）于 1966 年提出著名的“核心 - 边缘”模型。该模型认为核心和边缘是社会地域组织的两种基本要素：核心区（core regions）是创新变化的主要中心；核心区周围的地域组成边缘区（peripheral regions），边缘区的发展依赖于核心区，并在很大程度上由核心区的制度（institutions）决定。创新从核心区传播到边缘，核心与边缘间的交易、咨询、知识等交流不断增加，从而促进边缘区的发展和整个地域空间系统的成长。随着扩散作用的加强，边缘区进一步发展有可能形成次级的核心。弗里德曼的模型包括了一个特定区域的整个空间，处理了该区域的各种变量（除经济变量外，还包括社会文化和政治变量），把它们作为一个大系统的一部分，并从空间联系的角度予以解释。弗里德曼提出区域发展起源于数量相对较少的“变化中心”（即核心区），这种“变化中心”的区位常是在一定联系范围内区域相互作用力最大的那个点，创新要素就从这些“变化中心”向周围区域扩散。正是核心区创新要素向边缘区的扩散，才促进整个有关地域空间系统的发展。弗里德曼的“核心 - 边缘”模型从空间联系的角度解释了区域发展的不平衡问题，同样，对区域城市功能体系及城市内部的空间功能结构都有指导意义。

2. 全球生产网络中的等级扩散与联系

全球生产网络中不同价值链环节的地方镶嵌也符合空间扩散理论及“核心 - 边缘”模型发展的内涵与特点。从集聚力与扩散力此起彼伏的作用效果看，在初级阶段，规模经济效益使集聚力成为城市在区域发展中的主要表现，大量的人才、资金、原材料等经济要素迅速集聚于城市，形成“核心 - 边缘”模型中的核心城市。随着城市的持续发展，城市特有的经济组织模式、人才集聚与组织、产业基础、风险资本等要素而产生大量创新要素和成果（商品、技术、产业结构、社会体制、生活方式等），引起核心城市社会经济结构、组织模式的变革。进一步考察，技术创新将导致城市功能区的空间替代，创新就是一种新功能的产生，新功能的优势使之在空间竞争中对老功能的空间具有很强的替代机会，使原有功能区由核心向边缘推移。城市区域扩散力的增强使得核心城市产生的各种创新元素和成果开始源源不断地向外扩散，引导周边边缘地区的经济活动、社会文化结构、权力组织和聚落类型等的转换。而随着核心城市各种创新要素向其周边区域扩散，该地二级核心城市亦开始从其边缘地区吸取经济要素而发展，并形成新的核心创新地。但由于一级核心城市的辐射作用，二级核心城市在高端创新方面往往受到压制而求其次，发展低等级产业并形成次级创新要素。在如此周而复始的集聚扩散发展过程中，知识、技术、资源、资本以及劳动力的流动将整个地区的发展联系起来，使得原来广泛的“核心－边缘”二元模式发展成为具有多层级的区域功能结构体系，并促进整个区域空间系统的重构和发展。

从全球生产网络的区域空间镶嵌状况考察，随着生产组织革新及产品生产技术等创新要素的发展，产品劳动过程中模块存在的可分性日益明显。随着创新要素从核心城市到边缘地区的扩散，价值链环节日益复杂化，劳动过程得以实现空间的分离，管理与营销、研发与设计、高端生产制造、一般生产制造等从高端到低端价值链环节的分配分别对应于区域空间系统中从核心到边缘的不同等级城市（图6-4）。但也必须参考空间扩散理论中的多种扩散模式，其中如等级式扩散、点轴式扩散及跳跃式扩散，都可能造成从核心城市到边缘城市

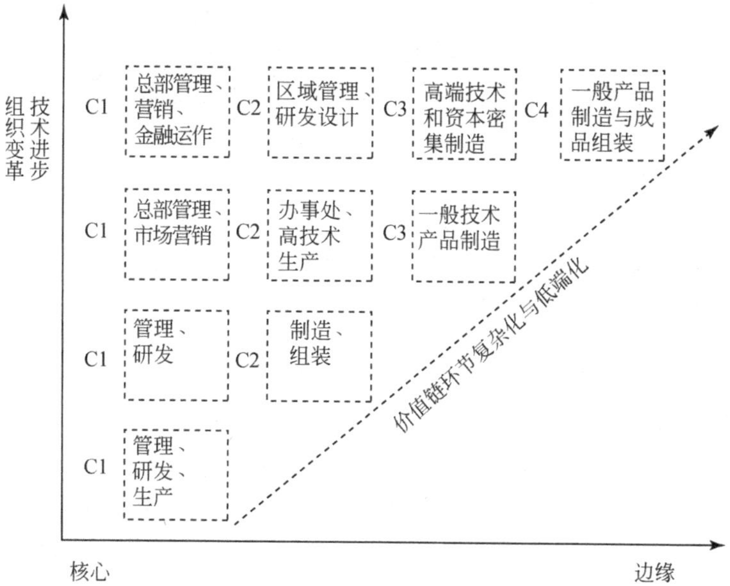

图6-4 全球生产网络中价值链环节区域空间的动态扩散

或地区扩散过程的不均衡发展，形成非均衡的城市空间结构及区域城市空间系统。这不仅取决于核心区的体制，还取决于边缘区的制度建设、历史文化以及自然条件等。

三、竞租——城市土地利用模式的借鉴

1. 传统的竞租——城市土地利用模式

1903 年 R. M. Hurd 发表了《城市土地价值原理》一文，首次将城市土地纳入生产理论，得出具有同等生产力土地的地租理论。R. M. Haig 在 1927 年提出城市土地地租是城市交通可达性或交通成本节约的函数，从而形成城市空间结构经济模型的雏形。

但真正使城市空间结构经济理论系统化的是以阿隆索为代表的新古典主义土地经济学派。该学派认为不同的预算约束使各个土地使用者对于同一区位的经济评估不一致，随着与城市中心的距离递增，各种土地使用者的效益递减，但边际变化率不同。基于这样的假设，阿隆索提出的核心思想是不同土地使用者的竞租曲线可表示为土地成本和区位成本（交通成本）之间的权衡。阿隆索分别分析了办公用地、制造业用地、居住用地与农业用地等不同类型城市用地的竞标地租函数，并将其竞标地租曲线重叠在一起，得到一个城市在自由竞争条件下的均衡地租曲线。第一个区域是办公投标租金函数与制造商的投标租金函数相交，由此确定了以市中心为圆心、u_0 为半径的办公区，在该区域内办公行业愿意付出的土地租金最高；第二个区域为办公区向外扩展的圆环制造业区，半径扩至 u_m，为制造商投标租金函数与住宅投标租金函数的交点与市中心的距离，在该区域内制造业为了良好的交通和市场条件而愿意付出最高的租金；第三个区域为制造业区向外扩展为半径 u_n 的圆环区，在该区域房产业愿意付出更高的租金，因而该区域成为住宅区；第四个区域为最外层的农业区，在该区域由于办公业、制造业和房产业在交通运输成本方面付出的较多而收益减少，因此尽管该区域地租最少，但仍然只能成为农业区域（图 6-5）。

2. 基于商务成本的土地利用模式

深入劳动过程内部的产品内分工已经使得全球生产网络价值链各环节呈现割裂操作的状态，这在技术密集型产业中表现尤其突出。在全球生产网络价值链各环节竞租曲线的研究中，本书把综合空间成本转为商务成本的概念，定义为企业在开办和经营过程中与企业所在地相关的各种货币化生产要素支出和其他公用事业费用及管理费用，包括劳动力成本、土地成本、基础设施使用费、税收费用、地方政府办事效率及政策连续性、法律透明度等方面。商务成本最大的特点在于

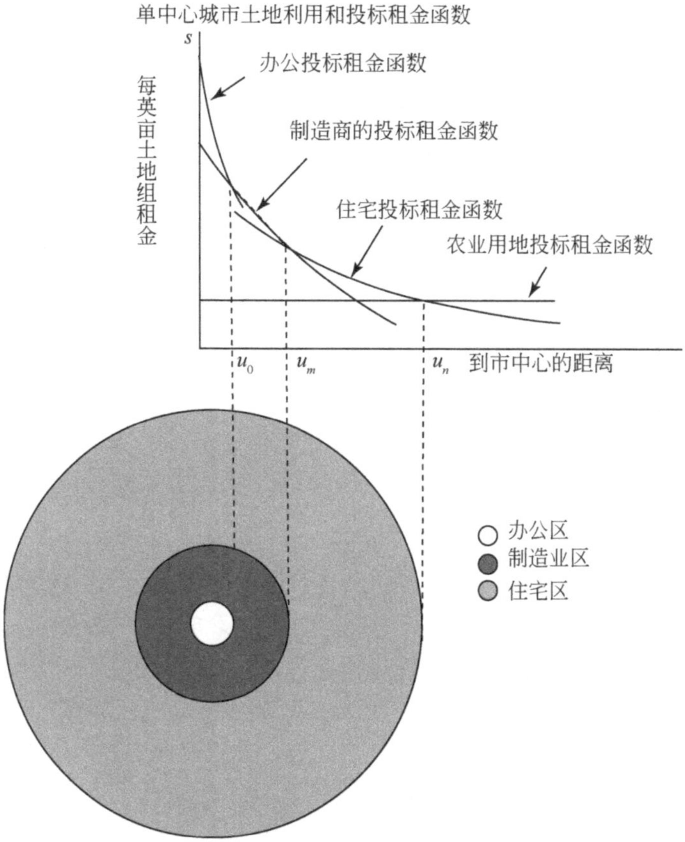

图 6-5　阿隆索中心城市土地利用和投标租金函数

（1 英亩 =4046.87m^2）

资料来源：奥沙利文，2003

强调各类成本具有空间差异，同时具有生产成本和交易成本的内涵，数学函数式表达则为

$$y = f(x_1, x_2, x_3, x_4, \cdots, x_n)$$

式中：y 为地区商务成本；x_1，x_2，x_3，…，x_n 分别为劳动力成本、土地成本、基础设施使用费、政府办事效率、法律透明度及政策连续性等。

全球生产网络各价值环节中土地利用竞争就是在获取专业化经济和支付商务成本之间权衡利弊，从而获取最大化的经济收益。而不同价值链环节平衡专业化经济与商务成本的获利空间含义不同，这决定了不同功能的空间成本曲线的边际变化率的差异。结合阿隆索土地利用和投标租金函数，形成基于商务成本曲线与城市土地利用模式的图示，它在形式上与阿隆索的竞租——土地利用图示完全一致，这表明商务成本是对地租理论赋予新的内涵，并更好地解释曲线变化，具备更强的解释能力和实践指导能力（图6-6）。左图是不同土地利用属性的商务成本曲线，共包括金融运营、管理组织、研发设计与营销信息处理、生产制造与组装、物流、培训及批发销售四类价值链环节。因为不同价值链环节的土地利用功能在平衡专业化经济和商务成本矛盾方面的能力不一，从而在图上表现出不同的边际变化率。而城市土地利用的空间分布模式就可以用一组商务成本曲线来表示。因此，可以说是全球生产网络易用商务成本生产出“功能差异空间”，并重新塑造了城市空间结构，中央商务区、居住区、工厂区等不同的空间正是在平衡商务成本和获取专业化与集聚经济的过程中逐渐被生产出来的。

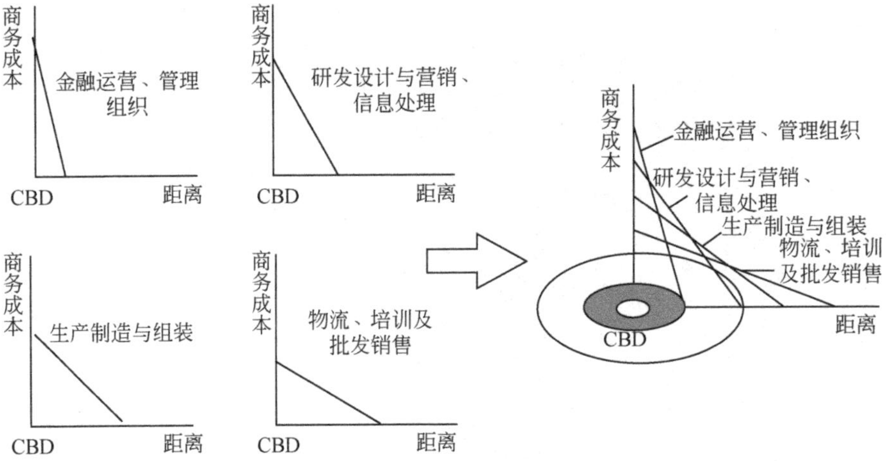

图6-6 基于经典城市土地利用模式的价值链环节土地利用分析

资料来源：Knox，Agnew，1994

3. 双核心模式下的土地利用模式

本书对阿隆索土地利用与投标竞租函数予以改造，借助双中心城市土地利用模式的商务成本变化探讨区域城市土地利用的状况，以探讨全球生产网络与区域城市体系的关系（图6-7）。做以下几种假设：①城市为均质区域，两个城市存在规模差异（SH为高等级城市，SU为低等级城市）；②商务成本各要素价格是固定的，不存在短期内的快速变动；③全部行业按价值链各环节被分为四类：一为高商务成本部门，主要为高层次生产服务业，如金融运营与管理组织；二为较高商务成本部门，主要以中层管理、研发与设计、信息处理与传统商业销售等部门为主；三是较低商务成本部门，主要是一些资本、技术密集型制造类部门，包括组装测试等全部生产环节；四是低商务成本部门，主要为占地空间大的仓储物流、人力培训以及大规模产品批发类部门。

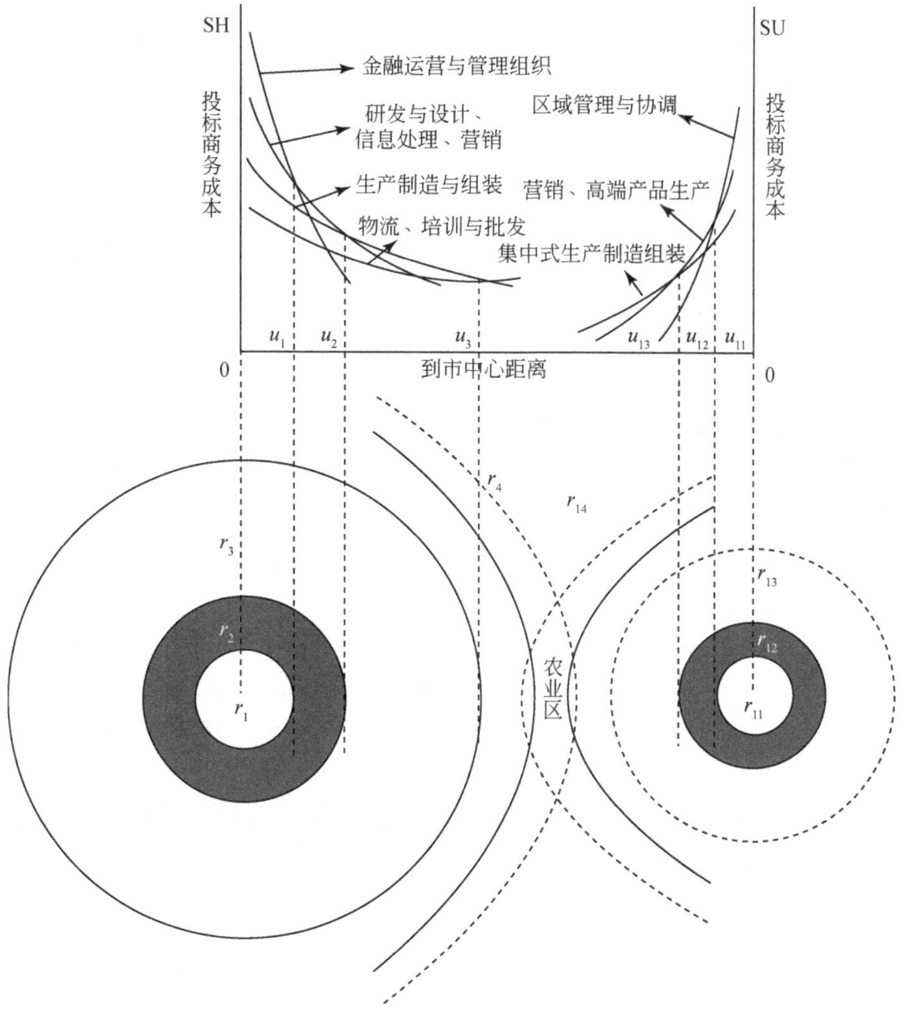

图 6-7 双中心模式下商务成本——城市土地利用模式

在以上假设前提下，图 6-7 显示了双中心城市土地利用模式的商务成本投标租金函数。在到市中心距离分别为 u_1 和 u_{11}（$u_1 > u_{11}$）时，高商务成本部门投标租金函数与较高商务成本部门投标租金函数相交，形成了半径为 u_1 和 u_{11} 的高商务成本行业区 r_1 和 r_{11}。在到市中心距离分别为 u_2 和 u_{12}（$u_2 > u_{12}$）时，较高商务成本部门投标租金函数与低商务成本部门投标租金函数曲线相交，分别形成了径长为（$u_2 - u_1$）和（$u_{12} - u_{11}$）的圆环区域 r_2 和 r_{12}，该区域为较高商务成本部门区域。在较低商务成本部门投标租金函数与低商务成本部门投标租金函数曲线相交点之间的环形区域，则是一些高科技资本、技术密集型制造类部门聚集的发展区域，分别形成了径长为（$u_3 - u_2$）和（$u_{13} - u_{12}$）的圆环区域 r_3 和 r_{13}。在低商务成本部门投标租金函数曲线的外圈，则是低商务成本区域 r_4 和 r_{14}，一般发展占地面积大、存在一定污染或附加值较低的低层次服务业和制造组装类的工业。如果两城市距离较远或城市对外辐射规模偏小，则继续向外扩展，为城市农业区。

同样，不同价值链环节的土地利用功能平衡专业化经济和商务成本矛盾的能力亦不相同。首先，其投标租金函数表现出不同的边际变化率，高商务成本部门投标租金函数最为陡峭；其次为以研发设计等为主的较高商务成本行业，而较低与低商务成本行业投标租金函数的边际变化率最为平缓。对两个城市进行比较可以发现，由于在城市规模上存在差异，较大规模城市 SH 各类行业投标租金函数曲线较规模小城市 SU 投标租金函数曲线在纵坐标方面整体偏上，即同类行业部门投标租金的商务成本在纵坐标截距上 SH 城市要高于 SU 城市。这就意味着在离市中心等距离的情况下，城市 SH 某部门的投标租金要高于城市 SU 同类部门的投标租金，小城市拥有更大的成本优势。大城市若要取得较小城市商务成本的相对优势，只能选择离城市中心区更远的地区。

另外从模型看，在距市中心距离相同的条件下，城市 SU 高商务成本区 r_{11} 较 SH 高商务成本区 r_1 的租金相对偏小，而且在 SU 的 r_{11} 区域内其商务成本与 SH 城市的 r_2 区域的商务成本相差无几，在 SH 城市强辐射力影响或两城市间距离偏小的情况下，有可能使得 SU 自身 r_{11}、r_{12} 区域与 SH 的 r_2 甚至 r_3、r_4 区域重合，这时候两城市之间就可能形成强烈的竞争关系。但可以确定的是，重合区域更接近于小城市 SU，小城市 SU 有商务成本优势和更灵活的政策，同时又具有依托大城市的优势地位，这决定了其在吸引投资尤其是技术、资本密集型制造为主的较高商务成本价值链环节方面较 SH 更具竞争力。这时仅利用阿隆索土地利用投标竞租函数无法解释两城市之间竟合发展的关系，必须引入规模经济进行再刻画。人口和产业在城市的集聚形成了巨大规模经济效益，首先产生了大规模的市场，并提高交易效率、降低交易成本；其次，使得产业或产业部门产量增加而单位成本下降，同时，随着生产经验积累而提高专业化水平后，单位时间的产量上升；最后则是集聚经济的效应能促进区域水平价值链环节的发展，可归结为马歇尔外部经济的效益：专业化供应厂商的形成、共享劳动市场、知识溢出。从模型本身考察就是在两个城市构成的区域结构中，SH 城市的 r_1 区域为最高端生产服务业区，而 SU 的 r_{11}区和 r_{12}区一并视为 SH 的 r_2 区着重于发展生产的制造部门，或者在 SU 的 r_{11}区设立次级生产服务业区。如果扩展到更多的城市层级，这样的区域合作局面避免了“恶性低商务成本竞争”，最终形成了依据生产网络价值链各环节功能分工的城市功能体系结构。

四、全球生产网络下的空间作用机制

从以上三个传统理论对城市空间结构及区域城市体系的考察看，都分别从自身研究角度分析了城市及区域社会经济的空间投影与机制。而全球生产网络作为一个综合性的研究框架，则涵盖了以上三个理论空间作用的痕迹，包括专业化经济、交易成本、规模经济、规模不经济、商务成本、创新要素从核心到边缘地区空间扩散的作用等（图6-8）。

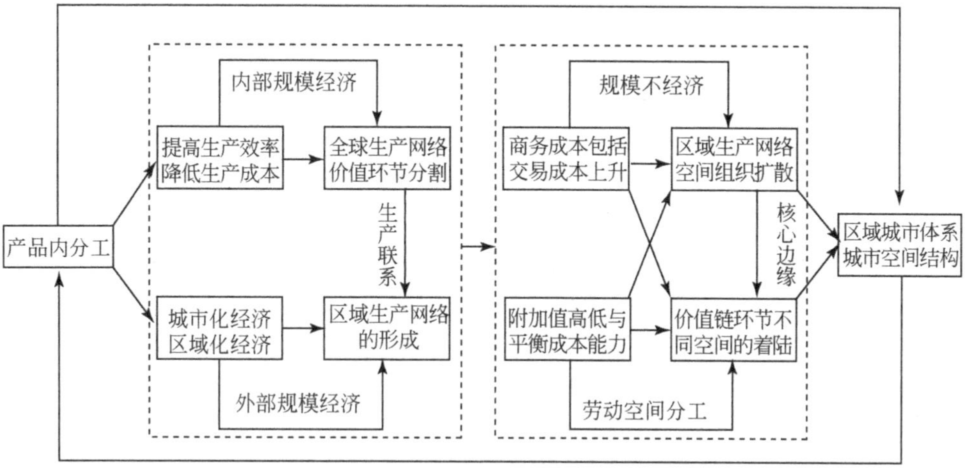

图6-8 全球生产网络空间着陆的一般经济基础

全球生产网络研究框架的元理论是分工理论。如果说新国际劳动分工理论的发展是基于部门间劳动分工的话，那么全球生产网络的发展则与产品内劳动分工密切相关。产品内劳动分工的持续发展使得全球生产网络在内生规模经济的主导下不断促进各价值链环节单位生产成本的下降，同时随着各环节经验积累的增加而提高生产效率，单位成本沿着“学习曲线”下降而生产效率随着“学习曲线”不断提升，体现出了明显的专业化经济发展优势，这也是全球生产网络中价值链环节分割的经济学基础。就企业自身的竞争优势而言，是“高端”的总部管理、研发设计、市场营销，还是“低端”的生产制造、代工生产，决定了企业以何种形式融入生产网络及以特定形式获取租金的能力。在外部规模经济效应下，区域化经济将生产网络价值链的各环节有效地连接。

内外部规模经济的持续作用使得产品内分工发展更加兴盛，由此形成产品内分工对规模经济发展的促进与支撑。但当规模经济发展到一定程度开始发生拥塞作用时，交易成本、土地和劳动力成本等商务成本要素都开始增加，这些具有区域差异的条件对生产网络中行动者的区位选择具有显著影响。由于全球生产网络中价值链中各环节的平衡商务成本能力也存在较大差异，即“专业化经济与集聚经济”后的价值生产能力与“规模不经济”之后的商务成本提升之间形成的获利能力存在较大差异，因此，全球生产网络开始在劳动空间分工的作用下，不断实现生产组织从核心地区到边缘地区的扩散。在这个扩散过程中，核心地区和边缘地区制度的作用同样显著，由此促进了不同价值环节的地方镶嵌。处于不同价值链环节的企业拥有不同的企业组织形式，也必定产生不同的企业组织模式，进而影响其所在城市的空间结构。例如，总部管理类企业和生产制造类企业所产生的城市空间结果，其差距显而易见。由此，价值创造能力的差异是塑造区域管理研发中心及制造业基地的全球生产网络特质。就城市内部空间结构考察，分别塑造了中央商务区、服务业集聚区与工业区、高新开发区；就区域考察，则分别塑造了中心城市与次级制造业城市，最终形成特定的区域城镇体系。

随着生产网络中价值链各环节地方镶嵌的成功，企业在生产网络中升级的可能性，包括跨国公司的持续投资与技术支持，地方产业集群的塑造，企业在技术、品牌、管理等方面自我竞争力的提升等，成为区域空间体系重构的主导力量。地方及地方企业对生产网络镶嵌程度的增强，中心城市作为区域核心的功能更加完善、地位更加稳固，但原先可能较为均质化的区域城市包括中心城市的外围郊区逐步形成发展的差异化，某些城市逐步成为价值链某类环节企业更为青睐的地方，并在开发区基础建设和人口集聚的带动下重构所在地的空间结构，进而引导区域空间系统发生持续变迁。全球生产网络中的特定权力组织关系也会体现在网络中行动者的镶嵌空间上。依据各类企业在价值链中生产功能环节的不同和获取价值的能力大小来区分企业等级，代表了相应企业在其全球生产网络中的权力支配关系。同时，生产网络中不同社会或地方的企业、政府和其他经济行动者有不同的优势，这些可以在地方经济规模、产业利润率、产业成长等方面体现，因此生产网络中每一空间区位企业和经济发展的意义都可以从网络的组织逻辑和其中合作权力的分配来阅读和理解。这样从生产网络中企业权力的关系，进而转化到城市体系中的城市权力关系，揭示了中心城市在区域城镇化发展与城镇体系结构演变过程中的权力支配地位。

全球生产网络不仅在功能和地域上联系企业，也联系了企业嵌入的社会和空间结果。在嵌入的地方化过程中，除受母国原先特定的制度架构和社会文化背景的影响外，东道国制度框架和社会文化的制约则表现得更为显明，其他如地方教育、培训和劳动体系的实质等也都非常重要。但相对于企业发展、策略制定以及优势塑造而言，国家和地方发展的政策和相关制度（税收政策、人才培训等）仍然是最重要的影响要素。

地域嵌入模式是全球生产网络对特定地方的发展承诺，对于区域价值的创造、增加和获取来说都十分重要。曼彻斯特学派的全球生产网络框架塑造了四种不同类型的“区域”，并展现了不同的价值创造与获取能力（图6-9）。例如，A区域是一个领先企业所在地的案例，R&D活动、设计、营销等都保持在该区域，而将较低价值提升的生产过程转移到其他国家，具有较强的价值创造和获取的能力。B区域同样是创造价值较多的地方，但并不能获得很多价值，该区域是第一和第二层次供应商集聚的地方，企业外部所有权以及利润都转移到这个区域之外的各自企业总部。在A区域和B区域中，企业的力量通常大于非企业力量。C区域和D区域是低附加值生产的两个案例，其中D区域具有较少或无能力获取自身区域创造的价值，如“分支工厂”的案例。在C区域，尽管没有很多价值被创造，但大部分价值仍然留在本区域。在C区域中，获取价值的能力是通过非企业制度来提升的，包括国际组织，如IMF及国家、地方政府行动者权力的影响。

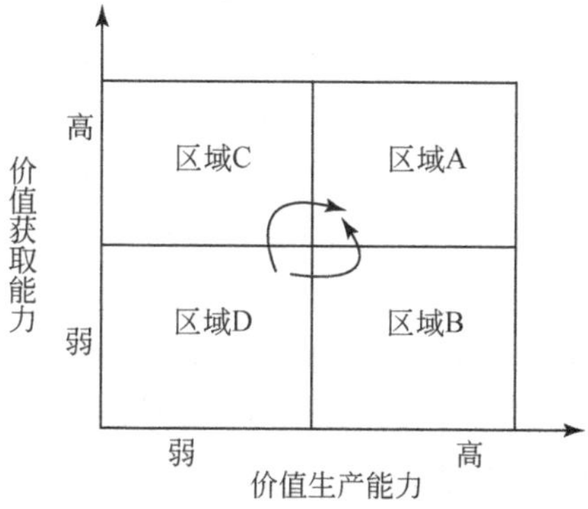

图6-9 曼彻斯特学派全球生产网络研究中的四类区域发展类型

资料来源：Henderson et al.，2002

第三节 全球生产网络调动的全球城市网络

城市体系与城市空间结构分别是区域及城市社会经济发展程度、阶段与过程的空间反映。传统理论研究习惯于从一个闭合的区域系统来考察城市区域空间组织的内在问题，如城市地理学和城市经济学中的传统的区位理论、中心地理论、空间扩散理论、核心边缘模型等。自Scott（1986，1988a）将新制度学派科斯的交易成本理论引入到城市化发展研究中并对现代城市的产生、发展和空间形态进行分析之后，从劳动分工角度来探讨产业组织与城市体系、城市空间结构成为新的分析视角，但这些还是基于城市或区域内部力量的作用机制而探讨的结果，其论述显然无法完全反映来自于全球化的空间流动和新的城市区域再结构过程。这个来自于新的和再结构的空间力量，包括跨国公司投资和国际产业分工功能，配合着地方制度的建设而逐渐明显并突出其重要性，特别是介于区域内城市间、大都市区中心城与郊区间的经济联系。这些过程不仅发生于跨国空间的重组，同时也在国家及区域层次的空间发生影响。

一、全球化条件下新的城市区域模式

随着全球化和信息化进程的日益深入，新兴产业全球生产网络扩散将“区域”概念更新成“全球”概念。在这个过程中，通过拥有绝对经济权力的跨国企业（transnational corporations，TNCs）的投资与安排，全球经济活动按照比较发展优势，将全球生产网络价值链环节进行功能性分割，并分配到不同的区域与地方，加上信息和交通等科技的创新与进步，促进全球经济活动的网络更为广泛地扩充和强化，使得这些跨国的企业活动可以在利益原则上顺利地进行，全球各地间的经济来往和联系更为频繁与便捷。“世界经济格局呈现出地理上的分散和分散性经济活动同步聚集、同步进行的趋势”（Sassen，1991）。但基于国际劳动分工的发展、形成的全球生产网络仍具有明显的阶层等级特征，根据节点或核心在网络中某种功能的相对重要性（或主宰性），并且配合密集的信息技术支持其组织运筹加以建构不同空间层级（Castells，1996），这使得不同层级的空间领域在全球生产网络中某特定产业部门或者生产过程的某特定环节从事经济发展，使得全球生产网络在地方发展过程中有了实现空间整合的可能。新的空间形态不断被“生产”或“再生产”出来，逐渐成为全球经济空间治理策略的重要单元，形成生产活动与信息集结的重要核心、次级核心及一般节点。

在全球化新的生产理论基础上，Scott（2001）清楚地描绘出全球资本主义落实在一个城市区域的空间形态，并提出“都市区－腹地系统”（metropolitan-hindland system）（图6-10），包含两个主要的论点。①全球经济发达地区是通过极化的区域经济引擎所拼凑的，每一个地区都由核心都市区及其周围的腹地组成。城市区域围绕着核心都市区按照劳动分工原则形成专业化的网络基地，存在明显的集聚经济和规模经济收益，外部则有错综复杂的全球交互作用结构。②发达国家核心都市区无法垄断整个全球生产系统，因此，在资本主义极端扩张的经济边界产生了大量“相对繁荣与经济机会之岛”。这些地区大多是低度发展的，他们无法完全依靠自身力量建立一个完善的经济组织来推动地区朝繁荣中心的模式发展，必须借助区域外相关的财富和经济机会，例如，20世纪六七十年代发展兴起的中国香港、新加城、中国台湾和汉城。上海、北京、曼谷、吉隆坡和圣保罗等则紧随其后，它们既是本地区域经济发展的引擎，同时也成为全球尺度劳动空间分工掌控广泛的全球经济疆界的枢纽。因此，新的全球化空间现象是全球经济结构功能性地被整合在一个全球性阶层中，并带动了全球产业和空间的竞争。

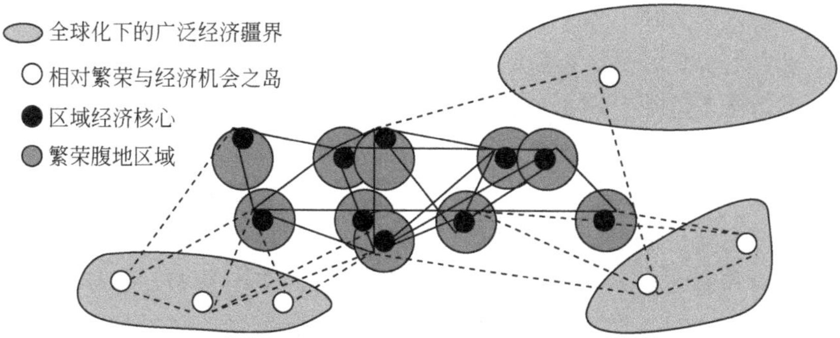

图 6-10 经济全球化下的全球经济空间图示

资料来源：Scott，2001

如何去重新描述这个全球化影响下的新的大都市区及其区域空间？从理论上分析，一方面，全球生产网络中某功能模块镶嵌于地方，形成特定的区域竞争优势；另一方面，全球生产网络又将地方及地方企业纳入其网络，并形成特定的网络镶嵌。正是在全球化和本地化的互动作用中，某些城市作为衔接这种双向作用力的特殊的地域空间系统，其功能和地位在全球经济地理格局中逐渐浮现出来，成为全球生产网络中不同等级的空间结点。在全球资本主义生产结构的前提下，在学术界已有的对新的城市区域空间模式研究的成果中，全球城市、全球城市体系及全球城市－区域无疑是几个最典型和最有说服力的研究模型。

二、全球/世界城市——全球生产网络的核心节点

20 世纪 60 年代以来，随着世界贸易的增加和新国际劳动分工的逐步形成，全球经济发展日渐整合。作为地理空间中弹性资本累积发展的结果，城市在管理、金融、服务、生产以及通信的全球化进程中所扮演的角色日益重要，并涌现出若干在空间权力上超越国家范围、在全球经济中发挥指挥和控制作用的世界性城市，一般称之为全球城市（global city）或世界城市（world city）。配合世界三大经济圈（北美、欧洲、亚太地区）的形成及信息技术的发展，浮现的城市群中都产生了较具支配力的城市，并日益扩大其支配的范围，较弱的城市将会被纳入具有支配力的城市的势力范围内，其阶层关系会逐渐超越国界而纳入全球层次。Sassen（2001）认为，响应全球化的新的概念性框架已经产生，全球城市正是这一框架中最重要的成果。

总结全球城市或世界城市已有的研究，均把其作为全球经济的控制中心和指挥中心。早在 1915 年，苏格兰区域规划学家格迪斯就用“世界城市”的概念来表达世界上某些掌控最重要商务的大城市。1966 年，英国学者霍尔在其著作《世界城市》中，将全球享有重要政治权力并具有世界意义的贸易、商业、文化中心以及巨大的人口中心视为世界城市。全球化的快速发展将在 20 世纪 80 年代

初期的城市研究导向城市与全球经济关系的探讨上。科恩最早以新国际劳动分工理论为基础提出世界城市体系的概念，将焦点放在跨国公司如何凭借其强势的力量来影响城市体系组织发展上（Cohen，1981）。80年代，弗里德曼提出了“世界城市假说”（Friedmann，1986），他认为世界城市是新国际劳动分工和全球经济一体化背景下的产物，世界城市的本质特征是拥有全球经济的控制能力，这种控制能力的产生充分表现为少数关键部门的快速增长，包括企业总部、国际金融、全球交通和通信、高级商务服务等。从80年代末期开始，全球经济的日益整合与深化使得以制造业为主的生产活动向全球范围扩散，生产活动的管理控制职能在大城市集中等趋势越来越明显。Sassen（1991）认为当代的全球经济地理与组成已经改变，以至于产生了复杂的二元性（complex duality）：在空间上分散，但在全球上整合的经济活动组织。空间分散与全球整合局面的形成为主要城市创造了新的策略性角色，萨森因此提出“全球城市”的概念，以反映在全球劳动空间分工的驱使下生产空间分散式集中和全球管理控制功能重整的结合。

实际上，从科恩将国际劳动分工理论同世界城市以及世界城市体系研究联系起来开始，其分析脉络已经暗含了全球生产网络中权力分配与空间镶嵌的实质。随后弗里德曼的“世界城市假说”提出世界城市是跨国公司的控制和管理中心，是国际资本在全球经济网络中的据点，强调跨国公司总部和金融服务是世界城市产业的主要功能。科恩和弗里德曼的研究都是基于新国际劳动分工理论的探讨，着重于先进工业国的跨国资本将劳动密集型工业生产疏散到发展中国家的经济趋势及跨国公司如何管理和调控其在全球范围内的投资生产。20世纪90年代以后，技术的发展和全球化的深入使得产品内分工成为国际劳动分工的主要形式，分工的深化使得全球范围内不同区域的经济联系大大加强，基于产品内分工的全球生产网络逐渐形成。萨森的全球城市概念开始关注于生产网络本身的完整性，即涵盖了管理、控制、研发、生产等多个维度劳动过程的空间内涵，而不是仅仅强调生产服务业的控制功能。萨森认为，除“世界城市”强调的国际贸易与银行服务中心的功能之外，全球城市还有四种新运作方式：①作为世界经济企业组织的控制中心；②作为金融和专业服务公司的主要经营地点；③作为主导工业生产和工业创新的地点；④作为产品和创新技术的市场。总之，全球城市集中包括了生产、交换、消费、流通及管理等高端价值链环节（Sassen，1991；1994），作为全球生产网络的核心结点存在并控制整个全球生产网络。

全球化持续影响着全球空间系统结构，在全球生产网络的组织框架下，依据不同的空间特定优势而分配价值链区段，形成了各经济主体之间密集的经济联系。Knox和Agnew（1994）将全球生产体系（global production system）与世界城市网络相对照，认为全球经济形成了以垂直空间分工为特征的新的区位模式，全球城市体系的管理和信息中心趋于从地区性城市向区域性城市和全球性城市集中，其中全球城市由于汇集了大多数跨国公司的总部和专业化的服务机构而成为全球性的指挥和控制中心；研发活动倾向于向科研机构和人才资源集中以及信息基础设施完善的城市集聚；具体的生产和装配活动则向一些新兴工业化地区的地区性城市以及第三世界国家的区域性城市转移，并呈现出全球空间扩散与地方空间集聚的特性。全球产业的空间调整，特别是技术含量较高的制造业的空间扩散化，为新兴的工业城市带来发展机遇。亚洲一些国家或区域性中心城市，如北京、上海、曼谷等正在崛起而成为新的世界级城市。

美国《财富》杂志新评出的2006年度世界500强企业名单中，有52家总部位于日本东京的企业入围，使东京成为拥有500强企业最多的城市；法国巴黎有27家企业入围；美国纽约有24家上榜企业；英国伦敦紧随其后，共计有23家企业；北京则有15家企业，比上年增加了3家；韩国首尔拥有9家上榜企业；加拿大多伦多有8家上榜企业；西班牙马德里和瑞士苏黎世都有7家上榜企业；美国休斯敦和亚特兰大、日本大阪、德国慕尼黑，都有6家入围企业；意大利罗马和德国杜塞尔多夫各有5家上榜企业（表6-2）。

表6-2　世界500强总部主要分布城市

名次	城市	国家	入围企业数/家	名次	城市	国家	入围企业数/家
1	东京	日本	52	8	苏黎世	瑞士	7
2	巴黎	法国	27	9	休斯敦	美国	6
3	纽约	美国	24	9	亚特兰大	美国	6
4	伦敦	英国	23	9	大阪	日本	6
5	北京	中国	15	9	慕尼黑	德国	6
6	首尔	韩国	9	10	罗马	意大利	5
7	多伦多	加拿大	8	10	杜塞尔多夫	德国	5
8	马德里	西班牙	7				

资料来源：根据2006年《财富》500强企业统计

三、全球城市体系——全球生产网络节点的等级联系

全球生产网络的形成和发展势必会引导全球城市体系发生重大的组织变化。各城市在生产、管理、贸易以及政治等活动的功能重构中的收益存在差异性，从而引导新的全球城市等级体系的形成。基于国际劳动分工发展而形成的全球生产网络具有明显的阶层等级特征，根据节点或核心在网络中功能的相对重要性（或主宰性），并且配合密集的信息技术支持网络的组织运筹，由此建构不同空间层

级，形成生产活动与信息集结的不同等级节点（Castells，1996）。其中，全球生产网络中，核心城市和次级核心城市作为具支配力的重要节点，会日益扩大其影响范围并加强其广域的经济支配力，较弱的都市将会被纳入较具支配力的城市的势力范围，其阶层关系甚至逐渐超越国界，全球城市阶层化体系渐渐形成。

从全球生产网络考察，全球经济空间的重构直接带动了全球城市体系的变动，那些在功能上最具创新、城市空间全球化经济活动程度最高、具有重要协调控制和管理功能的城市构成了全球城市体系的最高端。英国拉夫堡大学的学者泰勒、比沃斯托克等从全球视野的角度，在静态分析世界城市特征的基础上，探讨了新的全球化趋势（global trends）和全球化的格局（global pattern）下城市之间的关系和网络特征。他们提出“世界城市网络（world city network）”的概念，是指由枢纽层、节点层、次节点层相互联结且相互锁定的网络结构。选取 55 个城市的 46 项生产服务业进行分析，勾勒出世界城市网络格局（Taylor，1997；2001；2004）（图 6-11）。从世界城市、全球城市再到世界城市网络，充分显现出

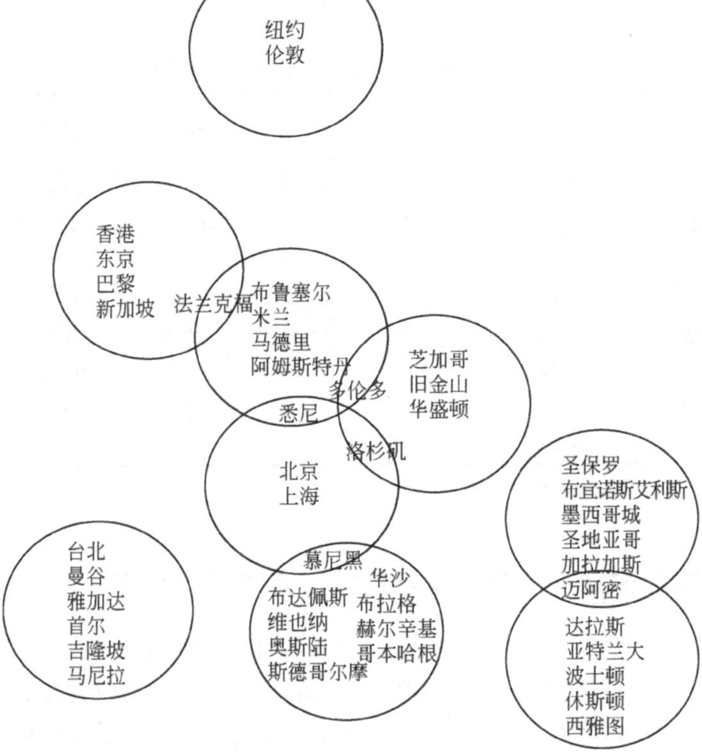

图 6-11　2004 年 GaWC 的世界城市与体系

资料来源：根据 2006 年 Taylor 在华东师范大学的演讲材料整理

这样一个特点：城市的重要性并非在于面积大小或人口多寡，而在于这些城市在世界体系中所发挥的特殊功能。这些功能可以由显示某一特定城市是否发挥全球指挥与控制职能的各种客观指标来判定。例如，跨国公司总部集中程度、银行集中程度与规模、各种金融和法律机构数量等。各个城市依据自身支配全球经济与金融发展能力的相对重要性形成层级体系（Clark，1998）。世界城市网络的研究摆脱了传统世界或全球城市研究静态分析和实证不足的缺憾。

但就全球生产网络与价值链的观点看，世界城市及世界城市体系研究仍然存在许多发展的局限，主要体现在以下几个方面。①仅关注全球生产网络中的高端服务业和世界城市系统中的高端城市。认为高端服务业对整个经济具有支配力，却忽略了作为整体而存在的全球生产网络中其他价值环节及其空间镶嵌形式，即发展中国家制造业城市的快速兴起。②忽视了美国20世纪90年代信息产业的兴起对全球经济的重大作用及知识经济时代知识、技术控制力在城市体系中的作用和网络社会及伴随浮现的信息化城市在世界城市体系重构中的作用。尽管卡斯特的后续研究有所弥补，但总体来看世界城市研究和新经济地理学、互联网地理学的关联不大，没有吸收其他学科研究的成果。③仅讨论了自上而下的全球化过程对世界经济格局及世界城市体系发展的推动，却无视自下而上的本地化发展进程的内生力量，尤其是地方政府及地方企业所做出的“网络镶嵌”努力所促进的区域及城市发展的社会经济实质。由此无法真实、准确地刻画全球生产网络组织的全球经济地理网络格局和发展实质。

由此，本书依据不同城市参与生产或者服务的价值链环节，重新建构新的世界城市体系（图6-12）。包括两个高端：第一高端为全球城市纽约、伦敦和东京，它们是跨国公司总部最为集中的城市，在金融资本服务、信息采集与处理方面都处于全球领先水平，同时又是企业跨国营销的最高级服务节点。因此它们是价值链最高端环节包括管理、生产服务及营销最集中的城市等级。第二个高端为高科技城市，如硅谷、筑波、新竹、班加洛尔等，这些城市承接“新经济”发展，从而成为全球高科技产业技术标准制定和研发的“技术极”，对全球经济发展和产业更新具有重大影响力；功能以总部管理和金融服务为主。而次于全球城市的为区域级世界城市，包括巴黎、芝加哥、中国香港、法兰克福等。这些城市一般在区域范围内拥有较强的影响力，包括企业管理、金融控制、信息服务及市场开拓和营销等方面。另外，中层级世界体系中还包括发展中国家经济中心城市，这些城市一般拥有一个世界级的制造业腹地区域，城市具有金融服务、技术产品研发、品牌营销和市场开拓等功能，同时在高科技产品制造业方面具备较强能力，成为具多重价值链环节和功能的综合性城市。世界城市体系中低端城市以新兴工业化国家和发展中国家的制造业城市为主，这些城市的制造业融入全球生产网络中，但主要发挥低端价值链环节的制造和组装的功能，生产面向全球市场。

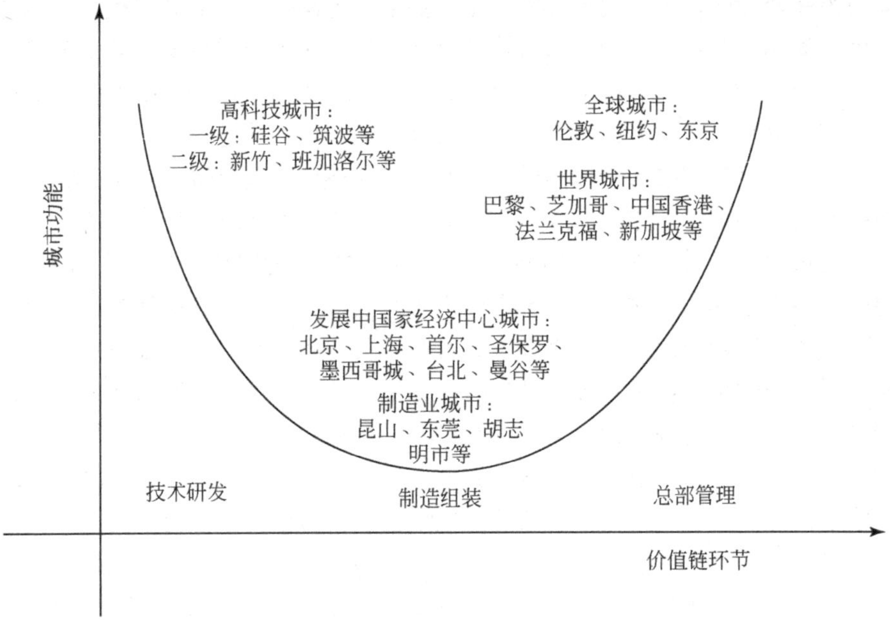

图 6-12　基于价值链环节重构的世界城市体系

四、全球城市 - 区域——全球生产网络节点的空间整合

随着全球生产网络的发展，其空间镶嵌的区域和城市凭借彼此上、下游价值链的业务关系而呈现不断强化的经济联系。Scott（2001）和 Hall（2001）在世界或全球城市概念的基础上加以扩充和延伸，认为从 20 世纪 70 年代末起有一个巨大的“城市 - 区域群岛”正在形成，它具有新的全球经济系统的空间基础功能，似乎已超越早期核心 - 边缘的全球空间组织系统，被称为全球城市 - 区域（global city-regions）或者巨型城市（mega cities）（Castells，1996）。Scott 认为，全球城市 - 区域既不同于普通意义上的城市范畴，也不同于仅由地域联系形成的都市连绵区，而是在全球化高度发展的前提下，以经济联系为基础，由全球城市及腹地内经济实力较为雄厚的二级城市扩展、联合而形成的一种独特的空间现象，主要强调了全球化条件下城市发展的跨区域关系，包括落后国家和地区为寻求融入全球经济系统而发展的与全球城市的联系；Hall 则认为，全球城市 - 区域描绘的是“一种新的城市组织尺度”，对内通过整合内部结构而形成多中心空间格局，对外则在全球商品、社会、文化网络中占据着特殊的位置。如果将全球城市的定义建立在其与外部信息交换的基础上，全球城市 - 区域的定义则应该建立在区域

内部联系的基础上，并具备多中心的圈层空间结构形态联系（Hall，2001）。Scott 和 Storper 进一步从新区域主义的角度提出，全球城市 - 区域是表现上述全球化和本地化互动关系的连接点（Storper，1997；Scott，2001），在本质上是城市为了适应日益激烈的全球竞争以及实现在世界城市体系的升级，与腹地区域内城市联合发展的一种空间形态，包括三种形式：①中央是大都市区，外围腹地由不同程度的低密度发展地域单元构成；②空间重叠或者内聚的城市区域，如有卫星城的大都市，被腹地区域环绕；③与临近的中等规模城市合作形成协作网络，以谋求多边合作利益。

全球城市 - 区域的概念超越了早期核心 - 边缘的空间组织系统，是基于全球生产网络中多尺度生产组织叠加所形成的城市空间组织系统，更加准确地表述了在全球化和本地化互动中形成的全球经济地理组织的全新格局。Sassen（2001）认为，“全球城市 - 区域”的概念可以使人更好地认清随着全球化的动态发展，更多的地区可以从中获取利益，这反映出由于全球生产网络的空间扩展，将更多的区域纳入依据价值链联系的经济全球化的发展轨迹中。通过全球生产网络地方镶嵌后地方生产网络的再组织，重塑了大都市区和腹地区域之间复杂的城市网络关系。一个本地化的城市 - 区域通过其在全球生产网络中的网络镶嵌而与全球生产体系相衔接。这样，以全球生产网络整合起来的全球生产体系促进了互惠式的区域经济发展格局。与此同时，自上而下的全球化（地方镶嵌）和自下而上的本地化（网络镶嵌）两种过程在地方实现了统一。并且利用全球尺度不同层级的都市区枢纽调动起一个世界城市体系、一个全球生产网络的载体体系。

强烈的全球竞争压力使全球城市 - 区域具有内在的和更为宽泛的空间经济特征，并以其强有力的诠释能力剖析了全球经济地理格局。以全球生产网络研究框架分析，全球城市 - 区域关注生产网络中的全部价值环节的完整性，即涵盖管理、营销、研发、生产等不同价值环节的空间内涵，而不是如世界城市一样仅仅强调生产服务业、研发、营销等控制功能，使得从发达国家到发展中国家的城市都可以通过嵌入网络的不同价值区段而从中获益。由于全球化突出空间的接近和凝聚对于促进经济生产能力和形成竞争优势的重要性，不同价值区段在地方镶嵌后由于自身组织特性而必然形成不同的空间形态和结构并彼此间发生密切联系，由此形成的紧密空间系统是全球化和本地化相互作用的结果。正是在这种有着高度经济联系的全球城市 - 区域中，才有足够的人力资源、资本动力、基础设施及相关服务行业支撑的具备全球化标准的生产。因此全球城市 - 区域不仅是经济全球化的结果，同时也是全球经济的驱动力之一（余丹林，魏也华，2003）。全球生产网络地方嵌入性条件的选择使得对其空间效应的研究需要深入到各个不同层次的社会、经济及政治结构中，包括自然条件、经济基础、制度（包括中央政府和地方政府)、地方文化等条件的分析。正如 Scott (2001) 所说，“成为世界经济区域引擎的全球城市 - 区域，作为一种本地经济关系的动态网络已经卷入了日益扩张的全球范围内的区域间竞争和交换的网络之中。”

第四节　全球生产网络主导的大都市区生产空间组织

在当前全球化发展日益深化的条件下，全球生产网络组织的国际劳动分工引导城市经济结构的调整和空间重组，表现为全球生产网络中的价值链区段以地方集聚和分散运动为特征的不断重组的趋势，最终不断重塑原有城市空间组织并引导新的城市空间功能单元的出现。其中城市化发展的高端形式——大都市区发展日益明显，全球化和信息作为双重动力引擎，不断引导其空间组织进行重组。由于空间组织着重考虑大都市区形成及演化的组织化过程，其研究重点就相应地强调过程分析、机制分析。正是基于如此认识，全球生产网络分析框架就成为对结构主义方法论的应用。全球生产网络的发展实质是产业全球性的扩散与地方性的集中结合，生产与经济活动势必会进一步集中在以大都市区为核心的区域空间，从而构建一个内部垂直和水平分工并存的功能性城市网络，对外以大都市区域的整体形象参与国际竞争的特殊地域系统。这个特殊的地域系统更多地突出核心城市与周边地区的功能组合关系，是全球化和信息化背景中全球生产网络地方镶嵌的结果。

全球生产网络控制下的价值分割及其地方镶嵌可能增强区域之间的差异性，通过专注于不同生产控制功能，形成一个互相依赖的区域生产系统。因此本书着重以大都市区空间单元为研究对象：一方面，大都市区是全球生产网络的完整镶嵌体，它的基本轮廓可以勾勒出全球生产网络中全部价值链环节地方镶嵌的基本过程和结果，与城市研究相比，包含了更为完整的内容；另一方面，新兴工业国家与发展中国家往往也是以大都市区为媒介嵌入全球生产网络中执行某一功能模块的，在生产和再生产过程中参与全球竞争与挑战，并随着全球生产网络中知识和技术的流动而不断成长，证实当前城市新的空间形式并非仅仅是集聚与扩散这种简单的二分概念。

一、传统城市空间结构模式与大都市区新的组织

1. 城市空间结构模式的早期探讨

最早对城市空间结构模式的探讨出现于 20 世纪 20 年代，美国芝加哥大学教授 E. W. Burgess 将生态学研究理论应用于城市社会空间组织的研究，在对芝加哥进行了实证分析的基础上，提出了城市地域结构的同心圆模式（concentric ring model)；1939 年，H. Hoyt 在同心圆模式的基础上，加上了放射状运输线路的影响，提出了城市空间结构的扇形模式（sector model)；到 1945 年，美国学者 C. D. Harris 和 E. L. Ullman 在对现代大城市空间分异的因素进行分析的时候，发现行业区位、地价房租、集聚利益和扩散效益是主要的制约因素，在这些因素的交互作用的基础上，大城市除了中央商务区外还存在一些支配一定地域的其他中心的存在，于是提出了城市空间多核心模式（multiple nuclei model)。与同心圆模式和扇形模式比较，多核心模式已开始考虑都市区的空间因素（于洪俊，宁越敏，1983)。

第二次世界大战以后，随着技术创新和经济的高速增长，西方国家及广大发展中国家的城市空间结构都发生了很大变化。于是，许多学者开始对现代城市新的空间结构模式进行探讨。E. J. Taaffe 和 B. J. Garner 提出的新的城市地域结构模式包括了近郊区，他们把城市地域从内向外分为中心商务区（CBD)、CBD 边缘区、中间带、向心外缘带、放射近郊区 5 个地带，各带均有自己的突出功能和性质，但混合型经济活动较为明显，如中间带高、中、低级住宅区并存，中心边缘有批发商业、工业小区和住宅的分布（图 6-13)。

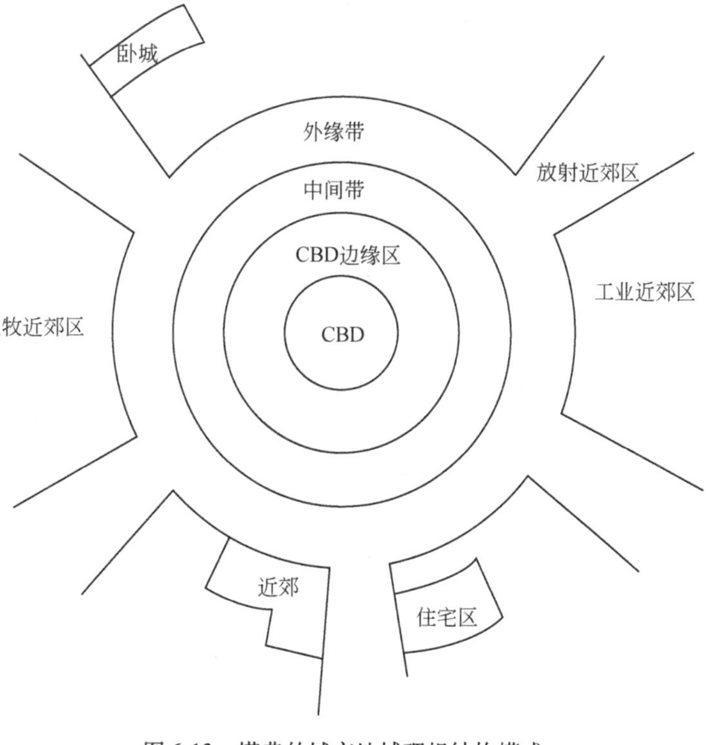

图 6-13 塔弗的城市地域理想结构模式

资料来源：谢守红，2004，图 1-1

20 世纪 60 年代以后，随着经济全球化、信息化的发展及城市郊区化的快速发展，城市空间结构出现一些新的变化，对城市空间结构的研究也朝着区域化、网络化的方向发展，大都市区的研究则是这一时期城市地理学主要的新兴研究领域之一。Rodney A. Erickson 对美国 14 个特大城市人口、产业等向外扩散的情况进行了研究，侧重于城市作用力对土地利用活动的影响，将城市边缘区的土地利用空间与结构的演变划分为三个不同的阶段，即外溢 - 专业化阶段、分散 - 多样化阶段、填充 - 多核化阶段（图 6-14）。

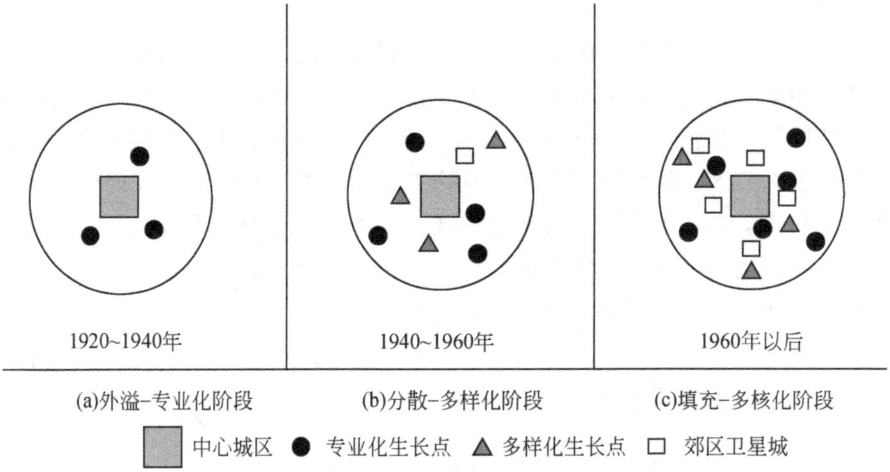

图 6-14　埃里克森的城市空间扩展模式

资料来源：谢守红，2004，图 1-2

2. 大都市区概念的探讨及其空间组织模式

大都市区（metropolitan area，MA）概念最初源自美国 1910 年全国人口普查中提出的大都市地区（metropolitan district，MD），之后经过多次修正，1990 年最终将标准大都市统计区正式定名为大都市区，并进行了重新规定：每个大都市区包含一个人口在 5 万人以上的核心城市化地区，为中心市，围绕它的是中心县和外围县，中心县是中心市所在的县，外围县则与中心县邻接并满足以下三个条件：①从事非农业活动的劳动力占全县劳动力的比例至少为 75%；②人口密度大于 50 人/平方英里①（19.3 人/km^2），且每 10 年的人口增长率在 15% 以上；③至少 15% 的非农业劳动力向中心县以内的地区通勤或双向通勤率达到 20% 以上（许学强等，2009）。从以上概念看，大都市区是指一个大的人口经济集聚核

---

① 1 英里 = 1.609km^2。

心以及与这个核心具有高度社会经济一体化倾向的邻接社区的组合，包括传统的城市中心城区、郊区以及联系中心城区与郊区的基础设施。

继美国之后，其他发达国家也引入了类似概念，如英国的标准都市劳动力区（standard metropolitan labor area，SMLA）、德国的劳动力就业区、法国的城市和产业人口密集区（zone de peuplement industrielou urbain，ZPIU）、加拿大的大都市普查区（census metropolitan area，CMA）等。日本于1954 年提出了“标准城市地区”来确定城市功能地域的范围，指以一日为周期接受城市某方面功能服务的地域范围，中心城市的人口规模在10 万人以上。1960 年，日本行政管理厅为确定大城市地域，提出了“大都市圈”的概念，作为日本城市发展的主要空间组织形式。其中规定大都市圈的中心市人口规模为50 万人以上，其外围地区到中心市的通勤率在1.5%以上（于洪俊，宁越敏，1983）。此后又规定大都市圈的中心市为中央指定城市或人口规模在100 万以上，邻近有50 万人以上的城市。由于社会经济和城市发展某些特征的相似性，日本的都市圈和大都市圈两个概念对中国的大都市区发展具有较大的影响和借鉴意义。

迄今为止，中国尚无官方对都市区的界定。但面对20 世纪90 年代以来国内若干大城市出现的郊区城市化现象，已有一些学者开始对从学术研究的角度中国的都市区进行研究。周一星认为在中国现有国情下，通勤不是城乡联系的主要方式，都市区应由中心市和外围非农化水平较高且与中心市存在着密切社会经济联系的邻接县（市）两部分组成。他提出中国都市区的界定方案，国家自然科学基金重点项目“中国沿海地区人口集聚与扩散机制”采纳了该定义，并对中国沿海地区作了实证研究（胡序威等，2000）。

宁越敏和高丰（2008）认为伴随中国城市化的快速发展，以非农化指标界定的都市区存在局限性。宁越敏提出城市化水平应成为衡量大都市区的主要指标，根据我国第五次人口普查对城市人口的界定，设定大都市区由中心市和外围县组成，“中心市”的人口下限为50 万人；“外围县”的城市化水平需达到60%以上。以此为标准，则2000 年中国内地有94 个标准都市区，23 个非标准都市区，共计117 个大都市区。

基于大都市区概念的演进，可以看出大都市区空间组织是大都市区社会－空间系统在自然基质及社会制度要素如行政区划和国界等约束条件之下，通过不同地域空间功能分工机制而推动的产业人口多维度时空变动的过程。大都市区的有序演化同城市社会经济的发展密切相关，在时间序列上，它是一个中心市集聚与扩散的双重过程，通过稠化与外围地区间的流量联系，逐渐演变为大都市区。在这个过程中，大都市区作为现代生产方式核心的生产、分配和交换焦点，其内部经济结构变动是推动其空间组织演变的内在驱动力。

二、大都市区生产空间组织：全球生产网络的解释

新的发展背景与趋势不仅在全球层面上导致了经济结构的空间调整，在城市自身层面也引发了一种相互关联的地域集聚和以分散运动为特征的重组趋势，表现在性质相同的城市功能在空间分布上更趋于集中。城市空间在这种集聚与扩散的相互作用过程中表现出新特征：一方面，城市功能分区的融合和土地使用的兼容化改变了城市土地的传统利用模式；另一方面，交通通信技术的发展使空间区位的影响因素大为减弱，城市不同地段的区位差异缩小，经济活动由于克服了空间障碍而出现加剧的扩散。但在扩散的同时，中心城市的核心地位不但没有减弱，反而得到进一步加强。中心城市的某些功能以节点的形式延伸到整个大都市区域并形成新的次级中心，大都市向分散的结构收敛，这一结构具有多个亚中心、分散化集中的制造业和服务业，一个多中心网络化的空间结构正在形成。

1. 生产网络的扩散与价值区段集聚

信息化的快速发展使得全球化进程中的服务活动可以通过信息网络进行远距离的整合与沟通，似乎预示着服务业的分布将呈现必然的空间分散特征。但与纯粹的生产制造环节活动不同，包括管理、营销、法律、广告、咨询等管理控制价值链区段的商务活动更多的是建立在对市场信息的掌握程度上，“服务业的复杂性、市场的多变性以及交易活动对时间要求的迫切性都构成了新型集聚经济的动力”（Sassen，2001）。事实上，除了规模经济的效应和平衡商务成本的超强能力外，包括发达的金融机构、高效的办公场所、便捷的交通通信网络、完善的配套服务设施以及各类高素质的人力资源等，都保证处于生产网络管理控制区段的生产者服务业倾向于集聚在中心城区。大量同类知识信息密集型价值区段的空间集聚正好为企业之间通过信息共享来获得完备的市场信息提供了必要的条件。这其中，近距离面对面交流（face to face）以形成彼此之间信任的网络互动关系显得更为重要。例如，企业联盟间一项重大策划的出台往往需要联盟企业所有管理、设计、财务、广告、会计、市场营销及专业技术等多部门之间的通力合作。因此，生产者服务业一方面要求所在城市拥有发达的基础设施，以实现良好的工作环境及与远程客户的及时沟通；另一方面要求同业之间的规模聚集，实现信息共享和项目协作。这两方面的需求共同推动生产者服务业在城市空间上的集中化分布，且往往倾向于大都市的中心区。据纽约市 1993 年统计调查，各行业在曼哈顿集中的情况是：金融、保险和房地产（FIRE）企业数量占全市 89% 以上，商业和商务服务业将近 86%，制造业总部 59%，服装业高达 69%。信息技术的协同效应则使城市中区位最好、基础设施最完善的中心城区成为信息流通和管理服

务的中心，生产网络中管理控制功能区段的集中使城市尤其是大都市区在全球生产网络中的中枢功能进一步加强。

在生产网络价值链高端向城市中心集聚的同时，城市工业以及高新技术产业则进一步向郊区工业区和高科技园区集中（图 6-15）。工业园区是发展中国家地方嵌入全球生产网络中的主要平台，具有地价低廉、基础设施齐全、资源共享以及明显的产业聚集效应，加上政府的各种优惠条件，而成为价值生产制造以及组装测试等区段的最佳空间选择。而随着社会经济的转型，以高科技园区（包括以研发设计为主的科技园区和以高科技产品生产制造为主的高新技术产业园区）为代表的新产业空间得到了快速发展。高科技产业的基本生产资源就是创新的科技信息，而创新资源只有在一流的大学和高等教育机构、政府或企业兴办的研发中心以及企业联合体的研发网络中才能得到。除此之外，高科技产业的空间选择还要具有舒适的环境、交通的可达性以及必要的集聚经济。从 20 世纪 50 年代初，从美国斯坦福大学创建世界第一个科学研究园区——硅谷开始，世界各地的许多城市都相继建立类似的科技园区。例如，东京的筑波、中国台湾的新竹、德国的斯图加特等都是依托大都市地区而发展起来的，中国有北京的中关村、上海的张江高科技园区等。工业区与高科技园区的兴建带动了周边地区房产开发及商业和服务设施等生活配套建设，使城市经济空间呈现中心的商业金融区和外围的高科技园区相互联系又保持一定距离的两极化发展，卡斯特形象地称之为“对偶城市”。

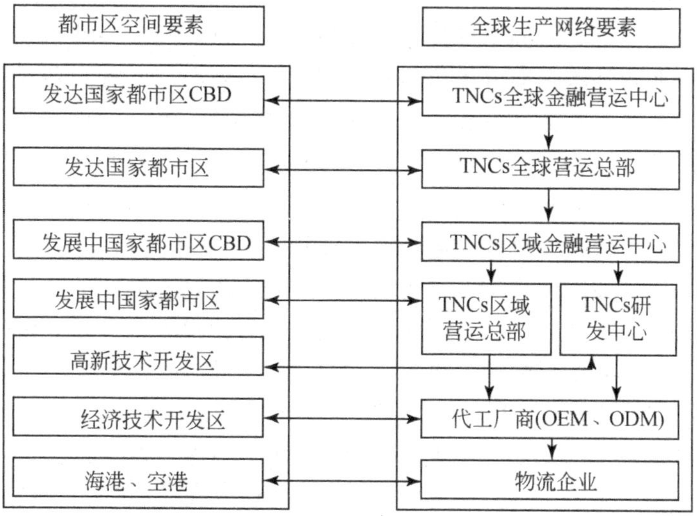

图 6-15　全球生产网络中价值链构成与城市生产空间要素之对应关系

2. 办公郊区化发展及其空间效果

随着生产网络高端价值区段向中心城区和中低端生产制造组装区段向郊区工业园区集聚，一些企业总部和常规的办公活动也开始出现郊区化发展的趋势。20世纪70年代以前，美国大都市区的大多数办公业仍然集聚在市中心。但是从70年代开始，郊区的写字楼建设开始剧增（奥沙利文，2000）。企业总部通过外部采购来获取所需的专业化服务，是生产者服务业快速发展的主要原因之一。而企业总部越是从外部购买那些时间要求高、易受多变市场影响的专业服务，其本身对所处地点的选择范围也就越大。由此产生一对矛盾，从表象上看，更多城市的中央商业商务区仍是最主要的企业总部的集聚地，而一旦城市还存在其他具有良好基础设施的地方空间，就有可能成为企业管理与控制功能的重要载体，这种情况可能会持续影响未来城市以及大都市区空间结构的变迁。与企业总部部分办公活动的空间分散相比，一些常规但属总部职能部门的办公活动则表现出了更为强烈的扩散趋势，包括如财务、文档处理、数据收集与处理等。随着这些办公活动和工业等在地理区位上的分散，相应地引起工作者的居住地也发生着变化，即由城市中心向外扩散，再次引导大都市区空间组织的重组。

宁越敏和石崧（2011）分析了波士顿大都市区1967~1990年FIRE行业①以及服务业比例变动情况及亚特兰大都市区办公楼面积的分布格局，可以看出在美国一些大都市区服务业区位扩散趋势十分明显，在城市边缘的办公楼面积已经开始超过传统CBD地区的办公楼宇的面积。很显然，随着交通通信技术的进步、全球生产网络价值链区段的持续细化，办公业外迁已经成为一种趋势。这种趋势仍然可以从专业化经济和商务成本的平衡方面进行考虑。一方面是通信技术的改善极大降低了企业运营的商务成本。奥沙利文（2003）曾讨论电子邮件、电视会议等通信方式的应用使得企业可以重新组合其业务，把主要职员迁往城郊；周年兴等（2004）的研究也证明上海市的交通量同信息技术（电话）呈负相关关系，信息技术的发展可使城市总的交通量呈下降趋势。另一方面，除了中、高层管理业务外，办公室工作往往属于劳动密集型，这类劳动过程的选址动机显然会围绕组织其劳动力所产生的成本。这样两个方面的结合使得大量办公业可外迁至城市边缘，从而降低需要支付的商务成本（主要是地租和劳动力成本），但高层管理与控制功能仍然会集聚于CBD地区，以获取丰富的信息资源。

随着信息化技术的发展和完善，城市后台办公分散化的趋势更加明显，使得公司总部管理和控制、市场营销等生产网络价值高端区段在核心城区日益集中，

---

① FIRE行业是金融（finance）、保险（insurance）和房地产业（real estate）的缩写，一般被视为是传统的生产服务业。

核心城市规模日益扩大且更复杂，不仅是生产网络的控制中心，还是有关生产开发、扩展、兼并的决策中心。但就企业内部考察，构成上的多样化和规模的扩大使得各种职能分离，在公司内部产生某种高度专业化的服务已经越来越困难。因此，他们都成为专业化生产服务的“消费者”，这构成专业化生产服务业迅猛发展的核心条件，专业化生产性服务业形成独立市场。但生产网络价值链中、低端环节在地理区位上的分散促使专业服务公司市场的变化、客户公司的改组，显著的形式是从更集中化的中心向更广泛的周围地区提供服务。客户公司的分散使得集中的市场地点变得更加重要，于是生产服务公司也在扩散中集中某些地方，以使客户在这里可以获得想得到的各种专业服务。通过这种城市内部工作和居住等社会经济活动的分散与重新整合，产生了一种新的不同于传统中心地模式的地域空间结构，城市结构也由单中心向多中心转变，在郊区范围内则出现了一些新的集聚中心。许多学者对此进行研究，提出一些新的概念，如外围城市（outer city）、新城市（new city）、郊区城市（suburban city）、城市边缘（urban fringe）、技术郊区（technoburbs）等，其中最引人注目的当属边缘城市（edge city）[①]。

总之，在全球化发展条件下，大都市区的形成与演变更多地表现为内部的本地化扩张与外部的全球化力量的共同作用。例如，制造业的郊区布局一方面是本地化内生力量基于成本－收益的压力而将本土工业外迁；另一方面则是为了承接全球生产转移而开辟出特定的开发区，这是大都市区扩张的新生长点（陆大道等，2003）。而办公业的布局则高度集聚于中心城市的传统 CBD 地区或者是新的商务中心区，在发展中国家城市类似于发达国家显著的郊区化现象尚不多见，特别是跨国公司的地区总部以及相关的生产服务业仍多倾向于集聚在中心城区特定的服务业集聚区，从而享受较好的基础设施和服务水平。

3. 多中心的形成与大都市区空间结构

生产网络价值链区段的扩散是有时间顺序的。其中，生产制造环节的扩散并在工业园区镶嵌是这种趋势的先导，继而越来越多的管理控制和研发设计劳动过程也趋于中心化，包括后台办公业、物流管理、新的公司总部、媒体中心以及大规模的娱乐和体育综合体，都随着时间的推移而呈现出越来越强烈的在大都市区空间范围内再区位的趋势（Hall，2001）。而在大都市区的形成与演变过程中，生产网络各价值链区段往往并非均匀分布，在整个生产网络空间扩散过程中仍倾

---

① 边缘城市是由美国《华盛顿邮报》记者 Jeol Garreau 于 1991 年在其所著《边缘城市》一书中率先提出的概念。Garreau 认为，边缘城市是美国城市发展的新形式，是位于原中心城市周围郊区新发展起来的商业、就业与居住中心，它与中心城市既保持较密切的联系，具有很强的独立性。边缘城市的发展连同传统城市中心共同构成了多中心的都市空间结构。

向于同类区段的集聚，无论是管理控制、营销等高端环节，还是研发设计等中端环节，乃至制造组装环节均如此，这其中规模经济和商务成本的博弈发挥了重要作用。首先，商务成本的提升导致规模不经济，引导生产网络低端价值链区段的郊区化的发展，这无疑可以降低空间成本，但区位的均匀分布明显不能发挥规模经济降低成本、提高生产效率的效应。相反，在远离中心地区的地方实现新的集聚，不仅能够继续保持特有的外部规模经济，而且其商务成本也可以大大降低。正是在这样的经济学基础上，在经济活动扩散的同时，传统中心城市的地位在区域经济控制功能上得到进一步强化。郊区价值区段的集聚辅以各种商业、娱乐及社会服务基础设施建设，从而形成新的次级中心。由此，在全球生产网络内在逻辑的支配下，大都市区最终向分散的多中心网络式空间结构收敛。

Hall（1997）认为，多中心网络化的空间结构在代表新的空间发展趋势的同时，也是城市社会和历史的空间累积，不同城市的历史和文化造就了由不同类型中心所组成的城市多中心体系。①传统商业中心。一般处于城市核心地区，建成于城市产生之时并保留有城市传统的街道格局和大量的历史建筑；集聚了政府机构和传统生产服务业，如银行、保险等。伦敦金融城、纽约曼哈顿下城、上海外滩－人民广场地区属于此类。②新的商业中心。通常是在高尚住宅区的基础上发展起来的，包含大量的商务办公（主要是大型企业的总部）和文化娱乐等功能。伦敦的西尾区、纽约曼哈顿的中城、上海陆家嘴和南京西路属于此类。③内部边缘城市。通常是在中心城市更新地区上发展起来的。包括大量办公和娱乐在内的综合性区域，通常与传统商业中心和第二层次的商业中心保持一定的空间距离。例如，巴黎的德方斯、伦敦的道克兰、东京的新宿等属于此类。④专业化副中心。主要是为休闲、商务会议、展览和大型体育运动等提供的专门活动区域，比如巴黎迪斯尼乐园、上海的国际展览中心地区。其区位比较灵活，既可能接近传统 CBD 地区，又可以远离市区，主要根据其功能而定，是城市内的大型开放空间。⑤新城。其表现形式十分多样，大致可以分为三类。一是人口、商业和制造业郊区化在一定地域集合形成传统的新城；二是霍尔所谓的“外部边缘城市”，即位于主要的机场、高速铁路站点周围，服务业主要是物流，制造业以出口加工为主；三是工业园区和科技园区相结合而成的新城，制造业活动依赖于科技园区集聚的内勤、研发、设计等劳动过程。

综合以上分析，图 6-16 揭示了从全球（区域）生产网络到大都市（含大都市区域）扩散并镶嵌于特定空间的社会经济实质，即整个大都市区空间经济结构呈现出一种多中心主导的格局。随着全球生产网络在地方的镶嵌并按照一定规则实现空间的扩散，地方集聚的各价值区段在空间上形成多元化的产业综合体。其中，图上方的横轴左侧为生产网络价值链生产区段，右侧为生产网络价值服务区段；纵轴为商务成本，表达了不同价值链区段依据土地利用性质的差异，随距离推移而表现出的商务成本曲线图。图下方是将曲线投影到地理空间上所展示出的空间经济结构格局。在图 6-16 中，商务成本曲线随着距离递减的趋势未变，由内至外可分为中心城区、中心城市、大都市区、大都市区域四个圈层。其中总部管理与市场营销类企业主要位于商务成本最高的中央商业商务区；研发与设计类企业主要位于中心城区与中心城市连接处的科技园区；区域运营与后台服务继续外移布局，空间形态以服务业集聚区或者城市副中心为主；技术密集型的高端产品生产制造环节则主要位于交通便捷的近郊地区的高新技术开发区；低技术、劳动力密集制造与组装环节因为对土地需求大且有污染的问题，以工业区的形式存在于远郊区。

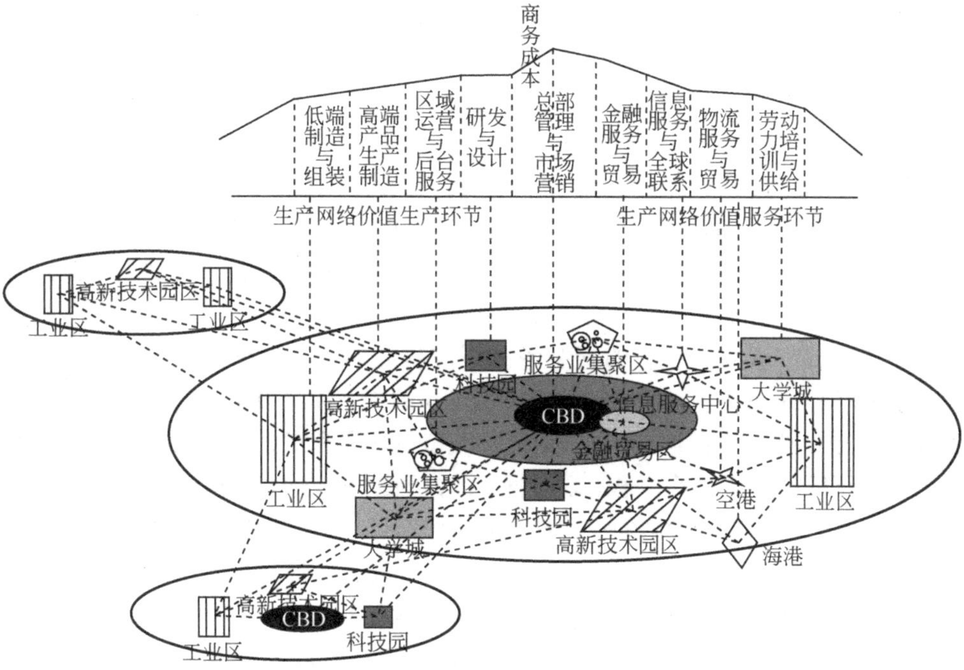

图 6-16　从全球生产网络到大都市区生产空间组织一般模式

而就生产网络价值链生产支持性环节考察，金融服务与贸易位于中央商业商务区，多以金融贸易区的形式存在；信息服务与联系由于对空间需求不大，分布较为自由；物流服务与对外贸易则以空港、海港的形式存在于远郊地区，其与信息服务构成了全球生产网络中全球化与地方化互动最根本的支撑条件；另外，如人才服务与劳动力供给方面以培训学校的形式存在，其空间集聚则形成大学城，由于对土地需求量大同时需要成熟基础设施的支持，大学城多与新城共同布局于大都市区的远郊地区。进一步扩展到大都市－区域范围，一些已经具备一定发展基础的腹地城市也成为核心城市产业转移的重点基地，尤其是那些对商务成本较敏感、交易标准化的生产制造区段，而地方政府通过园区建设提供优良服务进一步迎合这种趋势。但这种扩散并不是均匀的，交通条件、信息通路及地方彼此间的竞争都会影响扩散的路径。规模经济决定制造业的扩散存在“乘数效应”，最终通过产品上、下游之间的密切联系和集聚效应形成产业群，这无疑会大大提升地方产业的竞争力和价值生产与提升能力。

大都市－区域各专业化功能区之间通过可见的商品或生产物质流和不可见的信息或服务流相互实现协作。占据价值高端环节的核心大都市区以垂直分工的形式通过信息或服务流控制郊区及其腹地的生产活动；而郊区与腹地系统的城市承载大量的生产制造和开发价值区段，它们之间的价值链关系更多地表现为相同区段的水平分工合作，彼此间存在大量的信息流和物质流。通过这样一个价值链高、低端垂直联系以及价值链相同区段的分工合作，形成大都市－区域的崭新格局，并在全球化和本地化的互动中实现区域经济和空间系统升级（图6-16）。

以上对多中心大都市区空间结构的分析，其主要依据是传统城市空间结构模式和阿隆索的经典土地利用模式。但宁越敏（2000）指出，阿隆索城市空间结构的理论研究分析既忽略了城市土地利用具有社会性和历史延续性的特点，又忽略了城市规划在土地利用中的作用，因而与实际状况有较大出入。事实上，即便是市场经济国家，也需要政府干预城市的土地利用以防市场经济失效，最通常的做法便是通过城市规划及相应的管制条例来控制土地利用的格局。例如，美国在“区划条例”（zoning regulation）的基础上形成的规划体系及英国的规划体系均对各自城市的发展产生了重大影响。因此，城市包括大都市区空间结构的变动，除受市场经济机制的影响外，也受政府管制的强烈影响。这其中既包括中心城市土地利用和交通通信基础设施的空间规划和组织，还包括产生伊始就作为城市规划产物的大都市区副中心、新城、卫星城等，另外还包括通过规划出现的能左右企业空间区位的新产业空间，如工业园区、科技园区等。

三、大都市区空间成长单元与发展特征

从城市到都市区再到大都市－区域的城市组织特点，已经成为20世纪末期以来城市地理、城市经济以及产业经济学界关注的焦点。这一系列城市空间组织的演变正是在全球生产网络组织框架下由系列经济学规律主导发展形成的。夏铸久（2004）认为：“全球信息化时代‘破碎化都市性’所具备的都市空间片断化与网络的区段化已经浮现了。”这种多元化破碎的空间格局正是由不同功能的大都市区新的空间成长单元塑造形成的，包括CBD地区、工业区、科技园区及远郊物流中心、新城等大都市区空间单元都日益被赋予新的解释并成为典型代表。

1. 中央商业商务区

中央商务区作为一个城市区域的概念，最早由20世纪20年代初芝加哥大学的伯吉斯和帕克提出，他们将CBD定义为：位于城市布局的中心，交通发达，土地价值最高，拥有大型商店、办公楼、剧院、旅馆、银行等设施，是城市社交、文化活动的中心。从这个概念看，CBD包含商务和商业两大功能（于洪俊、宁越敏，1983）。严重敏和宁越敏（1999）认为，CBD是城市的精华所在，是全市金融、商业、贸易最集中地区，也是专业性服务办公楼、各种企业总部等的集中地；汤建中（1995）认为CBD是城市地域结构的核心、城市经济的灵魂和城市繁华景观的主要标志；陈瑛（2005）从流量经济学的角度，认为CBD是城市人流、物流、资金流、信息流等经济流高度集中的地区，各种经济流利用地处城市中心部位的有利区位，进行物质和能量的充分交换和优化组合，凝聚成中心商业和中央商务两大职能板块，共同组成城市中能级最高、最富活力的核心功能区。

随着全球化和信息化的发展，CBD日益被赋予新的内涵，城市生产空间结构也发生了很大变化，CBD的内涵日益向商务功能偏移。从全球生产网络角度考察，大都市区CBD应该位于城市经济的核心区域，是城市乃至区域经济的控制、管理和指挥中心，以产业价值高端包括管理控制、市场运营、金融服务、信息交流等为主，辅以高档商业功能，高档写字楼、高档酒店、高档商场、公寓、住宅等建筑实体较高密度地聚集，具有最繁华的城市景观和完善便捷的交通、通信等现代化基础设施和良好环境，便于开展大规模的商务活动等。CBD成为生产性服务业最密集、城市景观最繁华的地段和城市经济发展的“心脏”，对城市及区域经济发展的“血液”流动（即各种经济流）拥有绝对管理和控制功能，从而成为城市及区域经济发展的“发动机”（表6-3）。

表6-3　CBD的内涵与外部特征发展比较

比较因子	传统CBD	现代CBD	全球化时代CBD
地理位置	城市核心地区	城市黄金地带	经济发展核心区域
主要功能	商业服务中心及人口密集居住	金融、办公与商业	管理与金融、信息服务
基础设施	商业及娱乐设施为主	商务办公楼及购物中心	国际商务中心、E基础设施
主要参与者	城市普通市民	公司白领、商业服务与消费者	全球化高级经理人及相关人员
主要发展条件	城市交通枢纽、建筑群	土地利用、交通及服务设施	人才、信息、文化

由于区域经济和城市经济的高度发展，发达国家大都市区 CBD 以高度集聚的国际资本、人才、知识、技术等为特点，通过要素聚集而推动产业的集群和优势产业的形成，带动和促进相关产业的发展和升级。包括美国纽约、芝加哥、洛杉矶、日本新宿、巴黎拉德方斯、新加坡南岸区、法兰克福金融区、香港中环等，这些风格迥异的中央商务区都成为城市经济发展中的最重要力量。另外，高度发达的信息化是国际商务活动的技术保障，因此，发达的信息网络基础设施是全球城市 CBD 商务经营环境又一个突出特点。而一些常规办公活动扩散后所形成的集聚效应开始引导城市周边区域的某些地方逐步发展成为次级城市中心，商务和商业功能特点显著。在生产网络价值链区段表现方面与 CBD 地区功能存在一定阶层关系，承担了核心 CBD 的部分职能，空间组织上一般会呈现放射性特征，与 CBD 地区构成一个“CBD 系统”，因此，陈瑛（2005）称之为 Sub-CBD。Sub-CBD 产生的动力机制在于核心 CBD 的外部经济性和核心 CBD 功能外溢而形成的扩散性。

2. 工业区及高科技园区

关于经济产业区的最早研究要追溯到马歇尔 1896 年的著作《经济学原理》，马歇尔的“产业区”概念强调通过劳动分工的细化和生产力的提升来建立与外部的广泛联系，是一个“企业与区域体制”相结合的系统。技术的发展、产业的转型与模块化的生产和管理模式使生产网络价值区段的空间分解性成为可能，常规性的生产环节可以集聚于远郊工业园区乃至腹地区域，以较低的空间成本享受规模经济的好处。而大量技术型生产环节和研发工作则有着不同的区位喜好，它们在空间上以特定的形式集聚，如科技园区、技术区及高新技术开发区等。由此，工业区已经成为现代经济发展中研发、制造以及组装等价值区段最重要的空间集聚体。而在全球生产网络的快速拓展进程中，开发区已经成为新兴工业化国家和发展中国家城市和区域融入实现“网络镶嵌”和迎接全球生产网络“地方镶嵌”的融合点和最重要载体。

目前，城市工业区的类型多种多样，包括工业园区、保税区、出口加工区、高新技术开发区、科技园区等。但自 20 世纪 50 年代资本主义经济社会转型后，以高科技产业发展为主体的高科技园区和高新技术开发区逐渐成为工业区最具代表性的形式，其他类似的表述还有技术区、技术城、知识园区等，本书统一称之为科技园区。科技园区意味着高技术指向的科学园区，拥有包括高技术研发、高科技产品生产制造，甚至某些高科技企业的总部与相关生产性服务等功能。在高技术日益成为全球生产网络主导部分的今天，以高科技产业为主、从事高科技知识、信息、研发和生产制造的科技园区就成为主导区域经济发展的重要增长极，在目前许多发达国家甚至发展中国家的城市，都是以大学－高科技园区相结合的形式发展形成新的功能空间，并重新塑造着传统的区域和城市空间结构（图6-17）。另外，一些高科技企业总部也开始往中心城区及近郊办公园、新兴的科技园扩散，使得科技园区真正成为城市知识活动的新空间，引导城市空间结构产生质的变化。甄峰（2004）指出，科技园区在城市经济活动中起着先行、先导和衡量城市发展水平的标志性作用。随着知识经济的兴起和发展，科技园区未来会向信息园、知识园甚至知识城市、知识社会发展，成为21世纪世界经济发展的主要形式，从而成为推动大都市区空间结构不断变迁的重要引擎。

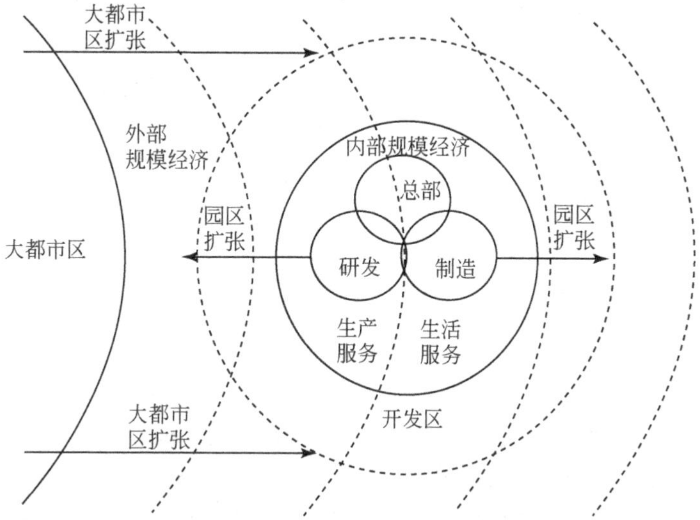

图6-17　开发区与大都市区的空间互动机制

注：箭头为空间拓展方向；虚线为虚拟空间范围；实线为实际空间范围

3. 国际物流中心

霍尔在1966年就指出世界城市必然拥有发达的国际海运或空运功能，国际航运枢纽也成为现代全球化经济中一些经济中心城市的重要空间功能特征。目前，世界主要国际航运中心城市包括伦敦、纽约、鹿特丹、新加坡、中国香港和上海等。从这些城市发展进程的特征看，发达腹地经济是成为国际航运中心的首要条件，无论是伦敦、纽约、鹿特丹等欧美国际航运中心的形成和发展，还是东京、新加坡、中国香港等亚太国际航运中心的崛起，都充分证明国际航运中心的形成离不开发达腹地经济的充沛物流的支持。从全球生产网络的角度分析，则是由于某些区域的生产制造已经实现全球资源的资源配置和市场销售，资源和产品大量进口和出口的贸易结构初步形成，发达的国际航运市场就此形成。与国际航运中心发展相应伴随的是有利于航运业发展的保税区、出口加工区、自由贸易区等各种特别经济区域以及大型物流仓储区等新的空间经济体发展。

随着全球产业经济的发展和转型，以知识和高技术为要素的产品逐渐成为全球贸易的重要对象，由于该类产品普遍体积小、重量少、价值高，同时对市场信息要求偏高，因此，航空港、信息港与国际航运中心都日益成为国际物流中心的重要部分。他们自身建设加之与核心城市之间密切的资本、货物和信息联系，推动区域基础设施，如高速公路、铁路、通信网络、信息网络等建设，引导和促进大都市区空间结构的重组。但这种大型国际物流中心的建设普遍离中心城区有一定距离，在生产、生活服务功能上难以共享中心城区的便利，因此随着物流中心的建设，其区域功能日益多元化且向城市功能区转化，由城市功能空间单元变成相对独立的大都市区空间单元，包括以郊区新城、卫星城以及边缘城市等形式存在。

4. 新城及卫星城

第二次世界大战以后，工业经济的快速发展刺激了城市化在西方国家的迅速兴起，国家的经济活动日益向城市特别是大城市集中，导致大城市规模迅速膨胀。城市空间不断向四周蔓延，带来了一系列的社会问题。各国政府不得不采取措施，通过在大城市周围兴建卫星城或新城来缓解大城市日益增长的压力，其中尤以新城（new town）为发展的重点。新城的概念更强调新兴城市的相对独立性，它基本上是一定区域范围中的中心城市，为其本身周围地区服务，并与中心城市发生相互作用，成为城镇体系的一个组成部分，对中心城市的人口以及涌入大城市的人口起到一定的疏解和截流作用。

从国外经验看，中心城市产业过度集聚、人口快速增长、交通拥挤、环境恶化等内部动力才是促使政府引导郊区化扩散、建设新城的主要原因。但在发展中国家，大都市区新城建设的全球化动力机制的特征明显，外商直接投资已经成为发展中国家新城发展的最重要动力。正是通过外资引导的城市产业升级与功能转变，才逐渐促进产业在郊区聚集新的资源并形成新的经济增长点，逐步成长为具有各种产业功能的新城。就新城建设置于全球生产网络的框架下考察，新城成为全球生产网络区域扩散后在大都市区郊区形成的重要节点。专业化经济效益促进了生产网络价值链区段的分解，出现生产制造环节的郊区扩散，而产业扩散的地点必然是区域自然地理状况、交通状况、人口状况、科技教育等具有明显优势的地方，同时具备良好的基础设施和人文社会条件及政府制度支持。在这样的基础上利用新城区的区位、环境和政策优势，尽快培育支柱产业，塑造地方经济新的增长点。同时，全球生产网络价值区段扩散保持动态发展的趋势，持续由低端向高端发展，新城发展的动力开始由传统制造工业向新型技术工业和第三产业转变，商务中心、研发机构、高科技产业园区等新型经济功能空间大量出现，并在新城的空间布局中占据主导地位。新城与中心城之间及新城之间的功能合作日益强化，从而成为大都市区发展与空间组织重构的重要力量。

总之，基于劳动分工形成的新的产业空间（或被赋予新的功能的城市经济空间）的发展，对全球生产网络框架组织下的大都市区的空间结构有着重要的意义。一方面，不同类型的新产业空间的发育可以促进大都市区空间结构的变迁和多中心格局的形成，而全球生产网络框架下实现的区域功能整合在面对全球竞争压力时对大都市区各功能主体都提出了更高要求，从而为大都市区空间成长单元提供了动力支持而塑造其空间结构；另一方面，新的产业空间利用大都市区作为发展平台，而大都市区又通过新产业空间来衔接全球化和本地化这种双向力量。其中地方政府和企业寄希望于网络镶嵌，扩张资源利用与商品销售的市场，实现自身在全球生产网络中地位的提升，而全球生产网络也会通过大都市区作为区域组织的原始节点，不断谋求与本地化的结合。在这种双向作用过程中，全球生产网络实现了“空间中的生产”及“空间的生产”。

第五节　小　　结

本章主要内容是从全球生产网络到大都市区生产空间结构理论的架构。区域空间结构从来都是区域社会经济发展的空间投影，新的社会经济发展条件下区域空间结构在新的社会经济要素的组织下表现出与以往不同的特征。

本章首先对新的全球化和信息化条件下的区域空间组织进行分析，包括基于网络观点下不同的区域功能空间。其次，从传统区域空间结构理论入手，从宏观的分工、规模经济与规模不经济、创新理论及空间扩散理论，到微观的城市土地利用模式，都被借用进行全球生产网络空间作用机制的解释，最终把价值链分解、空间分配与集聚等特性纳入大都市区生产空间组织的研究范畴中。从全球生产网络构成要素到大都市区生产空间结构组成要素的对应关系，形成了大都市区生产结构的一般模式，最终实现本章的研究目的：从全球生产网络框架到大都市区生产空间组织的理论架构。在区域空间结构分析中，包括多重尺度的视角：全球城市体系、全球城市、全球城市区域，最终落实到一个典型的大都市区模型。其中全球生产网络和价值链理论解释贯穿于全部理论分析中。

第七章

嵌入全球生产网络的地方生产空间组织

——上海大都市区及长江三角洲的案例

长江三角洲地区，包括上海市，江苏省的苏州、无锡、常州、南京、镇江、扬州、泰州和南通 8 市和浙江省的杭州、嘉兴、湖州、宁波、绍兴、舟山和台州等 7 市，区域面积超过 10 万 km^2，总人口 8000 万左右，分别占全国的 1% 和 6%。

长江三角洲地区自古以来就是一个人缘相亲、地缘相邻、文化相近、经济相融的区域发展经济体。该地区有着悠久的历史文化，加上水系发达、土地丰饶，历来就是中国最富庶的地区之一。近代以来，长江三角洲地区以上海为核心城市的区域开始成为中国民族资本主义兴起与发展的基地，上海则成为远东地区最大的经济中心城市。新中国成立到改革开放前期，受当时环境的限制，长江三角洲的发展受到较大约束。1980 年以后，改革开放的政策使该区域的经济发展能量迅速释放，苏南模式的乡镇企业与浙江模式的民营企业都得到快速发展，区域经济实力快速增强。20 世纪 90 年代浦东开放以后，随着政策的引导、外资的强势进入和区域交通通信条件的改善，长江三角洲各城市之间的联系更加紧密，区域经济整体竞争力显著提升。

进入 21 世纪后，经济全球化和中国加入世界贸易组织为长江三角洲区域的经济发展提供了新的时代背景，外商直接投资和对外贸易加速发展使得长江三角洲处于一个为构筑更高竞争平台而激烈重组的时期。新的区域发展动力正日益改写长江三角洲地区的经济地图，同时也改写了长江三角洲地区各城市之间的经济关系，并加速整个区域城市化发展的进程，塑造新的区域生产空间结构和模式。因此，选择长江三角洲地区作为全球生产网络组织下区域经济发展与空间结构变迁的研究区，具有较强针对性和前瞻性。

本章基于全球生产网络到大都市区生产空间组织的分析框架，从内、外作用力角度考察长江三角洲大都市区域空间结构重构的进程和作用机制，关注全球经济重构中新产业的空间扩散、地方嵌入以及形成的地方化响应。首先，就作为全球生产网络中重要节点城市的上海进行案例分析，分析其城市经济发展与空间布局的演变，验证先前提出的大都市区生产空间结构组织模式。其次，就全球生产网络地方镶嵌后所形成的长江三角洲区域的经济发展进行探讨，分析大都市区域各节点城市基于价值链分工的网络关系。再次，以开发区发展为分析重点，探讨开发区作为全球生产网络地方镶嵌和地方网络镶嵌发展的共同载体，在区域经济发展中的重要地位。同时，将开发区视为长江三角洲地区外资与地方政府内、外力作用的直接交锋空间，分析对城市空间结构的影响。最后，重新解构全球生产网络影响下的大都市区及大都市区域生产空间组织，并提出相应的发展战略。

第一节　全球城市建构中的上海大都市区生产空间组织

在地方生产网络中，重要节点城市的空间集聚与扩散作用往往影响着整个生产网络的发展和联系程度，其经济发展和产业结构转型及其在区域经济发展中的地位都成为城市地理学、经济地理学研究的重要领域和内容。全球化推动制造业和服务业空间组织的重构，全球生产网络中价值链环节空间配置的集中性在区域层次体现为制造业和低级服务业向中、小城镇的扩散发展，管理、研发与营销等生产性服务业向重要的大城市集聚，区域中某些重点城市成为重要节点。宁越敏（1998）指出，北京和上海集中了跨国公司在华设立的绝大多数投资性公司和跨国银行分支机构，使跨国公司在华投资开始出现管理与生产分离的等级结构，这有利于较高级别城市的发展，对于中国城市等级体系的再构有重要意义。本节主要选择上海大都市区进行实证考察，揭示作为全球生产网络的重要节点，其产业结构和作为大都市区生产空间结构的变迁。

一、上海城市经济增长与结构转变考察

作为区域的核心城市，上海的发展一直对整个长江三角洲地区具有重要的带动作用，这尤其表现在第三产业和高端制造业的快速发展方面。改革开放以来，上海经济一直呈现快速增长的趋势，就图 7-1 所示的对不同曲线的斜率情况考察，在 20 世纪 90 年代初期，浦东开发开放将上海推向一个新的快速发展轨道。到 1992 年，上海城市经济总量首次突破了 1000 亿元，在 2006 年则突破了 10 000 亿元；工业产值在 2008 年突破 6000 亿元，第三产业产值则在 2008 年突破 7000 亿元。2008 年，上海市实现 GDP 13 698.2 亿元，较上年增长 9.7%，连续 17 年保持近两位数增长，占整个长江三角洲地区经济总量的比例为 25.4%，其中第三

产业占长江三角洲地区的比例更高达31.5%。与1992年中国共产党第十四次全国代表大会提出的“一个龙头、三个中心”的发展战略对应，上海在长江三角洲地区经济发展过程中充分发挥龙头作用。与此同时，上海的人均GDP也从1992年的1000美元左右跃居至2008年的近10000美元。

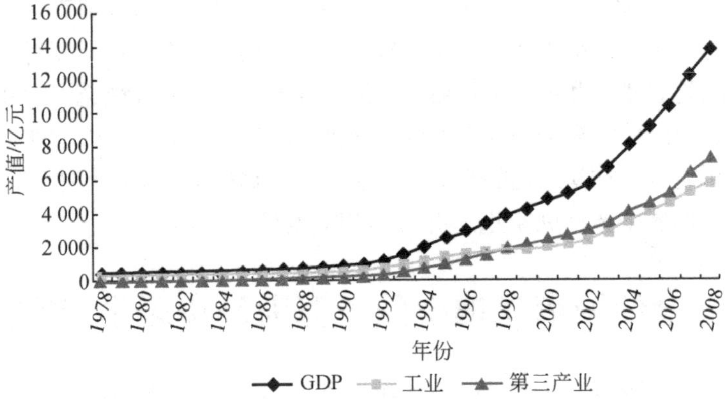

图7-1 改革开放以来上海的经济增长趋势

资料来源：上海市统计局，2009

改革开放以后，上海城市的社会经济发生了巨大变化，这不仅体现在规模方面，而且体现在城市经济产业结构的变迁方面。作为一个大都市，第一产业在上海社会经济发展中一直不具重要影响，其产业结构的变迁主要体现在第二、第三产业比例的变化上（图7-2）。1992年邓小平南巡讲话之后，随着中国共产党第十四次全国代表大会“一个龙头、三个中心”目标的确立，工业在上海城市经济中的地位逐步呈现下降趋势，1999年工业增加值占城市总产出的比例首次低于第三产业的比例，并持续至今。这突出显示了进入20世纪90年代以来，围绕

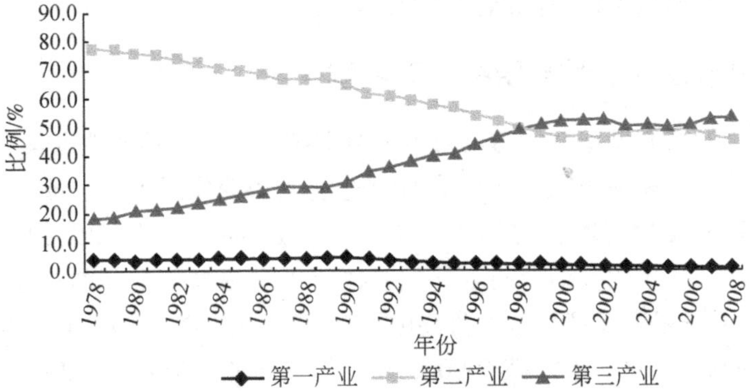

图7-2 改革开放以来上海市历年三次产业GDP比例考察

资料来源：上海市统计局，2009

浦东的开发和开放，整个长江三角洲以上海为龙头实现了区域经济发展的快速融合，上海作为区域管理和服务中心的地位逐步确立，金融业、信息服务、对外贸易及高等级商业快速发展。同时，上海自身工业发展不断实现高端化，一些高技术及资本密集型制造行业迅速成长，汽车产业、电子信息产业、精细化工、成套设备等在上海工业制造业行业中占据主导地位。

就制造业内部考察。上海作为我国最大的工业基地，长期以来一直以普通机械、纺织、冶金、化工等行业为主要部门。从20世纪80年代中期以后，开始通过引进外资和国外先进技术等方式，逐步进行工业结构调整，其中汽车、电子通信设备、钢铁、石油化工等被确定为支柱工业，但纺织业仍是当时最大的工业行业，其产值占全部工业总产值的比例为18.6%，机械、冶金分别为11.9%和11.2%。通过十多年的工业调整，到1995年后，冶金及钢铁、汽车、机械等成为主导行业部门，而电子、通信设备行业亦有一定发展，其中冶金行业成为第一支柱工业，其产值占全部工业产值比例的15.9%；交通设备为第二支柱行业，其产值占全部工业产值比例的11.2%；机械类行业退居为第三支柱行业，占全部工业产值比例的8.8%；纺织业下降至第四位，占全部工业产值比例的7.7%。进入21世纪后，新一轮外资的引进刺激上海工业行业结构再次实现较大调整，其中电子通信设备、汽车、通用设备制造、化学、电气机械等成为最重要的工业行业部门（表7-1），电子通信设备成为第一支柱行业，占全部工业产值的比例为21.0%，交通设备仍然占第二位，但比例下降为10.2%，纺织业已经退出支柱行业之列。

表7-1 1984年、1995年、2006年上海支柱工业结构变化

1984年			1995年			2006年		
行业	产值/亿元	比例/%	行业	产值/亿元	比例/%	行业	产值/亿元	比例/%
纺织	138.6	18.6	冶金	741.5	15.9	电子、通信设备	5266.68	21.0
机械	88.3	11.9	交通设备	522.8	11.2	交通设备	2571.72	10.2
冶金	83.3	11.2	机械	411.0	8.8	通用设备	2216.53	8.8
化学	52.9	7.1	纺织	361.1	7.7	化学	1862.19	7.4
电气机械	40.3	5.4	化学	300.8	6.4	电气机械	1740.58	6.9
电子、通信设备	38.8	5.2	电气机械	315.0	6.8	冶金	1638.97	6.5
—	—	—	电子、通信设备	284.2	5.9	—	—	—

注：支柱工业为占全市规模以上工业总产值5%以上的行业。

资料来源：上海市统计局，1989，1996，2009

2007 年上海规模以上工业总产值 25 121.19 亿元，其中轻工业总产值 5455.87 亿元，占规模以上工业总产值的 21.7%；重工业总产值 19 665.32 亿元，占规模以上工业总产值的 78.3%。在制造业行业中，先进制造业保持平稳较快增长。全年电子信息产品制造业、汽车制造业、石油化工及精细化工制造业、精品钢材制造业、成套设备制造业、生物医药制造业等六个重点发展工业行业完成工业总产值 15 664.26 亿元，占全市规模以上工业总产值的 64.2%。其中以电子及通信设备制造业、电子计算机及办公设备制造业为主的高技术产业快速增长，全年完成工业总产值 6041.98 亿元，占全市规模以上工业总产值的 24.8%；其他如汽车制造、成套设备、生物医药、精品钢、石油化工及精细化工等都为高技术资本密集型行业，充分显示出上海制造业高端化发展的态势。

长期以来，商业流通行业等传统部门一直是上海第三产业发展的主要行业。1980 年，交通运输邮电通信仓储业、批发零售餐饮业占第三产业产值比例高达 71.6%。20 世纪 90 年代以后，跨国公司投资的增长使得金融保险、证券、房地产以及信息咨询等新兴部门取得快速发展，上海第三产业内部结构发生了较大变化。1992 年开始，金融保险业的增加值超过批发零售餐饮业，与交通运输邮电通信仓储业共同成为第三产业的三大支柱行业。2001 年中国加入世界贸易组织和 2005 年底我国金融业的对外开放，都使得上海国际金融中心建设前景看好。2009 年国务院正式批文，提出到 2020 年将上海基本建成与我国经济实力和人民币国际地位相适应的国际金融中心、具有全球航运资源配置能力的国际航运中心。2007 年，上海金融产业实现增加值 1442.6 亿元，成为第三产业内部第一大行业；传统的批发和零售业尽管规模不断增长，但在上海第三产业中所占的比例呈现下降趋势，从 1980 年的 48.1% 下降到 2008 年的 17.2%；交通运输、仓储和邮政业占第三产业产值的比例亦下降较大，但其规模平稳发展且在区域经济发展中的作用日益突出。2007 年上海港货物吞吐量达到 5.82 亿 t，连续四年居全球首位；港口集装箱吞吐量达到 2800.6 万国际标准箱，位居全球第二位，成为上海乃至整个长江三角洲地区对外经济联系的最重要桥头堡；房地产业同样表现突出，这得益于 90 年代中期的房地产市场改革发展。例如，在 1990 时候房地产业占第三产业产值比例仅为 1.56%，到 1996 年则为 9.96%，2007 年时达到 10.2%，增长势头极为迅猛。通过比较金融业、房地产业以及信息传输、计算机和软件服务业，租赁和商务服务业等生产性服务业的快速发展以及传统批发零售业、交通运输邮电通信仓储业在第三产业中比例的下降，亦可以发现上海第三产业层次的提升（表 7-2）。

表 7-2　上海第三产业主要行业结构的阶段变化　（单位：%）

行业	1980 年	1990 年	2002 年	2006 年	2007 年
第三产业	100	100	100	100	100
交通运输邮电通信仓储业	23.5	25.9	13.9	12.8	10.5
批发零售餐饮业	48.1	21.5	19.2	17.7	20.6
金融保险业	11.9	29.5	19.7	15.7	19.6
房地产业	0.55	1.6	13.6	13.1	10.2
科研和综合技术服务业	3.69	4.4	2.6	4.5	4.4

资料来源：上海统计局，1997，1999，2003，2007，2008

二、上海外向型经济发展及其结构分析

以上分析虽显示了上海城市经济随着全球化的浪潮而升级的趋势，但尚未更细致地刻画出全球生产网络在地方的镶嵌和扩散及其对地方经济的直接影响。由于跨国公司和国际流动资本是全球生产网络全球扩散的基本媒介，而外资和外贸在上海城市经济发展中的作用日益突出，因此，本节通过对上海外商直接投资和对外贸易发展的分析，进一步考察上海作为网络节点在融入全球生产网络之后自身经济地位和功能的变化。

1. 外商直接投资的增长：全球生产网络媒介的考察

从 20 世纪 70 年代末改革开放起至今，上海外商直接投资的增长大致经历了三个发展阶段。第一阶段从 80 年代初期至浦东开发开放前期的 1991 年，为上海外资增长的初期阶段。在该阶段外商直接投资一直在低位徘徊且增长速度较慢，政策制度的制约作用仍然较为显著。第二阶段从 1992 年浦东开发开放至 2001 年中国加入世界贸易组织前夕。该阶段上海经济的外向程度得到极大提升，但外商直接投资的增长略有波动，主要是 1997 年亚洲金融风暴的影响使得上海外商直接投资在 1997 年达到 47.08 亿美元之后连续三年低于 40 亿美元。第三个阶段是 2001 年中国加入世界贸易组织后至今，外商直接投资再次实现加速增长，2002 年总量突破 50 亿美元的大关，2004 年和 2006 年又相继迈过 60 亿美元和 70 亿美元的大关，2008 年首次突破 100 亿美元（图 7-3）的大关。

从上海的外商直接投资领域考察，2000 年之前以投资制造业为主。之后发生了较大变化，外商直接投资的主要领域转移到第三产业（图 7-4）。2000 年，工业领域的外商直接投资占全部外商直接投资总量的 62.8%，第三产业仅占 36.3%；2003 年外商直接投资在第三产业的比例开始超越制造业领域，达到 57%，2008 年更是高达 67.8%。投资领域的变化反映了跨国公司对上海投资偏

好的变化，第三产业为主的投资结构亦体现出上海在全球生产网络中的价值链提升的态势。同时，结合近些年周边地区和城市制造业外资快速增长的局面，可以看出跨国公司已将上海视为区域的管理核心城市。2002～2008年末，在上海落户的跨国公司地区总部、投资性公司、外资研发中心及经营性外资金融机构的数量均飞速增长。例如，地区总部从16家增长到244家，经营性外资金融机构从54家增长到131家（表7-3）。跨国公司投资领域新的选择和发展引导上海产业经济新的发展，促进上海作为全球生产网络重要节点的地位的强化，并重构城市生产空间结构。

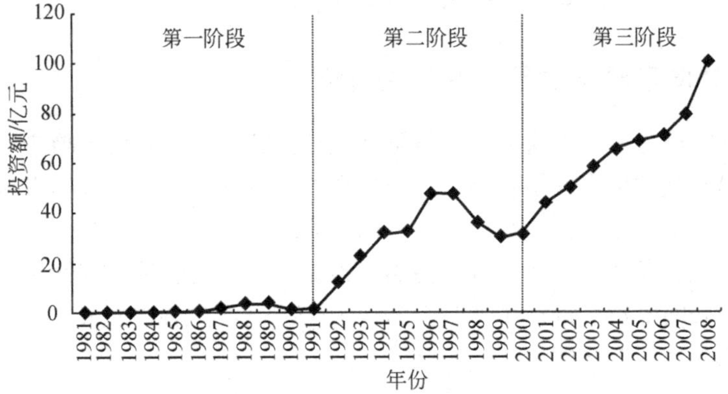

图7-3　20世纪80年代初期至今上海外商直接投资的增长

资料来源：上海市统计局，1980～2009

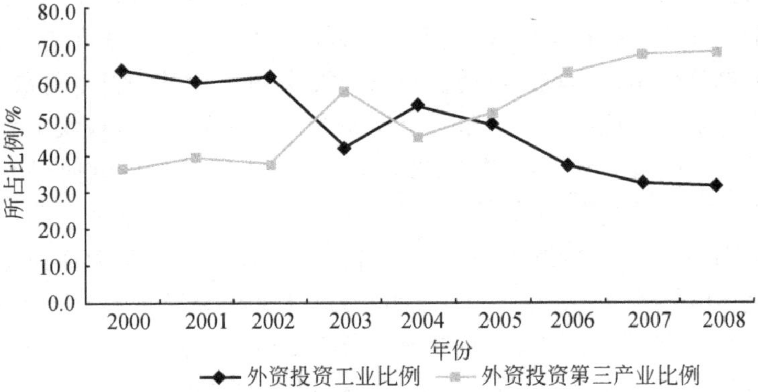

图7-4　2000年以来上海外商直接投资第二、第三产业比例发展变化

资料来源：上海市统计局，2000～2009

表 7-3　2002～2008 年上海跨国公司机构数量的增长　（单位：家）

日期	跨国公司地区总部	跨国公司投资性公司	跨国公司 R&D 中心	经营性外资金融机构
2002 年 12 月	16	—	—	54
2003 年 12 月	56	90	106	89
2004 年 12 月	86	105	140	113
2005 年 12 月	124	130	170	123
2006 年 12 月	154	150	196	105
2007 年 12 月	184	165	244	131
2008 年 12 月	224	178	274	165

资料来源：上海市统计局，2002～2009 年上海市国民经济和社会发展统计公报

2. 对外贸易的发展与层次：全球生产网络产出地位的考察

随着跨国公司在上海投资的不断增长，上海的工业规模不断扩大且外向型程度不断提高，上海进出口贸易也有快速的发展，这充分显示出上海经济尤其是制造业作为全球生产网络价值链环节融入全球生产体系的发展程度。20 世纪 80 年代改革开放初期，上海的对外贸易处于较低水平，1980 年进出口总额只有 45.1 亿美元，到 1990 年仅增长至 74.3 亿美元。浦东开发、开放为跨国资本的进入提供了机遇，也为上海对外贸易的发展插上腾飞的翅膀。中国加入世界贸易组织进一步刺激了上海对外贸易的发展。2003 年，进出口总额首次突破 1000 亿美元；2004 年一年进出口总额就增长了 60%，达到 1600.26 亿美元；2008 年较 2004 年翻了一番，高达 3221.38 亿美元，为 1980 年进出口贸易总额的 71.4 倍。图 7-5

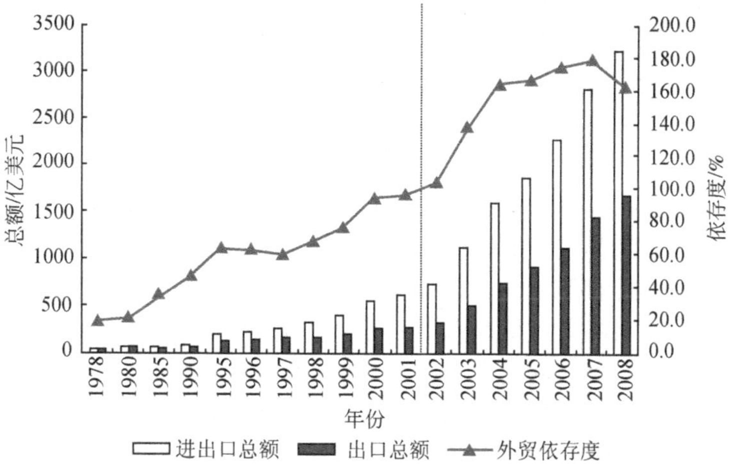

图 7-5　1978 年以来上海对外贸易的发展及外贸依存度

资料来源：1978～2007 年数据源自《上海统计年鉴》（1997～2008），2008 年数据源自《2008 年上海国民经济和社会发展统计公报》

充分反映出上海对外贸易快速增长的势头。

上海对外贸易依存度上升的趋势亦相当明显，可以分为两个阶段，大致以2001年末中国加入世界贸易组织为时间分界点，2002年之前低于100%的阶段和2002年之后高于100%的阶段，到2008年上海对外贸易依存度已经高达163.3%。近些年上海进出口贸易的陡升势头与上海新一轮外资进入浪潮具有一定吻合性，显示出跨国公司对于上海对外贸易发展的推动作用。2002年，外商投资企业出口占上海全部外贸出口的比例为59.8%，近些年保持在70%左右的比例。就贸易方式考察，上海摆脱改革开放初期一般贸易独大的单一格局，转为一般贸易和加工贸易同步增长的态势，再而形成目前以加工贸易为主的方式。2008年一般贸易完成出口642.16亿美元，占出口总额的37.9%；加工贸易出口917.99亿美元，占出口总额的54.2%，加工贸易已经成为主要出口形式，这些都显示出上海经济的发展与新一轮外资流动之间的紧密关系。

随着跨国公司投资层次的提升，出口产品结构也形成了向高端化发展的态势，对比1997年和2007年上海主要产品的进出口结构，可以反映出上海参与国际劳动分工层次的变化，即全球生产网络中地位的变化（表7-4）。1997～2007年，上海工业制成品的出口呈现增长的势头，占出口总量的比例从94.4%上升到97.8%。更为重要的是，在工业制成品出口中，劳动密集型的服装及衣着附件业，纺纱、织物制成品及有关产品的出口比例从1997年的49.2%下降到2007年的10.9%，钢铁、化学品的出口比例也在下降；而属于技术密集型和资金密集型行业的机械及运输设备业产品出口从22.9%上升到60.6%，增加了37.7个百分点。实际上，上海在20世纪90年代初期其出口产品仍以轻纺等劳动密集型产品为主（宁越敏，1991），而近年来高新技术产品和机电产品逐渐成为出口的主力军。2004年，高新技术产品出口288.68亿美元，占出口总额的39.3%，机电产品出口478.55亿美元，比例达到65.1%①；2008年高新技术产品出口713.08亿美元，占全市外贸出口总额的比例42.1%；机电产品出口1185.15亿美元，占全市外贸出口总额的比例70.0%。出口结构的日益优化充分说明了上海参与国际劳动分工层次的上升及在全球生产网络中的价值链升级。但总体上，跨国公司是在全球范围组织生产，将空间视为一种生产资料来实现生产工序的空间分离，中国因庞大的市场和低廉的生产成本成为世界产业转移的焦点地区，这也是上海经济发展所无法回避的社会历史环境。

① 高新技术产品和机电产品彼此之间存在着高度的重叠性，因此两者比例加合超过100%。

表 7-4 1997 年和 2007 年上海市主要产品出口结构变化 （单位：%）

产品	1997 年	2007 年	百分比的变化
初级产品	5.6	2.2	-3.4
工业制成品	94.4	97.8	3.4
服装及衣着附件	35.5	7.8	-27.7
纺纱、织物制成品及有关产品	13.7	2.9	-10.8
机械及运输设备	22.9	59.3	36.4
化学品	5.5	4.9	-0.6
钢铁	7.5	3.6	-3.9

资料来源：上海市统计局，1999，2008

由于机电产品已成为上海对外贸易发展的支柱力量，通过对机电产品贸易结构的分析，可以进一步深入分析上海对外贸易的水平及揭示上海参与国际劳动分工的地位。2004 年上海市 8 类重点出口商品全年累计出口 269.36 亿元，占全市机电产品出口的比例为56.3%。从产品类别看，信息技术产品成为机电产品出口主力军，自动数据处理设备（以个人电脑为主）及零部件、集成电路及微电子组件、电视收音机及无线电信设备零部件分列前三位；无绳（移动）电话出口额也达到13.12 亿美元，列机电产品出口的第五位；另外，音视频产品的录放像机及零部件列第八位，出口额达 6.88 亿美元。综合上海市机电产品的进出口发展，可发现出口产品中自动数据处理设备（以个人电脑为主）及零部件居首位，进口产品中电子元器件即集成电路、印刷电路等信息技术产品的核心部件遥遥领先，其进口额远大于出口额（表 7-5）。其中，前者多为模块式产品的最终组装成品，其装配组装属于下游生产的终加工环节，需要大批非技术性的熟练劳动力，属于典型的劳动密集型工序，该类产品是上海出口贸易中份额最大的部分；而集成电路及其微电子组件、印刷电路都属于高技术产品内的核心技术产品，是计算机类产品和通信技术类产品的核心组件，属于价值链中的高增值环节。笔记本电脑的生产清楚地显示了上海在全球生产系统中的地位。2009 年上海出口5657.85 万台笔记本电脑，约占全球产量的 40%，出口额 320.34 亿美元①，但这些笔记本电脑是台湾厂商以 OEM 形式为戴尔、惠普等品牌厂商生产的，上海和周边地区只能是提供电脑的外部设备，而电脑所需核心芯片及软件操作系统均依赖进口，说明上海信息技术产品的生产过程仍然以劳动力密集型、知识含量较少的产品或产品生产环节为主。

① 笔记本电脑出口一枝独秀，2010-03-04，报讯在线国际商报，第 11 版。

表 7-5 2007 年上海市重点机电产品进出口情况表（单位：亿美元）

主要出口产品名称	出口额	主要进口产品名称	进口额
自动数据处理设备及零部件	351.21	集成电路	272.71
集成电路	90.75	自动数据处理设备及部件、零部件	101.19
汽车零部件	27.70	液晶显示板	34.25
船舶	21.88	通断电路及保护装置	32.70
机械提升搬运装卸设备及零件	21.37	计量检测分析自控仪器具	27.60
集装箱	17.49	汽车及零件（含关键件）	27.39
液晶显示板	14.75	飞机	25.06
电视、收音机及无线电通讯设备的零部件	9.26	印刷电路	16.85

资料来源：上海对外经济贸易年鉴编委会，2008

因此，尽管1990年以来上海的对外贸易结构发生了巨大变化，工业制品尤其是机电类产品逐渐成为对外贸易的主要产品，反映了上海参与国际劳动分工地位的提升。但如果在产品内分工框架下分析上海机电产品的出口构成，它们或属于技术成熟的产品，或属于高科技产品生产链中劳动力较密集的部分。以2007年上海重点机电产品进出口的情况考察，在电子信息产业范围内自动数据处理设备及零部件为主要出口产品，而作为核心高技术部件的集成电路、液晶显示板以及其他零部件仍是主要进口产品。因此可以判断，外资的大量进驻和出口产品结构的转型并没有真正改变上海制造业在国际劳动分工中处于低端环节的地位。

三、基于分工的城市就业人口空间组织

阿隆索认为，不同的预算约束使各个土地使用者对同一区位的经济评估不一致，亦即不同土地使用者愿意承受不同的城市土地租金，由此奠定了经典土地模型所塑造的城市空间结构。阿隆索的经典土地模型是基于单中心城市的考察结果，郊区化发展改变了传统单中心城市的空间结构，双中心乃至多中心成为当前许多大城市空间结构的主要特点，但阿隆索土地模型从中心到边缘的模式依然在发挥作用。通过考察不同行业在城市不同空间区段的布局，更可以考察城市的空间结构和组织模式。在此主要根据2004年上海市经济普查的行业就业人口数据，从各区县就业人口发展的区位商角度结合各区县总量比例问题，综合考察上海城市经济空间组织的模式。

1. 区位商法基本原理

区位商法是由经济学家 J. M. Mattila 和 W. R. Thompson 首先提出的。它的基本原理是首先假定全国行业的部门结构是满足全国人口需要的结构，各个城市都

有类似的结构。当城市除满足本身需要外还可向外部提供其剩余的产品或劳务时，即存在基本活动，大于全国比例的差额即该部门基本活动部分，把各个部门和全国平均比例的正差额累加，就是城市总的基本部分。区位商法的数学表达式为

$$L_i = \frac{\frac{e_i}{e_t}}{\frac{E_i}{E_t}},\ i = 1,\ 2,\ 3,\ \cdots,\ n$$

式中：e_i 为某城市中 i 部门职工人数；e_t 为城市中总职工人数；E_i 为全国 i 部门职工数；E_t 为全国总职工数；L_i 为区位商，其中，L_i 大于1 的部门为具有基本活动的部门。从区位商的数学表达式可以看出，区位商表达的仅仅是一个比率，它可以反映出一个城市的基本活动和非基本活动，但当我们要考虑一个城市在区域中的作用时，仅从区位商的角度考虑是不够的，这主要是因为区位商并没有考虑城市规模的因素。在一个区域中，一个小城市某部门的区位商可以比一个大城市大，但它在区域中所起的作用却不可能比大城市大，所以在具体评价时必须结合规模的作用。

2. 基于区位商法分析的上海就业人口空间分布

阿隆索的经典城市土地利用模式是基于办公业、制造业、住宅业以及农业的“四分法”行业分类展开的研究，根据上海市 2004 年经济普查基本行业分类，将金融业、房地产业、租赁和商务服务业、卫生社会保障和社会福利业、公共管理和社会组织归为生产性和社会性服务业；批发和零售业、住宿和餐饮业、文化体育和娱乐业、科学研究技术服务和地质勘查业、信息传输计算机服务和软件业，被归为生活性和技术性服务业；制造业、交通运输仓储和邮政业等归为制造及物流服务；最后则为农业区。

（1）生产性和社会性服务业就业人口分析。生产性和社会性服务业在中心城区尤其是核心区表现出高度的空间集聚性（表 7-6）。第一层次是中心城核心区的黄埔、卢湾和静安，5 个行业的区位商都超过 1.0。例如，金融业区位商，黄埔、卢湾和静安三区分别为 4.6、3.5 和 5.0。核心三区 5 个行业就业人口在全市也都有较高比例，总和大约在 20% 以上，其中金融业比例更高，达到 44.5%，加上浦东新区陆家嘴的金融业部分，更是高达 90% 以上，充分显示出金融业及其他生产性和社会性服务业在上海城市中心城区核心地区的高度集聚。第二层次为中心城区的外缘六区，除金融业外，行业区位商值都为 1.0 左右，处于核心区与郊区的中间层次。郊区则处于第三层次，行业区位商值多小于 1.0。

表 7-6　生产性和社会性服务业就业人口分区县区位商、比例考察

地区	金融业	房地产业	租赁和商务服务业	卫生社会保障和社会福利业	公共管理和社会组织
浦东新区	3. 2/47. 4%	1. 1/15. 86%	0. 9/13. 61%	0. 6/9. 16%	0. 8/11. 38%
黄浦区	4. 6/21. 6%	1. 9/9. 04%	1. 7/7. 73%	1. 5/7. 22%	1. 8/8. 27%
卢湾区	3. 5/8. 6%	2. 0/4. 75%	2. 2/5. 33%	2. 1/5. 12%	1. 3/3. 20%
静安区	5. 0/14. 3%	2. 4/7. 03%	2. 3/6. 53%	2. 2/6. 31%	2. 4/7. 02%
徐汇区	0. 4/2. 6%	1. 4/9. 79%	1. 3/9. 34%	1. 8/12. 68%	0. 9/6. 17%
长宁区	0. 1/0. 5%	2. 0/8. 66%	1. 5/6. 64%	1. 3/5. 77%	1. 0/4. 31%
普陀区	0. 1/0. 5%	1. 5/6. 46%	0. 7/3. 12%	0. 9/3. 79%	1. 1/4. 67%
闸北区	0. 1/0. 2%	1. 3/4. 14%	0. 9/2. 82%	1. 4/4. 53%	1. 3/3. 99%
虹口区	0. 4/2. 1%	1. 1/5. 48%	0. 7/3. 31%	1. 3/6. 65%	0. 8/4. 06%
杨浦区	0. 0/0. 0%	1. 1/4. 23%	0. 6/2. 32%	1. 7/6. 49%	1. 1/4. 18%
闵行区	0. 0/0. 2%	0. 8/5. 95%	0. 7/5. 37%	0. 6/4. 82%	0. 8/5. 95%
宝山区	0. 0/0. 2%	0. 6/3. 64%	1. 4/7. 99%	0. 8/4. 69%	0. 9/5. 24%
嘉定区	0. 0/0. 3%	0. 3/2. 13%	1. 0/7. 39%	0. 4/3. 03%	0. 5/4. 10%
金山区	0. 1/0. 2%	0. 4/1. 45	0. 6/2. 05%	0. 8/2. 84%	1. 1/3. 94%
松江区	0. 0/0. 2%	0. 5/3. 47%	0. 6/3. 89%	0. 5/3. 56%	0. 7/4. 51%
青浦区	0. 0/0. 2%	0. 6/3. 48%	1. 0/6. 09%	0. 5/2. 70%	1. 1/6. 32%
南汇区	0. 1/0. 2%	0. 5/2. 24%	0. 8/3. 41%	0. 9/3. 93%	1. 2/5. 27%
奉贤区	0. 1/0. 2%	0. 4/1. 65%	0. 5/1. 88%	0. 9/3. 46%	0. 9/3. 55%
崇明区	0. 1/0. 2%	0. 3/0. 53%	0. 5/1. 00%	1. 6/3. 00%	1. 6/3. 11%

注：方格内以/分开的数字，前者为区县行业区位商，后者为行业就业人口占全市比例。

资料来源：上海市第一次经济普查领导小组办公室．上海市统计局，2004

但从行业就业人口占全市比例比较，房地产业在徐汇、长宁、普陀、虹口，还包括近郊浦东新区、闵行的行业总就业人口占全市比例都超过 5%，浦东新区的更是高达 15. 86%。另外，如近郊的闵行、宝山和嘉定区及青浦的租赁和商务服务业，闵行、宝山、青浦的公共管理和社会组织业都有一定发展，显示出生产性和社会性服务业在中心城区外缘区以及近郊区的扩散。这种扩散一方面在于行业特性，在社会性服务业中表现突出；另一方面则由于经济扩散引导为主，以生产性服务业为主并表现出强烈的空间扩散特征。

从总体考察，生产性服务业以及社会性服务业中心城区集聚性特征鲜明，但仍存在一定的跳跃性发展特征，而这种跳跃性的发展一般会出现在次级中心，转而强化次级中心的服务功能，这是城市多中心形成的生产空间结构表现，进而逐步向大都市区空间结构转型。

（2）生活性和技术性服务业就业人口分析。与生产性和社会性服务业行业相比，生活性和技术性服务业行业的空间扩散性特征更为明显（表7-7）。表现为尽管中心区城区核心区的黄埔、卢湾和静安三区仍有较高的区位商值（多在1.5以上），但除住宿和餐饮业略高外，核心三区行业就业人口占全市总行业就业人口的比例之和显著降低。与之相比较，外缘区的徐汇、长宁、虹口、闸北、普陀以及杨浦六区与以上三区之间的差异显著缩小，尤其是徐汇、长宁和虹口三区在区位商和比例方面都表现出一定优势。例如，在信息传输计算机服务和软件业方面，徐汇、长宁和虹口三区都超过了核心三区占全市的比例，而且在区位商方面亦不逊于核心三区。同时，如近郊区闵行、宝山、嘉定及远郊松江、青浦等重点发展的区县在住宿和餐饮业、科学研究技术服务和地质勘查业等都获得了一定程度的发展。

表7-7 生活性和技术性服务业就业人口分区县区位商、比例考察

地区	批发和零售业	住宿和餐饮业	文化体育和娱乐业	科学研究技术服务和地质勘查业	信息传输计算机服务和软件业
浦东新区	0.7/10.70%	0.8/11.35%	0.4/6.28%	1.0/14.40%	1.3/19.18%
黄浦区	1.6/7.32%	2.0/9.20%	1.8/8.50%	1.6/7.41%	1.5/6.87%
卢湾区	1.4/3.30%	2.9/6.97%	2.9/7.07%	1.5/3.69%	1.6/3.85%
静安区	1.3/3.67%	2.2/6.30%	5.6/16.22%	1.6/4.56%	2.5/7.07%
徐汇区	1.2/8.44%	1.8/12.34%	2.5/17.84%	2.6/18.05%	2.0/13.70%
长宁区	1.9/8.20%	2.3/10.07%	1.5/6.58%	1.2/5.09%	1.9/8.22%
普陀区	1.5/6.73%	1.2/5.45%	0.8/3.68%	1.3/5.77%	1.4/6.30%
闸北区	1.3/4.24%	1.3/4.24%	0.8/2.64%	1.2/3.69%	0.9/2.73%
虹口区	1.1/5.22%	1.8/8.79%	0.9/4.46%	1.0/4.74%	2.5/12.12%
杨浦区	1.0/3.75%	0.9/3.43%	1.1/4.12%	1.9/7.49%	0.8/3.08%
闵行区	0.5/3.93%	0.6/4.62%	0.6/4.81%	0.6/4.77%	0.2/1.52%
宝山区	0.6/3.64%	0.6/3.49%	0.4/2.54%	0.4/2.34%	0.2/0.97%
嘉定区	1.1/8.23%	0.4/2.83%	0.3/2.43%	0.7/5.15%	0.6/4.83%
金山区	0.7/2.45%	0.5/1.72%	0.5/1.76%	0.6/2.26%	0.4/1.37%
松江区	1.2/8.10%	0.4/2.89%	0.5/3.13%	0.6/3.80%	0.5/3.10%
青浦区	1.2/6.84%	0.3/1.85%	0.8/4.37%	0.5/2.89%	0.6/3.61%
南汇区	0.6/2.69%	0.5/2.20%	0.4/1.77%	0.5/2.04%	0.1/0.64%
奉贤区	0.4/1.64%	0.4/1.64%	0.3/1.21%	0.3/1.26%	0.2/0.63%
崇明区	0.4/0.69%	0.3/0.59%	0.5/0.88%	0.3/0.53%	0.1/0.51%

注：方格内以/分开的数字，前者为区县行业区位商，后者为行业就业人口占全市比例。

资料来源：上海市第一次经济普查领导小组办公室，上海市统计局，2004

就行业考察，住宿和餐饮业空间布局表现出较为均质性的特点，而批发和零售业、信息传输计算机及服务和软件业则表现出在某些区县集聚的特点。例如，批发和零售业在浦东新区、徐汇区、长宁区、嘉定区、松江区等集中布局，信息传输计算机及服务和软件业在浦东新区、徐汇区、长宁区、虹口区集聚等。这些都显示出生活性和技术性服务业在空间扩散方面表现出更大的活动性，同时在空间转移方面表现为多种扩散方式的共存，如周边扩散、跳跃扩散及相互关联的点轴扩散等。科学研究技术服务和地质勘查业也出现集聚特点，主要布局在外缘区的徐汇区以及浦东新区的外环以内部分。

（3）制造及物流服务类就业人口分析。中心城区各区尽管通过城市工业区改造实现了工业郊区化发展，但由于统计方面的原因，其在制造及物流物业类行业中依然占据一定的比例，其区位商值显著偏小。而郊区各区县中制造及物流物业的区位商都大于1.0，成为上海市制造类行业重点载体的特征已经较为鲜明，其占全市制造业就业人口的比例高达85%。

其中，近郊区的浦东新区、闵行、嘉定及远郊区的松江、青浦以及南汇等区成为上海制造业最为集中的区县，在区位商方面都大于1.0，且占有较高比例；交通运输仓储和邮政业则显示出在中心城区外围和近郊某些区县集中的态势。其中外缘区的徐汇区、长宁区、虹口区、闸北以及近郊区浦东新区、宝山区成为全市交通运输仓储和邮政业最为集中的区县，除浦东新区外区位商普遍高于1.5，但浦东新区在比例方面占有较大优势，五区县行业就业人口占全市的比例高达70.10%。其中徐汇、长宁以及虹口为上海交通运输仓储物流业的传统发达区县，而浦东新区以及宝山区则是基于工业区及工业基地建设而发展起来的（表7-8）。

表7-8 制造及物流服务就业人口分区县区位商、比例考察

地区	制造业	交通运输仓储和邮政业	地区	制造业	交通运输仓储和邮政业
浦东新区	1.1/16.98%	0.8/12.45%	闵行区	1.7/12.77%	0.5/3.79%
黄浦区	0.2/0.95%	1.0/4.69%	宝山区	1.0/5.52%	1.8/10.34%
卢湾区	0.3/0.79%	0.3/0.76%	嘉定区	1.5/10.95%	0.3/2.61%
静安区	0.1/0.34%	0.8/2.33%	金山区	1.4/5.16%	0.2/0.79%
徐汇区	0.5/3.43%	1.8/12.68%	松江区	1.5/10.09%	0.2/1.34%
长宁区	0.3/1.10%	2.0/8.50%	青浦区	1.4/7.90%	0.1/0.43%
普陀区	0.6/2.60%	1.1/4.725	南汇区	1.6/6.82%	0.3/1.15%
闸北区	0.6/1.87%	1.9/6.00%	奉贤区	1.7/6.35%	0.4/1.42%
虹口区	0.2/1.15%	4.1/20.14%	崇明区	1.3/2.47%	0.4/0.86%
杨浦区	0.7/2.70%	1.3/5.03%			

注：方格内以/分开的数字，前者为区县行业区位商，后者为行业就业人口占全市比例。

资料来源：上海市第一次经济普查领导小组办公室，上海市统计局，2004

3. 基于特定行业就业人口比例与区位商空间分布的考察

在此以城市剖面图的形式，考察三大类行业中的典型行业：金融业、信息传输计算机及服务和软件业、制造业三个行业就业人口分布及其区位商特征。其中，城市剖面空间分配情况为：核心区三区位于横轴中央，黄浦江东侧浦东新区及周边区县位于横轴左侧，浦西郊区的区县位于横轴右侧，中心城区外缘六区北部三区紧靠浦东新区区位于横轴左侧，南部和西部三区则紧靠核心区三区位于横轴右侧。城市剖面的纵轴分别为区位商值和行业就业人口占全市行业总就业人口的比例。

首先考察金融业空间剖面图的情况，各区县就业人口占全市行业比例与区位商都呈现近正态分布的倒“U”形曲线（图 7-6）。尽管两条曲线并非完全拟合，但共同特征是核心区都为最高端，两端迅速降低，说明金融业在中心城区高度集聚。这与大都市区生产组织模型关于价值链高端环节占据城市中央商务区的论断完全吻合。其次就城市空间剖面考察，与核心区近邻的虹口区和徐汇区两区的金融业较更边远区县仍有一定优势，这也验证了地理临近性对于城市经济扩散的重要性。而郊区区县行业就业人口和区位商两项指标都较中心城区有较大差距。

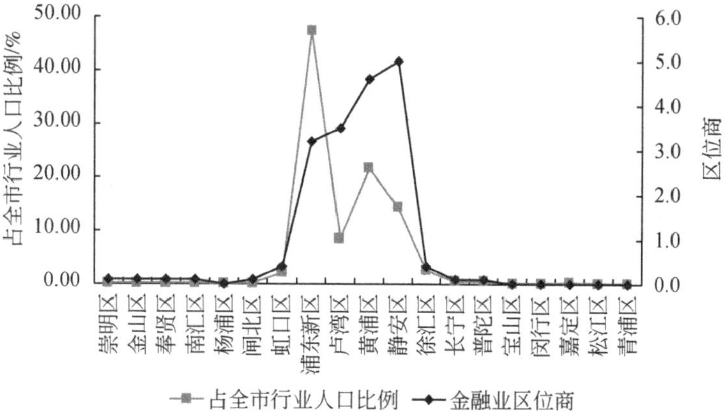

图 7-6 金融业各区县占全市行业人口比例与区位商空间剖面分布

就信息传输计算机及服务和软件业的空间剖面图而言，两条曲线都在整体形状上都表现为近似“M”形曲线的更复杂的空间特征（图 7-7）。最高值出现于横轴中心位置的两侧区位。例如，区位商包括虹口区、静安区以及徐汇区、长宁区四区都处于最高端部分，而横轴中心位置的浦东新区、卢湾区以及黄浦区则位于中端环节。如果是从区县行业就业人口占全市行业总就业人口的比例考察，则最高端出现于浦东新区和徐汇区，形成了“M”形曲线的两个高端，这与其张江、漕河泾两个高新技术园区的发展密切相关。就两端考察则表现为非对称特征，浦西的嘉定、松江、青浦较浦东郊区区县有更好的发展，这同样得益于浦西郊区区县发达的郊区工业区建设。

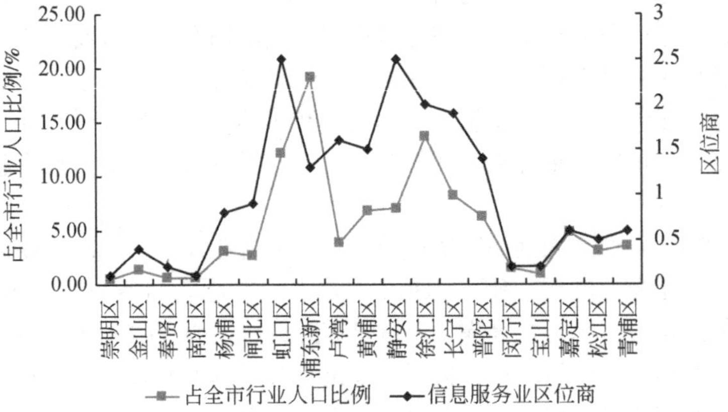

图 7-7 信息服务业各区县占全市行业人口比例与区位商空间剖面分布

就制造业空间剖面图（图 7-8）而言，两条曲线都表现为更复杂的特征曲线。由于浦东地区的影响，又类似于“W”形曲线。横轴中心位置成为最低端的位置，并在向两端延伸的过程中不断上升，但浦东地区成为横轴中心位置区县的“异类”，制造业区位商值大于 1。在横轴中心位置左侧，除崇明县和金山区外曲线基本保持上升的趋势；在横轴中心位置右侧，则出现上升到最高值后又下降至一个稳定且具较高水平值的态势，表现为制造业在近郊区形成一个高度集聚空间，但远郊区县中较高的制造业就业人口比例和区位商仍反映出其较高的制造业发展水平。

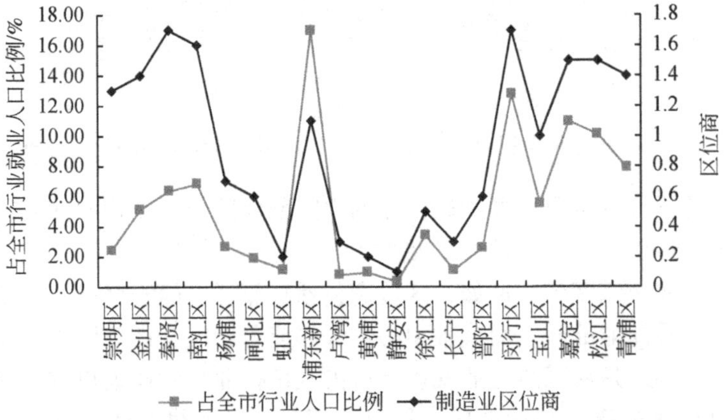

图 7-8 制造业各区县占全市行业人口比例与区位商空间剖面分布

四、基于全球生产网络的城市生产空间结构

以上研究结果显示，上海生产空间结构在宏观层面上显示出与阿隆索经典土地模型较为拟合的特点，但经济全球化力量又使得在微观层面上略有差别。忽略产业分类带来的影响，上海生产空间结构存在以下特点。①高层次生产性服务业集聚于中心城区的核心三区及浦东陆家嘴附近地区，对应阿隆索土地模型的办公业区域，与西方大都市区目前存在的办公业城市外迁的格局不尽相同，体现上海大都市区的办公业尚处于集聚发展阶段。②生活性和技术性服务行业在外缘区的扩散特征明显，特别是虹口、徐汇和长宁三区。根据与中心城区核心区的距离分析，虹口和长宁存在融入核心区的趋势，而徐汇则存在成为城市副中心的发展态势。但总体上，外缘区仍然以生活性服务行业为主，同时技术研发与服务等功能在该区域及近郊区的浦东新区发展较快。③制造业主要以郊区为空间发展载体，包括近郊区和远郊区，这与上海各级工业区的布局存在密切关系，如浦东新区的国家级金桥、外高桥开发区、闵行的国家级经济技术开发区、嘉定的松江和青浦的市级工业园区等。④农业区与阿隆索土地利用模型基本对应，存在于城市最外围的区域。上海城市生产空间结构单中心的特征仍在不断强化。

从全球生产网络要素与城市生产空间结构组成要素的对应角度考察，陆家嘴金融贸易区及其周围区域共同形成的中央商务区已经成为跨国公司区域总部和区域金融管理中心集中的地区，另外虹桥经济技术开发区及各类现代服务业集聚区同样具备此类功能，有可能打造未来上海后台办公业及中介、咨询、广告等生产性服务业集中发展的 Sub-CBD 地区；张江高新技术产业开发区、漕河泾新兴技术开发区以及紫竹科学园区等高新技术开发区则成为研发与高端产品生产最集中的城市生产空间，他们成为上海城市经济发展的“技术极”；其他类开发区包括外高桥经济技术开发区、闵行开发区、金桥开发区、松江开发区以及青浦开发区等则成为生产制造业企业最为集中的生产空间，各种 ODM 企业、OEM 企业多集聚于此，是上海现代制造业发展的最重要的空间载体；而浦东国际机场和上海港则成为上海同时也是长江三角洲地区作为世界工厂而与全球经济联系的物流中心，是接受世界各地物资和原材料以及将产品销往世界各地的最重要联系平台。同时，亦可考虑其他生产要素的供给，包括政策、信息、人才等。其中政策由于属于软平台操作，无固定空间予以承载，但考虑政府是政策的主要发行者，政府一般会位于城市的核心地区；信息处理一般位于信息通信网络最发达的高科技商务园区；人才的提供可以与大学城相联系，大学城作为全球生产网络人才要素的提供载体，无疑又是重塑上海郊区与中心城区各功能区联系以及城市空间组织的重要影响力量。

从分工、空间成本、政府力量三个方面，可对基于地方生产网络的生产空间结构进行较为清楚的解释。

（1）城市及区域经济在全球生产网络中的地位。一方面体现为上海生产制造业对生产服务业的需求与日俱增；另一方面，城市经济在生产网络价值链中的低端地位，制约了上海生产服务业的进一步发展。随着上海和整个长江三角洲地区在全球生产网络中地位的提升以及跨国公司服务业领域的投资日益兴盛，未来上海生产服务业的发展前景看好。

（2）商务成本的杠杆调节作用。阿隆索土地模型认为，不同类型的生产服务业依靠土地租金调节来决定其具体的区位。从当今社会经济发展的实质来看，商务成本概念更能概括其作用实质，导致高价值生产能力的金融保险业高度集中在核心城区；强调面对面的人际交流和有创意的广告和公关业、顾问咨询业等在核心城区集聚；与生产制造业密切相关的运输物流业较其他行业更倾向于向边缘城区扩散。此外，拥有良好的城市文化底蕴和氛围。例如，静安、徐汇、长宁都受到生产服务业企业的青睐。便利的交通和基础设施条件也对空间成本有着重要的影响。例如，浦东新区和长宁区因邻近机场而能够吸引外资入驻。

（3）地方制度与政策影响。中央和地方政府的相关制度和引导政策对于企业的影响十分显著。例如，浦东开发开放划定的国家级陆家嘴金融贸易区，吸引目前一半以上的金融保险业外资集聚在浦东。而制造业的发展则更多地集聚在郊区工业园区、工业基地，投资方向则与工业园区的功能定位相适应，如紫竹园区的高科技企业研发与制造、嘉定的汽车工业、张江的微电子工业、金山的石化工业。

第二节　全球生产网络中浮现的长江三角洲大都市区域

就整个长江三角洲地区基于价值链的劳动空间分工而言，除上海为区域的核心城市外，杭州和南京等次级中心城市同样处于全球生产网络地方子网络中的价值链的较高端。宏观层面主要表现为产业结构由生产行业逐渐向服务行业转型，特别是向商务金融、信息处理、指挥控制、文化产业等生产性服务行业领域的转型显著；在制造业领域，外商直接投资开始转向技术资本密集型的行业。在微观层面，跨国总司总部及生产性服务企业位于区域核心城市而生产制造部门布局于更广泛的区域层面，这在长江三角洲地区亦表现明显。与此同时，周边城市大型企业基于区域核心城市良好的商务环境而进入跨区域发展阶段，营销、管理、信息和研发中心移至上海、杭州和南京等核心城市并将加工中心留在原地，在核心城市与区域其他城市之间构建起垂直的区域分工体系；苏州、无锡、宁波等城市外商直接投资也逐步转向高技术和资本密集型制造业，表现为以电子信息、通信设备制造业为代表的高新技术产业迅速崛起，主导产业的优化升级和转移扩张已经成为长江三角洲地区新的经济增长点。其他一些城市则相对处于较低端，但以外资为载体的生产网络扩张趋势仍然刺激了这些城市的快速发展，使其逐渐成为区域生产空间结构变动的重要节点。这种区域经济发展层级性主要体现在外商直接投资、对外贸易以及区域生产总值、产业结构等方面，外资及其空间扩散则成为重要的决定力量。同时，区域基础设施包括交通运输网络、信息通信网络等成为区域空间结构的重要骨架，是区域内部及区域之间各种“流”相互作用得以传递的通道。由此塑造了整个区域以地方生产网络的形式参与全球城市竞争的发展态势，表现为全球城市－区域的空间组织模式。

一、长江三角洲区域经济发展空间层级体系

1. 区域城市外向型经济发展与比较

近些年来，长江三角洲地区的外向型经济进入快速发展的阶段。首先从外商直接投资总量看，已经从1997年的116亿美元增长到2008年的415.5亿美元，年均增长率高达12.3%。其次，从地区外商直接投资总量占全国比例看，基本处于稳步上升的趋势，从1997年占全国的1/4上升到2008年的1/2，外商直接投资在区域经济发展进程中的重要性日益突出（图7-9）。

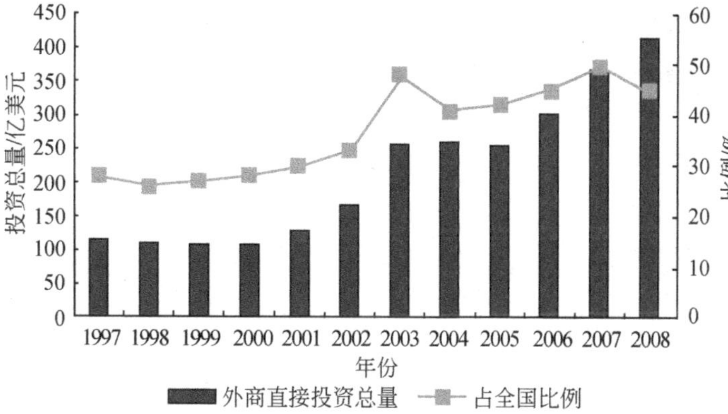

图7-9　1997～2008年长江三角洲地区外商直接投资总量及占全国比例

资料来源：国家统计信息中心，2009；中国统计局，2008年以及《2008年国民经济和社会发展统计公报》

就区域内部外商直接投资的发展看，上海和苏州成为长江三角洲地区吸引外资最多的两个城市，2008年分别为100.84亿美元和81.33亿元，遥遥领先于其他城市，成为长江三角洲区域吸引外商直接投资的第一层次，体现出全球生产网

络较强的地方镶嵌性以及区域经济对外资的强路径依赖性；第二层次为外商直接投资总量超过20亿美元的南京、无锡、南通、杭州、宁波和常州6个城市，其中南京、无锡、杭州和宁波一直以来都是外资最青睐的投资地，而南通、常州则是近些年长江三角洲地区外商直接投资的新热点城市；第三个层次则为外商直接投资总量少于20亿美元的扬州、镇江、泰州、嘉兴、湖州、绍兴、台州以及舟山等市，其中扬州、镇江、泰州、嘉兴为该层次中较为领先的城市，外商直接投资总量超过10亿美元，其他城市则都少于10亿美元，其中舟山仅为0.8亿美元。就外资依存度即外商直接投资占全社会固定资产投资总量的比例考察，苏州处于最高水平，达到23.67%，反映了苏州城市经济发展对全球生产网络的较高依赖度；其次为上海，达到15.87%，南通、杭州、无锡、镇江、扬州、湖州、宁波、常州、嘉兴等也都超过10%；泰州、南京、台州、绍兴、舟山等城市外资依存度都在10%以下，它们多为长江三角洲地区的外缘城市，距离上海普遍偏远，也验证了上海作为区域资本尤其是外资扩散核心的地位（表7-9）。

表7-9 2008年长江三角洲各城市外向型经济发展指标考察

城市	进出口总额/亿美元	外贸依存度/%	实际利用外商直接投资金额/亿美元	外资依存度/%
上海市	3221.38	178.73	100.84	15.87
南京市	405.92	81.72	22.61	7.98
无锡市	560.28	96.35	31.67	12.82
常州市	176.29	60.84	20.40	10.71
苏州市	2284.99	258.80	81.33	23.67
南通市	166.83	50.51	29.37	14.83
扬州市	61.80	29.85	15.10	12.08
镇江市	74.62	40.27	12.02	12.71
泰州市	63.42	34.57	10.50	8.86
杭州市	480.66	76.40	33.12	12.83
宁波市	678.40	130.06	25.17	11.07
嘉兴市	198.33	83.03	13.60	10.27
湖州市	55.88	41.04	8.02	11.60
绍兴市	238.27	81.46	7.72	6.42
舟山市	60.53	93.84	1.59	3.54
台州市	138.11	53.41	2.39	2.39

注：外贸依存度和外资依存度以人民币对美元汇率为7.6∶1计算。

资料来源：国际统计信息中心，2009

跨国公司在长江三角洲地区的投资以制造业为主，是长三角成为“世界工厂”的重要决定因素，这决定了整个区域生产功能在全球生产网络中的制造组装价值链地位。就2008年长江三角洲地区分城市对外贸易情况考察，第一层次为上海和苏州，成为区域“领头羊”，分别以3221.38亿美元和2284.99亿美元位列前两位，这两个城市的外贸进出口依存度即外进出口贸易总额占国内生产总值的比例在长三角也是最高的，分别达到258.8%和178.83%；第二层次主要为进出口总额超过300亿美元的南京、无锡、杭州和宁波，四城市在外贸依存度方面也都处于较高的水平，宁波和无锡分别为130.06%和96.35%，而杭州和南京也分别达到76.40%和81.72%，反映出城市经济发展的强烈外向型特征；第三层次为超过100亿美元的常州、南通、嘉兴、绍兴及台州五市，其中前四个城市是外商直接投资指标考察层次体系中第二层次和第三层次的领先者，而台州在外商直接投资方面则处于较落后的地位，因此其对外贸易进出口的支撑企业以国内企业为主；第四层次为少于100亿美元的扬州、镇江、泰州、湖州、舟山5个城市，外贸依存度普遍较低（舟山除外）。

2. 区域外资的动态空间扩散

从20世纪90年代初开始，外资成为长江三角洲各城市经济发展的重要推动力，外商直接投资总量逐年快速增加。作为长江三角洲地区的核心城市，上海1997年吸收的外商直接投资占到长江三角洲外商直接投资总量的41.5%，上海与周边城市在经济、文化、信息等各方面的交流成为本地区城市紧密联系并形成大都市区－区域的最重要的动力源。随后几年，上海对外辐射逐步加强，临近上海的苏州、无锡两市率先受益，作为区域副中心的南京和杭州以及宁波也成为外资的重要转移基地。到2000年，上海外商直接投资额占长江三角洲外商直接投资总量的比例已经降为29.9%，2008年更是仅为24.3%。

进入21世纪后，外资在整个长江三角洲地区的布局处于更加均匀化的状态。就长江三角洲地区北翼（江苏省部分）考察，占整个区域总量的比例表现出一定浮沉的特点。但分城市考察，一些小城市如南通、扬州、昆山、吴江等凭借低廉的商务成本和灵活的招商引资措施吸引了大量外资，经济也开始迅猛增长。在该阶段，不仅上海是辐射中心，苏州、无锡、南京等城市也成为二级辐射中心（图7-10）。1997年苏州吸收外商直接投资占长江三角洲地区外商直接投资总量的21.1%，2000年时猛增到27.3%，到2004年该数据降低为25.8%，2008年则为19.6%；无锡在1997年吸收外商直接投资占长江三角洲地区的比例达到10.3%，到2000年仍为10.3%，但到2008年时则降为7.6%。一些小城市吸收外商直接投资占长江三角洲地区的总量比例上升非常明显。例如，南通、扬州、泰州等都有较大提升，南通吸引外商直接投资占整个区域的比例从 1997 年的 5.3% 上升到 2008 年的 7.1%，扬州从 1997 年的 0.6% 上升到 2008 年的 3.6%，泰州从 1997 年的 0.8% 上升到 2008 年的 2.5%。外资向长江三角洲地区北翼中小城市的扩散现象十分明显，并通过资本尤其是外资的扩散带动劳动力、信息等生产要素的流动，促进了城市之间的联系。

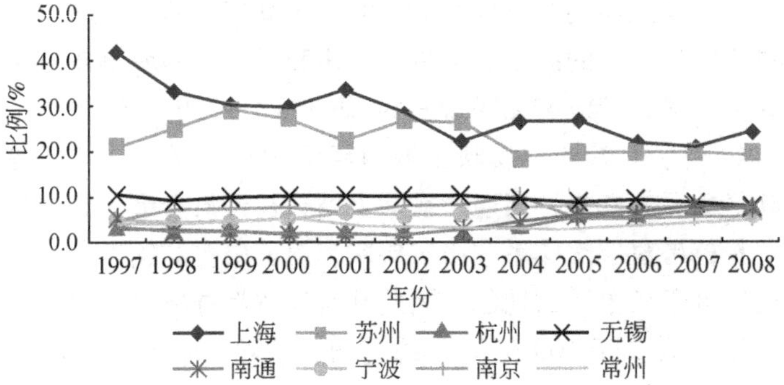

(a)

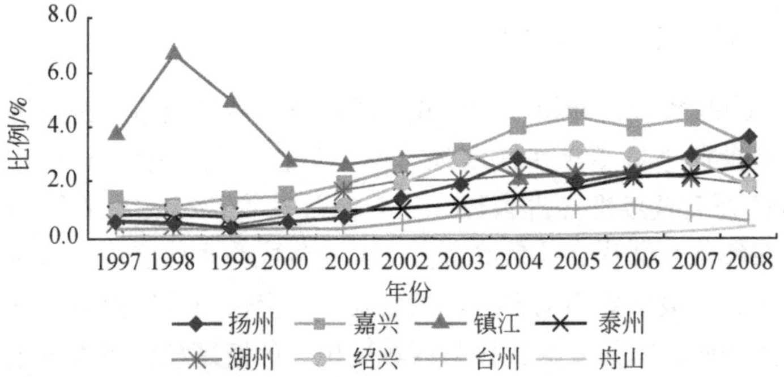

(b)

图 7-10 1997 ~ 2008 年长江三角洲 16 城市利用外资占区域比例变化

资料来源：国际统计信息中心，2009

值得注意的是，以杭州和宁波两市为代表的长江三角洲南翼地区，其吸引外商直接投资的总量在整个长江三角洲中的比例自 20 世纪 90 年代中期以来一直呈现稳步上升的势头，占整个长三角地区的比例从 1997 年 11.5% 上升到 2008 年的 22.1%。分城市考察，杭州从 1997 年的 3.6% 上升到 2008 年的 8.0%，宁波从 1997 年的 4.8% 上升到 2008 年的 6.1%，其他如嘉兴从 1997 年的 1.36% 上升到 2008 年的 3.3%，绍兴从 1997 年的 1.0% 上升到 2008 年的 1.9%，湖州从 1997 年的 0.5% 上升到 2008 年的 1.9%，舟山和泰州外商直接投资的区域比例也都有一定增长，充分显示出南翼地区在发展外向型经济方面的巨大潜力。

3. 区域城市发展综合实力比较

就2008年区域经济发展的各项指标考察，经济总量方面上海仍处绝对“龙头”地位，其余城市及其所管辖的70多个县（市）与上海经济联系密切，并以上海为中心形成区域经济发展水平的4个层次。第一层次为区域总产总值超过10 000亿元的上海。第二层次包括生产总值超3000亿元的杭州、宁波、苏州、无锡、南京，其中苏州实现生产总值6700亿元，杭州也已经突破了4000亿元大关。这些数据显示，随着区域产业的转移和升级，除杭州和南京两个省会城市外，苏州、无锡和宁波3个城市也日益成为区域重要的节点城市。第三层次为区域生产总值在1500亿元以上的绍兴、嘉兴、台州、南通、常州、扬州。其中常州一直以来都是长江三角洲地区重要的城市，但近些年来由于在外向型经济方面发展的落伍，在区域经济中的地位有所下降；而南通则相对表现出较强的经济发展活力。第四层次是区域生产总值低于1500亿元的镇江、泰州、湖州和舟山，其区位的劣势以及城市规模偏小使得这几个城市在全球力量主导下的区域发展中动力相对不足（表7-10）。

表7-10 2008年长江三角洲分地区社会经济发展概况

城市	生产总值		第二产业增加值		第三产业增加值		三次产业比例	规模以上工业产值	
	绝对值/亿元	比例/%	绝对值/亿元	比例/%	绝对值/亿元	比例/%		绝对值/亿元	比例/%
杭州	4 781.2	11.0	2 389.4	9.0	2 213.1	13.8	3.7：50.0：46.3	9 332.2	12.3
宁波	3 964.1	10.1	2 196.7	10.0	1 600.0	11.0	4.2：55.4：40.4	8 891.8	12.7
嘉兴	1 815.3	10.7	1 085.3	10.5	624.5	12.5	5.8：59.8：34.4	3 839.4	16.3
湖州	1 034.9	10.6	593.6	10.7	358.7	11.8	8.0：57.4：34.6	2 138.5	22.1
绍兴	2 223.0	9.0	1 329.1	8.9	777.2	10.1	5.2：59.8：35.0	5 400.0	12.5
舟山	490.3	14.5	226.4	19.5	214.6	12.8	10.1：46.2：43.8	670.4	37.1
台州	1 965.3	9.6	1 037.5	8.3	794.3	12.4	6.8：52.8：40.4	3 060.9	13.2
南京	3 775.0	12.1	1 795.0	9.6	1 887.0	15.3	2.5：47.5：50.0	6 472.2	12.1
无锡	4 419.5	12.4	2 546.6	11.7	1 809.9	13.8	1.4：57.6：41.0	10 281.7	16.0
常州	2 203.2	12.4	1 297.5	12.1	836.4	13.7	3.1：58.9：38.0	5 200.1	22.6
苏州	6 710.3	13.0	4 156.4	12.0	2 436.0	15.5	1.8：61.9：36.3	18 630.1	15.3
南通	2 510.1	13.3	1 430.9	13.7	880.0	15.0	7.9：57.0：35.1	5 162.4	27.8
扬州	1 573.3	13.4	897.7	13.8	558.1	15.5	7.5：57.1：35.4	3 517.6	35.5
镇江	1 408.1	12.8	843.4	12.3	513.7	14.5	3.6：59.9：36.5	2 780.3	26.8
泰州	1 394.2	13.5	808.6	14.0	476.6	15.3	7.8：58.0：34.2	2 949.8	31.3
上海	13 698.2	9.7	6 235.9	8.2	7 350.4	11.3	0.8：45.5：53.7	24 405.0	8.0

资料来源：国际统计信息中心，2009

就规模以上工业总产值考察。第一个层面为上海和苏州两个城市，都超过了15 000 亿元，其中上海为 24 405 亿元，苏州为 18 630 亿元，充分显示出苏州作为区域仅次于上海的制造业重要节点城市的地位，而外资企业对于苏州工业发展的贡献较突出。第二个层面为超过 6000 亿元的杭州、宁波、南京与无锡 4 个城市，这 4 个城市同样是跨国公司资本集聚的重点城市，是区域工业发展的核心城市。第三个层面为超过 4000 亿元的绍兴、常州和南通 3 个城市，这 3 个城市都是紧邻区域核心城市的二级城市，由此可以看出经济扩散地理临近性的突出作用。第四个层面主要是规模以上工业总产值低于 4000 亿元的城市，包括嘉兴、湖州、舟山、台州、扬州、镇江、泰州 7 个城市，其中嘉兴在该层次处于较为领先的地位。从该层次城市区位比较可以看出，除嘉兴和湖州外其他都是区域外缘城市，核心 - 边缘理论模式的发展较为突出。

第三产业尤其是生产性服务业的高度发达代表着社会经济高度发展的阶段。就整个长江三角洲地区第三产业发展分城市考察，第一层次为上海，表现出一枝独秀的特征，2007 年第三产业产值为 7350.4 亿元，占城市经济的比例为 50% 以上，经济上的重要支配地位体现在生产性服务业的发展上，这使上海毫无疑问地成为长江三角洲地区最大的中心城市。第二层次发展的城市主要包括苏州、杭州、南京、无锡和宁波 5 个城市，其第三产业产值 2000 亿元左右，占城市经济总量的比例普遍超过 35%。其中苏州和杭州两市超过了 2000 亿元，其余 3 个城市都突破了 1500 亿元。第三层次为第三产业产值少于 1000 亿元的城市，占城市经济总量的比例普遍低于 35%，包括南通、常州、绍兴、嘉兴、泰州、湖州、舟山等。

二、长江三角洲区域产业及行业结构发展层次

区域产业结构在一定程度上反映了区域经济发展的层次，全球生产网络价值链的环节尽管不能被直接归结到不同产业的行业，但管理、研发和市场营销通常与金融、房地产、信息服务以及商业等行业联系紧密，表现为生产性服务业高度集聚和发展；生产制造层次则可通过制造业不同行业的发展进行衡量，虽然这属于产业间分工的层次，但不同制造业行业的发展仍然反映了不同城市的产业发展水平，如资本技术密集型制造类行业与劳动力密集型行业之分。因此，长江三角洲地区产业结构的升级从全球生产网络角度而言则是价值链升级和不同环节空间扩散的结果。

1. 区域产业结构发展层次比较

从改革开放后长江三角洲地区的产业变化特征看，第一产业产值在国内生产总值构成中的比例逐年降低，而第二产业和第三产业产值的比例不断上升。鉴于从 20 世纪 90 年代以来长江三角洲地区利用外资规模日益扩大，外资在全社会固

定资产投资中的比例一直保持较高水平，且90%以上的外资投入集中于第二产业和第三产业。因此，作为固定资产投资重要来源的外资投入方向是长江三角洲地区产业结构变迁的重要影响因素。同时，伴随资本流入的还有国外先进的生产技术和管理技术，这对于提升区域内利用外资产业的技术水平和生产效率也具有重要意义，间接促进了产业结构变化和产业内部的行业层次水平。

从产业结构看，2008年整个长江三角洲地区第二产业占地区生产总值的53.5%，工业化中期发展阶段的特征明显，但不同城市亦显示出不同的发展层次。由于第一产业在整个区域经济中已经占据较少比例，因此主要根据第二、第三产业在地区生产总值中的比例考察。第一个层次为第二产业、第三产业比例均超过45%的城市，包括区域核心城市的上海和次级核心的杭州、南京，已经初步进入了工业化发展的后期阶段，制造业表现出一定的高端性，同时第三产业的发展服务于整个区域经济，成为区域金融、管理以及营销的核心。第二个层次为第二产业占地区生产总值的比例高于45%而第三产业比例高于35%，苏州、无锡、常州、镇江、宁波、台州、舟山等城市都归为此类，反映出这些城市的社会经济未来将逐步进入第二、第三产业共同推动的发展阶段。其中舟山略有不同，其第三产业地区生产总值比例已经高达46.2%，但这主要建立在不发达的工业制造以及消费类和休闲类服务业相对发达的基础上，社会财富累积的工业化阶段发展不充分。第三个层次为第二产业比例高于45%而第三产业比例低于35%，包括南通、扬州、泰州、嘉兴、湖州、绍兴，反映出这些城市的社会经济发展处于工业化中期的阶段，以工业化推动自身发展仍然是这些城市的主要路径。第四个层次为第二产业比例低于45%而第三产业比例亦低于45%的城市，在长江三角洲地区不存在（图7-11）。

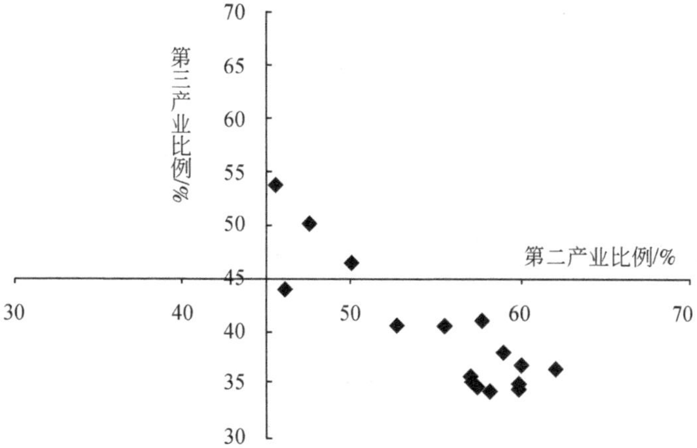

图7-11　长江三角洲地区16城市按第二、第三产业生产总值比例散点分布图

资料来源：国际统计信息中心，2009

纵观整个长江三角洲地区，尽管不少城市都提出了建设商务区、发展现代服务业的计划，但中、高端的生产服务业目前仍然主要集聚于上海，且具有明显辐射整个城市－区域的特点。其他城市的第三产业发展只具有地方性意义，高层次的需求仍必须依托上海，特别是在金融与保险服务、交通物流、科技教育等方面，与上海的关系仍以垂直分工为主。南京和杭州则为区域第二层级的核心城市。

2. 区域第三产业行业发展层次比较

就第三产业内部行业发展分析，本节选择了本区域经济实力较强的8个城市进行考察，对各城市第三产业中产值比例超过5%的行业进行列选（表7-11），以期得出一定区域发展与空间分布的规律。8个城市都以批发零售业、房地产业以及金融业、交通运输仓储及邮政业为主，传统商业流通业与现代生产性服务业保持均衡。但就各行业的发展规模及占第三产业的比例考察，区域城市表现出较大的差距性。

表7-11　2007年长江三角洲8个主要城市第三产业主导行业列表

城市	第三产业主导行业增加值及比例
上海	金融业（1209.1/18.9）、批发和零售业（1077.8/16.8）、房地产业（806.8/12.6）、交通运输仓储及邮政业（723.1/11.2）、信息传输计算机服务和软件服务（500.7/7.8）、租赁和商务服务（475.3/7.4）、教育业（364.5/5.7）
杭州	批发和零售业（402.3/21.4）、金融业（312.5/16.6）、房地产业（266.5/14.2）、教育业（153.2/8.1）、公共管理和社会组织（129.3/6.9）、交通运输仓储及邮政业（120.8/6.4）
宁波	批发和零售业（303.1/21.9）、金融业（230.4/16.6）、房地产业（182.1/13.2）、交通运输仓储及邮政业（153.0/11.1）、公共管理和社会组织（117.6/8.5）、教育业（89.1/6.4）、信息传输计算机服务和软件服务（67.7/4.9）
嘉兴	批发和零售业（138.8/25.8）、交通运输仓储及邮政业（68.3/12.7）、房地产业（62.3/11.6）、金融业（59.9/11.1）、公共管理和社会组织（38.2/7.1）、教育业（31.4/5.8）
南京	批发和零售业（366.0/23.0）、金融业（208.2/13.1）、交通运输仓储及邮政业（184.8/11.6）、房地产业（156.0/9.8）
苏州	批发和零售业（539.6/27.4）、金融业（224.1/11.4）、房地产业（221.2/11.2）、公共管理和社会组织（187.5/9.5）、信息传输计算机服务和软件服务（175.1/8.9）、教育业（131.8/6.7）、租赁和商务服务（108.9/5.5）、交通运输仓储及邮政业（105.0/5.3）
无锡	批发和零售业（567.4/36.7）、金融业（142.4/9.2）、房地产业（138.1/8.9）、交通运输仓储及邮政业（127.4/8.2）、公共管理和社会组织（122.6/7.9）、住宿和餐饮业（80.6/5.2）、租赁和商务服务（79.0/5.1）

续表

城市	第三产业主导行业增加值及比例
常州	批发和零售业（200.1/28.8）、金融业（81.9/11.8）、房地产业（68.3/9.8）、交通运输和仓储业（67.2/9.7）、公共管理和社会组织（55.4/8.0）、住宿和餐饮（45.3/6.5）、教育业（43.8/6.3）、居民服务和其他服务（35.3/5.1）

注：括号内以/分开的数字，前者为行业增加值，单位为亿元；后者为行业占第三产比例，单位为%。
资料来源：国际统计信息中心，2009

其中上海为第一层次。各类行业在规模上都遥遥领先于区域其他城市，传统商业流通业与生产性服务业发展较为均衡，以批发和零售业、交通运输仓储及邮政业为主的传统商业流通业占第三产业比例为28.0%，金融业和房地产业占第三产业比例则高达31.5%。租赁和商务服务、教育业的发展在区域中处于领先地位。

杭州、宁波、南京、苏州和无锡为第二层次，在行业规模方面落后上海较多。其中，杭州和宁波在传统商业流通业与现代生产性服务业发展方面有一定均衡性，需要指出的是，杭州在教育业方面、宁波在信息传输计算机服务和软件服务方面都有不俗的表现。但南京、苏州和无锡则在传统商业流通业方面占据绝对优势地位。例如，南京传统商业流通业占第三产业比例为34.6%，而金融业和房地产业占第三产业比例仅为22.9%。苏州批发和零售业占第三产业比例为27.4%，金融业和房地产业占第三产业比例仅为22.6%，苏州的信息传输计算机服务和软件服务业实现109亿元的增加值，尽管规模仍远远少于上海，但较区域内其他城市则遥遥领先。无锡批发零售业占第三产业比例为36.7%，金融业和房地产业占第三产业的比例仅为18.1%。

第三层次为嘉兴和常州，其行业规模较以上两个层次的城市落后较多，行业比例结构上也以传统商业流通业为主，生产性服务业也都有一定发展。

3. 区域制造业行业发展层次比较

为对长江三角洲地区各城市目前的制造业发展层次进行比较，在此主要选取2007年的数据对长江三角洲8个主要城市进行制造业内部行业结构的考察（表7-12）。根据计算结果，对长江三角洲8个主要城市的制造业支柱工业结构进行分析，显示出垂直-水平并重的分工格局。按照制造业主导产业发展层次可把8个城市分为四种类型。

表7-12 2007年长江三角洲8个主要城市制造业支柱行业比较

城市	制造业支柱行业
上海	通信设备、计算机及其他电子设备制造业（21.0%），交通运输设备制造业（10.2%），通用设备制造业（8.8%），化学原料及化学制品制造业（7.4%），黑色金属冶炼及压延加工业（6.5%），电气机械及器材制造业（6.9%）
杭州	纺织业（12.7%），通信设备、计算机及其他电子设备制造业（11.9%），电气机械及器材制造业（9.4%），交通运输设备制造业（8.8%），通用设备制造业（8.8%），化学纤维制造业（8.5%），化学原料及化学制品制造业（7.3%），电力、热力的生产和供应业（5.9%）
宁波	电气机械及器材制造业（10.9%），石油加工、炼焦及核燃料加工业（10.2%），通信设备、计算机及其他电子设备制造业（7.8%），通用设备制造业（7.6%），纺织业（6.1%），化学原料及化学制品制造业（6.1%），电力、热力的生产和供应业（6.1%），有色金属冶炼及压延加工业（5.9%），交通运输设备制造（5.0%）
嘉兴	纺织业（16.8%），电力、热力的生产和供应业（9.8%），化学纤维制造业（8.4%），皮革毛皮羽绒及其制品业（7.7%），纺织服装、鞋、帽制造业（7.2%），化学原料及化学制品制造业（6.4%），通用设备制造业（5.4%）
南京	通信设备、计算机及其他电子设备制造业（22.6%），化学原料及化学制品制造业（20.6%），黑色金属冶炼及压延加工业（9.8%），石油加工炼焦及核燃料加工业（8.9%），交通运输设备制造业（6.2%）
苏州	通信设备、计算机及其他电子设备制造业（31.2%），纺织业（8.7%），黑色金属冶炼及压延加工业（9.8%），电气机械及器材制造业（7.0%），化学原料及化学制品制造业（5.8%）
无锡	黑色金属冶炼及压延加工业（18.2%），通信设备、计算机及其他电子设备制造业（14.7%），电气机械及器材制造业（9.4%），纺织业（8.3%），化学原料及化学制品制造业（7.7%），通用设备制造业（5.4%），交通运输设备（5.4%），有色金属冶炼及压延加工业（5.3%），金属制品业（5.1%）
常州	黑色金属冶炼及压延加工业（14.3%），化学原料及化学制品制造业（13.1%），纺织业（8.9%），通用设备制造业（8.9%），电气机械及器材制造业（10.0%），通信设备、计算机及其他电子设备制造业（6.1%），有色金属冶炼及压延加工业（5.2%），专用设备制造业（5.2%）

注：括号内为占工业总产值比例。

资料来源：长江三角洲各城市统计局，2001，2008

第一类："电子、汽车和重化工类"，以上海为代表。目前上海以高科技的电子信息产业和高资本密集型的汽车、钢铁以及化工等行业为"领头羊"，服装、纺织工业等传统工业已经非常弱小，工业发展处于工业化后期的过渡时期。

第二类："电子和重化工类"，包括苏州、南京和无锡。苏州20世纪90年代以来电子工业已成为第一大工业行业，黑色金属冶炼业近些年发展迅猛，纺织工业规模逐渐萎缩但仍占据重要地位。无锡除钢铁制造业较为领先外，电子、纺织、机械、化工等均具有一定规模，发展较为均衡。南京电子信息设备制造及化学原料制造业列前两位，两个行业占工业总产值比例高达42.9%，其他行业稍逊。

第三类："制造业均衡发展类"，包括杭州、宁波、常州。这几个城市制造业行业发展比较均衡，但又各自表现出不同的特征。其中，杭州以电子、机械以及纺织类行业为主，宁波以化工和机械类为主，而常州以重化工、纺织和机械类制造行业为主。

第四类："轻纺类"，其代表是嘉兴。嘉兴工业以轻纺为主，纺织业、皮革业和服装业等均具有相当规模，轻纺类制造业占工业总产值的比例高达43.5%。

事实上，依据产品内分工原则，更能够反映地方生产网络的组织模式并反映出不同城市的功能分工关系。作为世界级电子信息产品的生产基地，一条清晰的电子信息产业生产链已经在长江三角洲初步形成：上海形成高水平的芯片设计、生产、封装、测试产业链，成为全国集成电路芯片产业的龙头，同时软件开发设计处于全国领先水平；苏州、无锡、常州三个城市发展成为信息产品的生产制造基地，其中苏州在半导体集成电路的研发方面也具备一定能力，同时成为内地产业链最完整和最具规模的集成电路产业基地，其他如液晶显示器研发和生产制造方面亦具备较强能力，而昆山成为全球笔记本电脑外设部件生产与组装的重要基地；无锡偏重通信和个人电脑相关零部件的生产；长江三角洲地区南翼的浙江省主要建立了通信产业的生产基地，杭州在通信产品领域如手机制造方面已成为世界级的基地；嘉兴则在光电产业方面有所突破，注重电信类电子基础元件和整机的生产；宁波则注重信息家电产品的零部件和整机生产。

三、跨国公司生产网络基于上海的区域拓展

随着跨国公司在华业务的不断扩大和激烈的市场竞争，生产管理和市场开拓的需求日显重要，设立地区总部以统筹公司在中国的各项业务成为重要策略。其中北京、上海这两个政治和经济核心城市凭借自身强大的政治和经济辐射力，成为跨国公司设立地区总部最为集中的城市，并以这两个城市为基地辐射全国。跨国公司地区总部与下属企业的关系大致可以分为以下几种类型。第一类为等级管理型：地区总部直接管理下属企业，以金融、零售等类型跨国公司为主，部分零售型跨国公司除设地区总部外，还设全球采购中心，如沃尔玛。第二类为网络管理型：以地区总部、研发中心、财务中心、地区甚至全球采购中心为一级，生产企业为另一级，形成在华投资、产品制造、研发、财务管理和

采购的更为复杂的生产网络关系。其中大部分跨国公司在中国的生产网络为其全球生产网络的子网络，个别跨国公司在华设立面向全球的研发中心或服务平台，使得中国在更高层次上融入跨国公司的全球生产网络。例如，通用电气、霍尼韦尔国际设在上海的研发中心均为面向全球的研发中心。又如，2005 年英特尔公司在上海成立英特尔渠道平台事业部，该事业部是英特尔全球性的五大事业部之一。

根据《2008 跨国公司中国报告》中“全球 500 强大公司及其在华投资企业概览”资料，表 7-13 整理列举了 26 个在上海设立地区总部的制造业跨国公司或综合型跨国公司在中国的企业（包括投资企业）空间分布。首先大多数跨国公司设立在上海的企业最多（个别企业如陶氏、普利司通、欧莱雅的生产企业主要设在江苏、浙江）。其次为同处长江三角洲的江苏、浙江两省，地域的邻近性是跨国公司选择生产区位时重要的考虑因素，并由此形成上海与周边地区功能的等级分工，构成区域经济和地方生产网络的一种新的联系模式。最后这些跨国公司设立在广东、北京、天津、辽宁、山东等省（直辖市）的企业数量也比较多，通过企业在中国的地方生产网络，促进了长江三角洲与其他两个城市群——珠江三角洲和环渤海湾之间的经济联系。以通用电气公司为例进行考察，其在中国共有 45 家分公司和控股公司。由于电气类产品的多元化及市场竞争的激烈性，通用电气在中国的生产布局呈现扩散与集聚并存的态势。沿海地区包括上海、江苏、浙江、广东、福建、北京和辽宁等为其主要布局省、直辖市，其中有 20 家布局于上海，江苏、浙江两省为 9 家，广东有 5 家，北京、辽宁各 4 家，福建有 3 家。就这些分公司以及控股公司功能考察，上海处于生产网络价值链的较高端，主要承担地区总部、研发中心及金融财务角色，同时包括部分生产功能。部分研发功能和金融财务分别分布于厦门和大连，数据交换和销售服务配置于北京和深圳，人员培训和维修服务配置于成都，而在更多的城市以生产和市场开拓为主，如番禺、东莞、厦门、无锡、常州、杭州、沈阳等（图 7-12、图 7-13）。

表 7-13　部分区域总部设于上海而制造业全国分布的跨国公司

公司	地区总部名	企业分布
埃克森美孚	埃克森美孚（中国）投资有限公司	上海（3）江浙（3）京津（3）广东（2）福建（2）
英国石油	碧辟（中国）投资有限公司	上海（5）江浙（9）京津（2）广东（14）福建（2）其他（3）
通用汽车	通用汽车（中国）投资有限公司	上海（6）北京（1）辽宁（1）其他（2）

续表

公司	地区总部名	企业分布
通用电气	通用电气（中国）有限公司	上海（20）江浙（9）广东（5）北京（4）辽宁（4）福建（3）
辉瑞	辉瑞投资有限公司	江浙（2）广东（1）辽宁（1）其他（1）
联合利华	联合利华（中国）有限公司	上海（7）北京（1）安徽（1）
陶氏化学	陶氏化学中国总部	上海（1）江浙（5）广东（4）其他（2）
三菱商事	三菱商事（中国）投资有限公司	上海（42）江浙（29）辽宁（13）山东（10）北京（7）广东（5）其他（16）
皇家飞利浦电子	飞利浦（中国）投资有限公司	上海（15）江浙（14）广东（4）北京（4）其他（4）
百事	百事（中国）投资有限公司	上海（4）北京（3）广东（6）天津（2）其他（8）
罗氏	罗氏（中国）有限公司	上海（6）无锡（1）
霍尼韦尔国际	霍尼韦尔亚太区总部暨研发中心霍尼韦尔（中国）有限公司	上海（8）北京（2）天津（2）江苏（2）广东（3）其他（2）
德尔福	德尔福汽车系统（中国）投资有限公司	上海（8）江苏（2）北京（3）其他（1）
普利司通	普利司通（中国）投资有限公司	上海（1）江苏（7）广东（6）辽宁（4）其他（3）
可口可乐	可口可乐（中国）投资有限公司	上海（2）北京（2）广东（6）其他（21）
3M	3M 中国有限公司	上海（7）广东（2）其他（2）
米其林	米其林中国总部	上海（3）辽宁（5）其他（4）
艾默生电气	艾默生电气（中国）投资有限公司	上海（9）北京（2）广东（10）江浙（3）天津（3）其他（5）
欧莱雅	欧莱雅（中国）有限公司	上海（1）江苏（3）
斯道拉恩索	斯道拉恩索亚太地区总部	江浙（2）其他（1）
惠而浦	惠而浦（中国）投资有限公司惠而浦亚太地区总部	上海（1）广东（2）北京（1）

续表

公司	地区总部名	企业分布
阿尔卡特	阿尔卡特（中国）投资有限公司	上海（10）江浙（3）北京（2）广东（2）其他（4）
理光	理光（中国）投资有限公司	上海（7）广东（5）北京（3）其他（3）
达能集团	达能亚太（上海）管理有限公司	上海（12）江浙（8）广东（8）北京（2）其他（2）
小松	小松（中国）投资有限公司	上海（2）江苏（3）
汉高	汉高亚太及中国总部	上海（3）广东（4）京津（2）其他（3）

注：括号内数字为投资企业数目。

资料来源：王志乐，2008

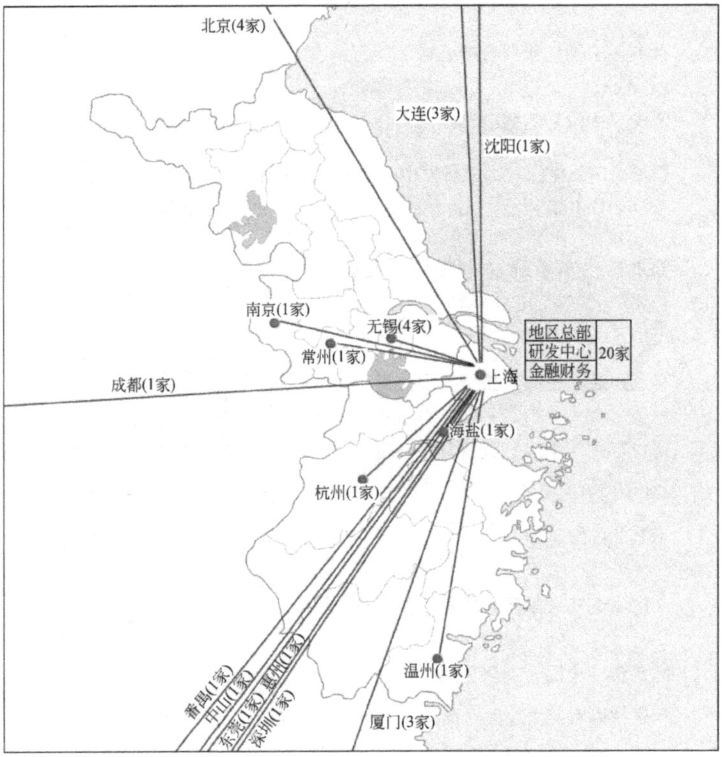

图 7-12　通用电气在中国的区域生产网络

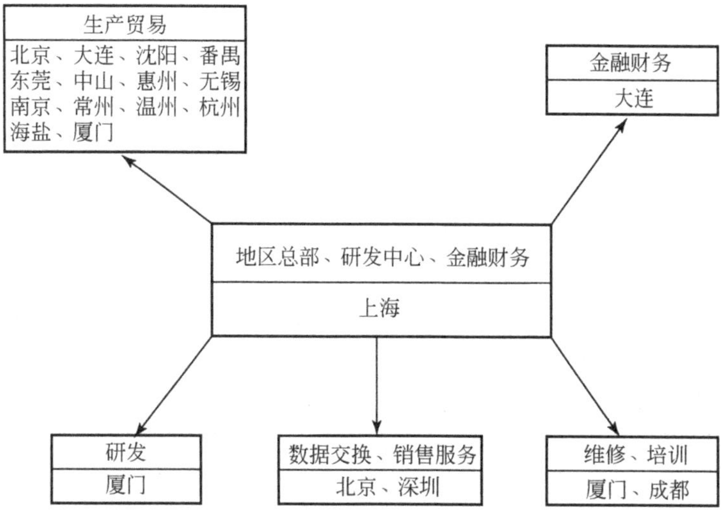

图 7-13 通用电气在中国的区域生产网络的功能构成

资料来源：王志乐，2008

进一步扩展到整个长江三角洲地区考察，从空间布局看，逐步形成“一个中心上海和两个副中心南京、杭州”的总部经济发展模式。2008 年，在上海落户的跨国公司地区总部达到 224 家，外资研发中心达到 274 家，外省企业亦大量进驻上海；杭州也较早提出了发展总部经济的战略，老城区已引入 150 多家国内、外公司总部，涉及商贸、旅游、制造等各个行业，企业总部效应已逐步显现出推动作用；南京也提出了“发展总部经济、吸引跨国公司建立研发中心和区域总部”战略，世界 500 强企业已有 100 多家在南京投资，使之具备了一定的总部经济发展优势。上海、南京以及杭州三个总部经济发达和资源密集的中心城市具备很多有利条件，如城市化水平较高、交通发达的区位优势、经济实力雄厚等。但更深层次的原因应该是置于全球生产网络条件下的考察，即这些城市与苏州、昆山、无锡、宁波、嘉兴等作为加工制造资源密集的腹地之间的“总部 - 加工基地”的区域功能分工与合作的模式密切相关。

刘君德等提出的“行政区经济”现象概括了中国区域经济存在的各种恶性竞争和市场分割等现象（刘君德，1996；刘君德，汪宇明，2000）。而这种基于跨国公司在中国的区域生产网络发展而形成的新的区域经济联系模式，注重以市场为导向同时符合地方的经济发展利益，成为冲破行政区经济的重要力量；同时能把中国及各个级别地方经济的发展同全球生产体系相联系，成为全球生产网络中的某个节点部分，这个节点的重要性由地方所从事的价值链功能环节决定。

四、长江三角洲区域交通联系发展分析

经过多年的建设，长江三角洲已初步形成以航空港和沿海港口为主要依托、以高速公路、轨道交通为主骨架、以干线航道为主通道的综合交通运输网络系统，在全国运输网络体系中占有重要地位。

首先从航空运输看，航空运输在区域国际联系中的地位日益重要，成为地方联系全球生产网络的重要枢纽。长江三角洲地区机场已经初步形成了包括国际枢纽、地区枢纽、干线、支线机场不同层次的机场体系，其中上海浦东机场为第一层级航空港，主要承担长江三角洲国际航空客、货运功能，未来发展将进一步确立国际货运枢纽地位；上海虹桥国际机场作为辅助性质机场，主要承担国内、国际中转站的功能。第二级的国际空港为南京和杭州的机场，服务半径按100km计，和上海机场一起能覆盖长江三角洲大部分地区。宁波、无锡、常州等机场属于长江三角洲第三级航空港，以通行国内航班为主。2008年长江三角洲地区10个机场旅客年吞吐量总计达到7936万人次，占全国机场客流量的19.6%，其中上海浦东、上海虹桥和杭州萧山三个国际机场的旅客年吞吐量均超过1000万人次。10个机场的货物吞吐量达到351万t，其中上海浦东机场货物吞吐量进入世界前10名。长江三角洲机场出现跨地区整合的良好趋势。例如，撤销苏州机场，整合无锡、苏州两个机场的客流，无锡机场发展迅速，客流量从2000年的4万余人次增长到2008年的164万人次，这种快速增长的趋势在2004年之后表现得尤其明显。而常州、南通和宁波从2004年后客运量亦开始迅猛增长。与之相比，上海浦东机场客运量自2004年被周边机场分流后增长较为缓慢，而货物吞吐量2000~2008年增长1106%，增长十分迅猛，其作为长江三角洲地区同世界其他地方经济联系的国际货运枢纽的地位日益确立（表7-14）。

表7-14　2000年与2008年长江三角洲机场客、货运量及增长情况

机场	旅客			货物		
	2000年吞吐量/人次	2008年吞吐量/人次	8年内增长/%	2000年吞吐量/t	2008年吞吐量/t	8年内增长/%
上海浦东	5 543 667	28 235 691	409.3	215 860	2 603 027	1 105.9
上海虹桥	12 139 462	22 877 404	88.5	492 292	415 726	-15.6
杭州	2 492 442	12 673 198	408.5	63 039	210 793	234.4
南京	2 436 455	8 881 261	264.5	42 252	187 604	344.0
宁波	1 179 888	3 574 352	202.9	16 557	39 769	140.2
无锡	43 360	1 642 497	3 688.0	0	39 569	—

续表

机场	旅客			货物		
	2000 年吞吐量/人次	2008 年吞吐量/人次	8 年内增长/%	2000 年吞吐量/t	2008 年吞吐量/t	8 年内增长/%
常州	187 428	550 808	193.9	4 794	6 393	33.4
台州黄岩	223 780	407 698	82.2	2 586	3 235	25.1
舟山	183 272	355 645	94.1	18 530	322	-98.3
南通	87 387	161 365	84.7	1 359	1 842	35.5
上海合计	17 683 129	51 113 095	189.1	708 152	3 018 753	326.3
十大机场合计	24 517 141	79 359 919	223.7	857 269	3 508 280	309.2
全国总计	133 691 886	405 762 104	203.5	3 093 589	8 833 590	185.5
十大机场占全国比例/%	18.3	19.6	—	27.7	39.7	—

注："—" 为缺失数据。

资料来源：来自民航总局网站 http：//www.caac.gov.cn/I1/并整理

长江三角洲地区的港口体系已经初步形成以上海港为中心，以苏州、浙江为两翼，主枢纽港、地区性重要港和一般性港口层次分明的港口布局和以"两纵六横"为骨干的高等级航道网。例如，洋山国际集装箱深水港的建设促成了上海港的区域中心地位，同时加强与周边的宁波港以及苏州港、南通港等沿江港口的集疏运联系，共同组成长江三角洲国际集装箱枢纽港。内河港口建设则依赖于长江三角洲密集水网和长 418km 的长江干流航道，在全国亦占有重要地位，南京港、镇江港、张家港和南通港等四大枢纽港的航运建设突出。随着腹地经济的发展和洋口港的建设，2008 年上海港货物年吞吐量达到 5.82 亿 t，连续三年居全球首位；港口集装箱吞吐量达到 2800.6 万国际标准箱，继续保持全球第二位，成为上海乃至整个长江三角洲地区对外经济联系的最重要的桥头堡（表 7-15）。

表 7-15 2008 年长江三角洲主要港口吞吐量

港口	货物吞吐量/亿 t	集装箱吞吐量/万国际标准箱
上海	5.82	2800.6
宁波	3.6	1084.6
苏州	2.01	255
南通	1.32	44.33
合计	12.75	4184.53

资料来源：根据各市 2008 年国民经济和社会发展统计公报整理

上海港和浦东机场分别作为海港和空港，其发展已经成为整个长江三角洲地区对外经济联系的最重要的物流中心，进而强化整个地区融入全球生产网络的程度。由此确定这两个空间单元在整个大都市区中的重要作用。

公路和铁路交通运输依然在区域交通体系中占有重要地位。从空间形态和布局看，长江三角洲地区城市群主要沿宁—沪—杭—甬铁路线、沪—宁及沪—杭—甬高速公路线密集分布，交通联系和交通基础设施建设与长江三角洲区域城市体系和大都市圈的形成紧密相关。随着沪宁、沪杭高速公路扩容和复线建设，越江、跨海通道建设，沿江铁路、宁通启铁路、新长铁路，沪宁高速铁路以及城际铁路网络建设等项目的相继建成，长江三角洲地区将逐步实现综合交通与区域城镇空间整体的协调发展。其中，京沪高速铁路和沪杭磁悬浮铁路不仅将加强南京、杭州与上海的联系，也将推动沪宁、沪杭沿线多中心区域结构的形成；高速铁路建设将进一步缩短上海市到南京、杭州两市的时距，提高经济联系度；未来沪杭磁悬浮铁路项目的建成，将大大缩短上海与嘉兴、杭州等上海南翼城市之间的“时空距离”，南翼城市在长江三角洲城市体系中的地位将大大提升；杭州湾跨海大桥、沪崇苏大通道、跨长江通道的建成，连通宁波、绍兴、苏中、南通等地，这将极大地强化上海与长江三角洲外围城市的联系。

总之，整个长江三角洲地区通过沪宁、沪杭、宁杭、沿江、甬杭等形成高速公路系统，并与京沪、沪杭高速铁路及浦东铁路运输系统联成一体。配合现代化市场体系的建设和区域物流集聚扩散功能的强化，为长江三角洲打造具有国际影响力的制造业基地提供了基础条件，必将加强长江三角洲区内城市之间的人流、物流、信息流等联系，从而促进长江三角洲城市群的空间结构重组。

第三节　嵌入全球生产网络的工业区发展及其空间效应

迈克尔·波特认为，“产业集聚支配着世界经济版图”。位于不同价值链区段的生产环节有着不同的空间偏好而集聚形成类型各异的新生产空间。其中，工业区作为集约化、高效化的产业空间组织形式，已经成为工业集聚的重要载体，运作模式主要以经济技术开发区、保税区、高新技术开发区、出口加工区等为主。叶嘉安（1996）认为，1978 年以后中国城市空间结构一个重要的特征就是经济技术开发区的发展。实际上，叶嘉安的概念可以扩展到不同发展内容的各种不同类型的工业区。例如，陆家嘴金融贸易对上海城市中央商务区的发展的意义，服务业集聚区、商务与研发功能区等对城市经济内容的充实和空间结构的再造，当然还包括各类制造业工业区对城市空间扩张所发挥的重要作用（表 7-16）。工业区对城市空间结构塑造发挥两个方面的作用：首先是对城市空间经济内容的重组，最终实现价值链不同环节的空间分配，并对城市经济空间布局起到平衡作用；其次是对城市空间扩张的引导。唐子来和栾峰（2000）也认为，20世纪90年代上海城市功能开发结构的演化表现为内部重组和外向扩张两个方面，其实质即为本书所概述的以上两个方面。

表 7-16　2005 年长江三角洲主要开发区工业生产集中度

城市	主要工业区销售收入/亿元	全市工业总产值/亿元	工业区占全市工业产值比例/%	外商直接投资/亿美元
上海	9 300	19 631.2	47.4	71.1
杭州	1 557.5	5 441.1	28.6	17.1
苏州	7 091.5	9 908.6	71.6	51.2
无锡	3 875.5	5 720.3	67.8	20.1
南通	1 137.1	2 143.4	53.1	17.5
常州	1 712.6	3 400.1	50.4	7.3

注：杭州市仅选取了三家国家级开发区的工业总产值。

资料来源：各城市 2006 年统计年鉴；上海为 2006 年数据，来自《2007 年上海统计年鉴》、2007 年上海市开发区发展报告

自 20 世纪 90 年代以来，长江三角洲地区已经成为中国经济改革开放的旗帜。政府重视跨国公司和外资，抓住浦东开发、开放、运作从苏南模式到外向型经济的过渡，强化硬件设备建设和软件服务，通过专业的团队吸引和管理外资等手段成为长江三角洲地区地方政府发展外向型经济的策略，而开发区则是实现以上发展策略的重要平台。全球生产网络的地方镶嵌和地方政府通过实际工作纳入全球生产网络的过程是同步进行的，大量的国际制造业资本涌入和集聚，使工业区成为长江三角洲地区产业发展空间的最典型代表。工业区塑造了全球生产网络在长江三角洲地方镶嵌的重要节点和地方对接全球生产网络的重要载体，其发展和变化都代表地方融入全球生产网络的实质，成为所在城市新的扩张空间。

一、长江三角洲地区主要工业区的发展模式分类

在整个长江三角洲地区，工业区都是以不同形式和模式存在的。熊军（2002）以“二次创业”的概念形容开发区的发展演变，其更多是基于开发区自身发展的内涵而提出的概念。由于开发区多以外向型经济发展为主，“二次创业”的概念并不能完全把握开发区演变并形成多种模式的实质。全球生产网络则提供了新的分析视角，依据价值链不同环节的集聚功能而对不同模式进行概括解释。

中国改革开放和外向型经济发展始于 20 世纪 80 年代初期，基于对新国际劳动分工发展的理解，建设以生产制造为目标的开发区就成为具体实施的手段和策略。

随着高科技产业的兴起和国际劳动分工的细化，以产品内分工为实质的新的国际分工开始成为主要的组织模式。新的国际经济发展秩序和贸易政策、金融政策等的变化都使得国际资本流动更加频繁，国际市场竞争也日趋激烈，这使得新的国际劳动分工更加复杂化，充分利用东道国的资源和占有其市场成为跨国公司投资的重要目的。这时不仅劳动力密集型的产业和产品生产环节成为跨国公司的主要投资领域，高科技产业和研发、管理和营销等高端价值链环节也陆续实现地方化发展并有效组织地方生产和开拓市场，这种价值链环节的转移表现为一种持续的升级和空间扩散的动态过程，由此促进了全球生产网络地方镶嵌。而开发区作为主要载体，其区域数量的增长和产业结构的升级变化则较好地体现了这个动态过程。

笔者（2004）对长江三角洲地区16个典型开发区的商务成本进行计算（表7-17），16个开发区大致可以分为三个等级：第一等级的开发区商务成本最高，包括康桥工业区和苏州工业园区，园区的产业功能已实现高度化发展，高科技产业生产制造甚至研发功能都初具规模。第二等级包括了松江工业区、嘉定工业区、杭州高新区、青浦开发区、苏州新区、杭州经济技术开发区、宁波保税区、无锡新区、宁波经济技术开发区、昆山经济技术开发区，这些开发区的商务成本居中游水平，是一般制造组装类外资的最青睐区。第三等级开发区商务成本最低，包括嘉兴经济开发区、萧山经济开发区、湖州经济开发区和吴江经济开发区，除萧山经济开发区外多为省级开发区，产业功能以配套生产制造为主。商务成本作为一个重要的调控因素引导了外资在长江三角洲地区的空间扩散，不同价值链环节依据自身成本－利润协调能力选择合适的开发区入驻。正是这种全球化和地方化的相互作用，促进了长江三角洲各城市比较优势的发挥和区域分工体系的形成。

表7-17　2004年上海及周边城市若干开发区综合商务成本得分

工业区	土地出让得分	厂房租费得分	建筑造价得分	工资水平得分	社会保险得分	电费得分	水费得分	综合得分	排名
嘉定工业区	-11.48	9.90	16.23	8.59	10.15	14.97	7.10	55.46	4
松江工业区	19.39	14.70	0.00	2.74	1.82	7.69	15.67	62.02	3
青浦开发区	6.90	17.10	-2.59	-6.03	10.15	7.69	-1.95	31.28	6
康桥工业区	42.91	17.10	0.00	29.07	12.08	7.69	10.59	119.45	1
苏州工业园区	32.62	57.90	14.34	8.59	-11.00	-3.22	15.67	114.92	2
苏州新区	-1.19	9.90	6.82	2.74	3.10	14.97	-6.72	29.62	7
昆山经济开发区	-30.58	-23.70	11.52	-3.11	-13.56	14.97	-6.72	-51.19	12
无锡新区	-23.23	-28.50	0.00	-0.18	15.28	-8.13	18.65	-26.11	10
杭州经济开发区	6.16	33.90	-2.59	-3.11	-1.51	-1.40	-2.24	29.22	8

续表

工业区	土地出让得分	厂房租费得分	建筑造价得分	工资水平得分	社会保险得分	电费得分	水费得分	综合得分	排名
杭州高新区	19.39	17.10	6.82	8.59	7.59	-21.40	0.74	38.83	5
萧山经济开发区	-7.07	-18.90	-11.99	-3.11	-11.64	-5.03	-9.71	-67.45	14
宁波经济开发区	6.16	-23.70	0.00	-11.89	0.54	-6.85	-3.74	-39.47	11
宁波保税区	37.03	-14.10	-21.40	-8.96	1.82	-3.22	-3.74	-12.56	9
嘉兴经济开发区	-28.53	-14.10	2.12	-3.11	3.49	-6.85	-12.69	-59.68	13
湖州经济开发区	-30.58	-30.90	-16.70	-8.96	-7.03	-3.22	-11.20	-108.58	15
吴江经济开发区	-37.93	-23.70	-2.59	-11.89	-21.26	-8.67	-9.71	-115.74	16

资料来源：李健，2004

基于以上分析，本节首先确定长江三角洲地区开发区不断增长的现实。其次依据典型意义选取长江三角洲地区不同层级的20个开发区作为考察对象，其中上海市的12个开发区成为主要分析对象，另外包括苏州工业园区以及昆山经济技术开发区、吴江经济技术开发区和吴中经济技术开发区、杭州经济技术开发区、杭州高新技术产业开发区以及无锡新区、无锡锡山经济开发区，依据主导产业和价值链进行模式分析（表7-18）。宁越敏（2004）认为高科技园区是开发区的一种特殊类型，已成为全球化和地方化相结合所形成的新的生产空间。依据此分类思路，并依据主导产业和价值链环节，将20个典型开发区划分为4种模式："金融贸易为主的生产性服务"模式、"总部与研发＋高科技产品制造"模式、"高科技产品制造"模式、"一般生产制造与高科技产品配套生产"模式。

表7-18 长江三角洲若干开发区主导产业

开发区	主导产业
上海陆家嘴金融贸易区	金融、保险、证券
上海虹桥经济技术开发区	信息咨询、商业服务、会展服务、外贸
上海张江高新技术产业开发区	电子与信息、生物医药、光机电一体化，包括外资研发机构和区域总部
上海紫竹科学园区	电子、新材料、生物医药，吸引各类国家级工程中心、跨国公司研发中心及区域总部
上海漕河泾新兴技术开发区	信息技术、新材料、生物医药
苏州工业园	电子信息、精密机械，兼具跨国公司和国家级研发和设计功能，金融、会计等生产服务功能亦有一定发展
苏州高新区	电子信息、机械、生物医药

续表

开发区	主导产业
无锡新区	集成电路、精密机械，包括 IC 设计、软件、液晶、动画、高新技术创业服务
上海外高桥保税区	出口加工、自由贸易、物流仓储、保税商品展示交易
上海金桥出口加工区	电子信息、汽车、光机电、精密机械、精细化工
上海闵行经济技术开发区	轨道交通、机电设备、生物医药、食品饮料
杭州高新技术产业开发区	通信设备制造业、软件业、集成电路设计制造业、数字电视产业、动漫产业和网络游戏产业
杭州经济技术开发区	电子信息、生物医药、机械制造、食品饮料，兼具一定高科技产业研发能力
上海嘉定工业区	汽车零部件、精密机械制造、光电子
上海青浦工业区	精密机械、电子信息、印刷
上海松江工业区	电子信息、机械、新材料
昆山经济技术开发区	电子信息、精密机械、民生用品
吴江经济开发区	微电子技术、新材料、机械
苏洲吴中经济开发区	精密机械加工、电子及信息技术产业、新型建材、精细化工、生物医药、轻纺服装
无锡锡山经济开发区	综合性开发区，仍强调“三来一补”业务

资料来源：上海开发区资料参考上海市经济委员会（2007），其他开发区资料参考各开发区网站及其宣传材料

1. “金融贸易为主的生产性服务”模式

这一类的开发区主要是从事金融、贸易、中介、会计、法律、广告等生产性服务产业。制造业的快速发展推动了产业分工水平的提高，第三产业尤其是生产性服务业活动在维持这种复杂分工体系过程中的作用日益突出，从而成为价值链延伸和生产过程中最重要的支持环节。尽管生产性服务业作为价值链支持性环节在生产过程的作用无法精确考察，但在现代经济社会生产中，其作用越来越重要却成为公认的事实，这从诸多大师在世界城市产业发展研究中重视金融、证券、贸易、房地产等现象中可见一斑。而通过资本的运营实现权力的控制和扩散以及通过风险资金的投入促进关键技术的提升等，都成为跨国公司实现权力控制的基

本手段，贸易则成为全球市场扩散和价值实现的最重要手段①。

生产性服务业的发展无疑将促进跨国公司管理和营销等高端价值链环节的集聚，这也是提升地方在全球生产网络中地位的重要路径。在上海，陆家嘴金融贸易区、虹桥经济开发区等都属于此类发展模式。就陆家嘴金融贸易区考察，2006年年底有83家中外金融机构落户区内，其中外资金融机构42家。上海证券交易所、上海期货交易所等六大要素市场已迁入该区，近300家有影响的国内外企业，如西门子、斯米克、阿尔卡特、汤臣、宝钢等进驻。"十一五"规划中提出的上海多个现代服务业集聚区的规划进一步强化生产性服务业的发展和上海的区域服务功能。随着中国加入世界贸易组织后金融及其他服务业领域的开放，这类开发区将越来越成为区域核心城市发展的重点。

2. "总部与研发+高科技产品制造"

此类开发区表现出向区域总部管理、中高端研发及技术密集型生产等价值链高端环节升级的趋势。主导企业既有跨国公司也有本地企业，呈现出多元化格局。上海属于此类的工业开发区有张江高科技园区、漕河泾新兴技术开发区以及紫竹科学园区，它们彼此在特性上有差异。徐瑞华和杜德斌（2004）对上海外资研发中心的研究表明，90%都位于靠近中心城区的外环线以内，而且高度集中于三个高新技术园区：漕河泾、张江和虹桥。而在这类工业区中，并没有放弃生产制造活动，由于整体环境优越，技术密集型生产制造活动更倾向于集聚在此的开发区中。

宁越敏（2004）指出早期的张江高科技园区属于"本国研发机构+留学人员企业+技术创新基地"模式，通过营造一个创新环境，从价值链条的较高端进入生产环节，研发企业为此类模式开发区的核心企业。就目前来看，张江高科技园区已经突破了本国研发机构的局限，GE、罗氏、杜邦、英飞凌、霍尼韦尔、索尼等世界500强企业纷纷在此设立研发中心。在生产制造方面，张江高科技园区在信息技术和BT领域重点培育并形成了集成电路、生物医药、软件三大支柱产业，其中集成电路形成了从设计、制造到封装测试及包括设备制造在内的国内最完整的产业链，200余家国内外知名企业，如中芯国际、华虹、宏力汇集张江，集成电路产业产值和销售额占国内半壁江山，已进入90nm和65nm制造工艺生产阶段。软件产业蓬勃发展，上海浦东软件园先后被授予"国家软件产业基地"、"国家软件出口基地"，知名企业包括德国SAP、美国花旗、印度INFOSYS等，为国内规模最大的软件基地之一。张江高科技园区同时是国家上海生物医药科技产业基地和上海国家医药出口基地的核心区，多个国家级和上海市重点研究

① 按照Gereffi关于全球商品链的解释，产品只有实现市场交易才能真正实现其价值，从而构成完整价值链。

所的入驻，提升了张江现代生物医药研发的整体能级。目前入驻张江的知名国内外企业包括罗氏制药、美国杜邦、霍尼韦尔、和记黄埔、中信国际、上海迪赛诺等。宁越敏（2004）亦将漕河泾归为“跨国公司+本地企业+研发机构”模式，主要依托本地已有的科研机构，并在跨国公司资本和技术推动下成长起来，有着“路径依赖”的特点。漕河泾以上海先进半导体公司、上海贝岭股份有限公司两家厂家为核心，吸引了光掩膜（杜邦）、高纯气体（法国液空）等生产配套企业以及20多家微电子研发设计企业。围绕着集成电路这一产品，其在特定空间内的生产迂回程度相当长，而且漕河泾生产的芯片成为园区内通信设备生产厂家的关键部件，集成电路产业链与通信、计算机及软件两个行业结合，构成规模更大的产业群。

紫竹科技园区是“本国研发+跨国公司+大学城+高科技产品制造”新的开发区形式，它是由闵行区政府、上海交通大学、华东师范大学、紫江集团等方面联合建设的科技园区。该园区以上海近年来的郊区大学城建设为契机，依托上海交通大学、华东师范大学的闵行新校区建立科研机构和孵化体系，力争实现产、学、研一体。紫竹园区在生物技术领域、新材料领域、新能源领域、航天航空领域分别引入了国家级重点研究部门和中心，提升了研发水平；园区还引进英特尔全球研发中心、微软亚太研发总部、惠普全球（中国）软件中心以及意法半导体、欧姆龙、东丽、雅马哈、花王等30多家国际国内著名高能级研发中心。例如，英特尔公司研发中心主要承担半导体封装技术的开发工作，从而使英特尔上海公司能够完成芯片的切割、分装、测试和包装等一系列工序，由上海向全球供应奔腾四处理器。

苏州工业园区表现为“商务服务+研发机构+高科技产品制造”的新城发展模式。1994~2007年，园区累计实际利用外资134.5亿美元，世界500强企业在区内投资了112个项目，累计注册内资1156亿元，形成内资、外资双轮驱动的发展格局。金鸡湖中央商务区的建设集聚香港汇丰银行、英国渣打银行以及普华永道、德勤会计师事务所等金融、会计、律师、中介咨询等各类专业机构100多家，成为苏州市新的金融商务、现代休闲和商业文化中心。在研发方面，园区内集聚了海外留学人员，创办企业200余家，跨国公司和国家级研发设计机构90余家，软件和IC设计企业100余家，一批本土孵化型、原始创新型自主知识产权亮点企业呈现快速裂变增长的态势。工业发展以电子信息、集成电路及精密机械为主导行业，在IC、TFT-LCD、汽车及航空零部件等方面形成了具有一定竞争力的高新技术产业集群，成为国内重要的液晶面板出货基地和芯片封装测试基地，大型客车和芯片产能位居全国前列。

3.“高科技产品制造”模式

这一类的开发区多在大型跨国公司的主导下从事外向型的生产制造活动，产品以高科技电子信息类产品为主，注重引进国外成熟的技术，生产国外品牌产品。其产品的生产不仅面向中国市场，还是全球生产网络价值链中的重要一环。目前该类工业区主要从事集成电路的低端生产部分，如组装、封装、测试等生产环节并在近些年有进一步完善整条价值链的趋势，其他如软件开发、汽车零部件生产、成套设备等也都成为该类开发区的重要行业。上海开发区中属于此类的有外高桥、金桥、闵行国家级开发区，松江、青浦、莘庄、康桥等市级园区，其他如苏州高新区、无锡新区、杭州经济技术开发区、杭州高新技术产业开发区、昆山经济技术开发区等也都为此类模式的工业园区。外高桥、金桥作为上海较早引入微电子生产项目的开发区，基本完成的就是组装工序，外高桥和金桥共115家微电子企业中整机生产厂就有104家①以组装为主要功能。除组装生产外，近些年诸如芯片制造的封装和测试等劳动密集型环节也获得了很快的发展，例如英特尔在外高桥的封装测试厂、台积电在松江工业区的芯片生产制造线、台联电在苏州高新区的芯片生产线等。软件行业方面，在该类开发区中亦有较大发展空间，无锡新区、杭州高新区等都已经形成在软件产业方面的规模生产。其他如精密机械也已经成为各工业园区的重要支柱产业，如上海闵行经济技术开发区的机电设备、嘉定工业区的汽车零部件生产与整车组装、青浦工业园区的汽车零部件配套生产等，其他如苏州高新区、无锡新区、昆山经济技术开发区等亦成为精密机械的重要基地。该类开发区产品市场流向一般以国际市场为主，除生产加工及组装外，还可能集聚国际贸易、物流仓储、人员培训等活动，成为经济增长的重要成长点。

“高科技产品制造”模式已经成为长江三角洲地区开发区建设的主要形式。但是这种模式的弊端在于园区成为跨国公司成熟产品的制造基地，各企业之间彼此封闭，园区企业产、供、销网络大多只是与区外企业组成，区内同行业企业的竞争多于合作。这种缺乏基于价值链上、下游环节分工联系的现实，导致开发区成为一个单纯的生产制造基地，难以促进跨国公司的地方根植性发展，更难以促进跨国公司地方镶嵌后沿价值链的持续升级过程以及提升地方经济在全球生产网络中的地位。但核心企业及其配套中小企业通过将某价值链区段企业进行空间集聚，促成外部动态规模经济的形成，在长江三角洲地区也有典型案例。例如，松江工业区围绕台积电进驻，一批外来和本地微电子行业的中小企业开始集聚，呈现出较好的持续发展势头。此外，如明基投资苏州高新区之后所实现的“母鸡带

① 数据源自《国家上海微电子产业基地规划（送审稿）》。

小鸡”模式，14 家配套厂因为苏州高新区较高的商务成本而选择吴江经济技术开发区，既避免了高商务成本，又通过便捷的交通和物流联系实现了与明基的配套生产联系，表现出更大空间范围的经济联系。而广达集团的生产又为另一种模式，所有零部件都通过自己的子工厂进行配套生产，通过垂直一体化的生产实现内部规模经济效应，但这种模式的企业根植性又较差。

4. “一般生产制造与高科技产品配套生产”模式

这类开发区以省级及市级开发区为主，主要为中、小型跨国企业或者本土企业从事配套生产制造功能，行业层次仍以技术复杂的电子信息以及精密机械为主。就价值链生产环节而言，集中产品价值链中、低端的劳动和资本密集型生产环节，如组装低端零部件制造等技术化程度较高的工序。由于从事该类环节的企业规模普遍偏小且其价值生产能力有限，对商务成本的高低较为敏感，因此多集中在级别较低的省级以及市级开发区之内。例如，嘉定开发区内的汽车零部件配套产业区及由此延伸到江苏境内的太仓沿沪开发区，集聚了几百家为大众汽车公司配套服务的汽车零配件厂。此外，在吴江经济开发区的电子信息产业配套产业群中，明基投资苏州高新区之后以“母鸡带小鸡”的模式吸引了 14 家配套厂同样投资苏州地区，而通过商务成本空间差异的调整，这些配套厂商最终选择了吴江经济技术开发区。这些配套厂商又各有自己的“小鸡”配套厂商，通过“小鸡带小鸡”的模式很快塑造了吴江经济开发区电子信息产业集群的形成和发展。而电子产业链条的完整发展又反过来形成“小鸡群带大鸡”的发展模式，这也说明了以生产配套功能而存在的低层次工业区存在和发展的必要性，也从另一个角度说明全球生产网络中权力并非绝对集中的，次级企业通过彼此间的经济联系也可能增强其对领导厂商的影响力。

正是这种基于分工存在的各种开发区功能的联系，强化了地方生产网络的分工和合作以及空间的联系。就整个长江三角洲地区的工业区发展而言，其已经承载了区域工业发展的主体部分，且正在由低端的劳动密集型和资本密集型生产制造向高端技术密集型生产制造、研发活动乃至更高等次的管理、金融、贸易等生产性服务活动发展。而强化这种区域工业区基于价值链环节的功能联系，既是强化全球生产网络地方根植性的重要手段，也是打造区域产业集群、增强产业国际市场竞争力的重要目的。

二、融入全球生产网络的工业区：苏州工业园区的考察

1. 苏州工业园区经济发展态势

苏州是国务院最早批准的沿海经济开放地区之一。苏州工业园区作为中国与

新加坡两国政府重要的合作项目成立于 1994 年，其发展建设一直得到从中央到各级地方政府的高度重视。根据 2006 年商务部发布的《中国国家级经济技术开发区发展报告》，园区综合发展指数名列全国第二。2006 年，园区以占苏州市 3.5% 的土地、5% 的人口，创造了全市 15% 左右的国内生产总值、地方一般预算收入和固定资产投资、25% 左右的注册外资、到账外资和进出口总额，已成为苏州市经济社会发展的重要增长极。

从 1994 年园区设立初始到 2007 年，苏州工业园区的综合经济实力发生了翻天覆地的变化，园区生产总值从 11.3 亿元增长至 836 亿元，实际上 2003 年园区经济就达到了 1993 年时苏州全市的经济总量，实现了再造一个苏州的目标。第三产业比例尽管略有起伏，但总体上呈现上升势头。其中产业结构不断优化，高新技术产业产值占工业总产值的 60%。实际利用外资从 1994 年的 0.7 亿美元增长到 2007 年的 18.2 亿美元，出口则从零发展到 568.8 亿美元。14 年间园区累计批准设立外商投资企业超 3000 家，累计实际利用外资 134 亿美元，有 76 家世界 500 强企业投资设立 115 个项目，进出口规模达到 567 亿美元，其中出口 284 亿美元。

苏州工业园区形成了以电子信息和精密机械产业为核心的支柱产业，2007 年电子信息产业占全区工业经济总量的 43%，精密机械产业则为 27%。在产品层次，集成电路、液晶显示器、汽车及航空零部件等方面形成了具有一定竞争力的高新技术产业集群，已经成为国内重要的液晶面板出货基地和芯片封装测试基地。而就 2007 年苏州工业园区对外出口主要产品考察，电子产品、机械器具和零件以及光学检测医疗设备分别占工业出口总量的 35.3%、34.4% 以及 22.7%。

2. 苏州工业园区信息技术产业集群及其发展实质

位于不同价值链区段的生产环节有着不同的空间偏好，而集聚形成类型各异的新生产空间。实际上，即使是同类生产环节，也会因为不同产品的关联配套和塑造完整产业链而实现空间的集聚，由此促进区域产业集群的形成。电子信息产业集群成为苏州工业园区中产业集群的最典型代表。它已经从计算机外部设备、组装向核心元器件、软件、网络设备等延伸层次，本地配套率实现较高水平，已形成以笔记本电脑、集成电路、手机及网络设备、打印机以及液晶显示器等为重点的电子信息产业群（图 7-14），主要企业包括三星电子、诺基亚、富士通、阿尔卡特等世界 500 强企业。

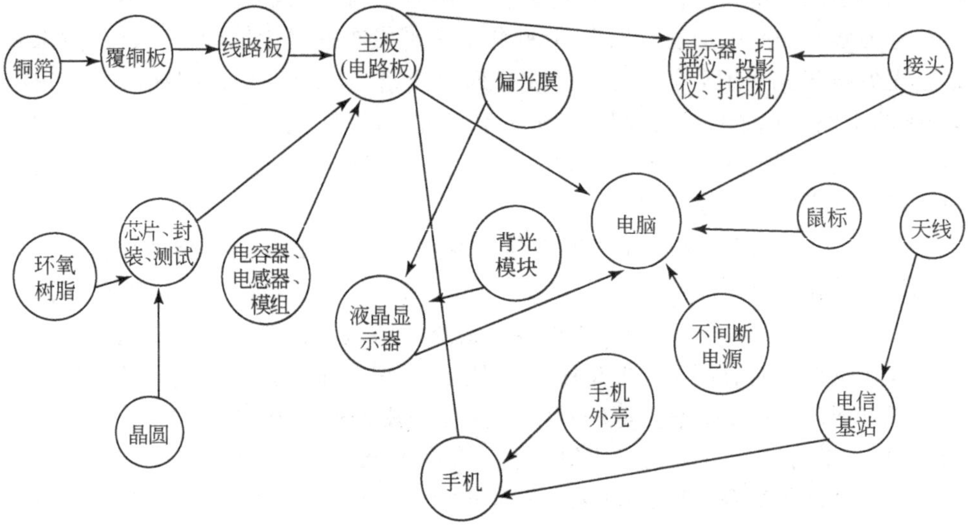

图 7-14　苏州工业园区信息技术产业链与集群

在技术日益复杂的情况下，产业集群以价值链各环节为劳动分割而不断拓展其产业范围和空间范围。苏州工业区、苏州高新区、昆山经济技术开发区及吴江经济技术开发区通过产业配套所形成的更大的电子信息产业集群已经成为世界级的集群。以笔记本电脑产业为例，近年来中国台湾信息技术厂商不断掀起投资苏州的热潮，聚集苏州的知名笔记本厂商越来越多。台湾十大笔记本电脑企业中已有 9 个企业落户苏州，包括仁宝、纬创、华硕、大众等，集中在昆山经济技术开发区、苏州高新区、苏州工业园区。伴随着笔记本电脑生产链在苏州的形成并不断完善，整个苏州市笔记工本电脑产业集群初步形成。日本、韩国的众多笔记本制造厂商也看中了在苏州“掘金”的机会。例如，2006 年 5 月韩国三星电子已将笔记本电脑生产线从韩国转移至苏州。2009 年苏州市笔记本电脑年生产总量达到 5000 多万台，接近于上海的产量，约占全球笔记本电脑总量的 2/5。

跨国公司的大量投资促使苏州走上了外向型经济发展的蓬勃之路。然而，“制造基地”的发展脚步却越来越沉重。目前，对“苏州模式”置疑的流行观点是：原材料和产品“两头在外”的外向型经济发展模式，最终促使苏州成为“世界工厂”，一边是 GDP 增长与外资的趋之若鹜，另一边是“只长骨头不长肉”的畸形经济生态；一边是科技园区建设的热火朝天，另一边则是资源代价和社会问题横生。这一质疑的核心是支撑起苏州经济的众多外资企业只是将生产过程的低端部分——加工和组装环节设在当地，这些低端环节耗费劳动力多，附加值低，却对资源消耗要求大。苏州前市长王珉曾经指出，“苏州经济过于倚重外资，这种情况要改变”。“外向经济 + 民营经济 + 自主知识产权规模经济”三分天下的“国际新兴科技城市”应成为苏州的新目标。苏州科技城主任徐炳兴在接受《21世纪经济报道》采访时候表示“现在需要寻找一条道路，让经济‘落地生根’”①。这种所谓“生根”应该包括两层含义：一要吸引或者培养出对苏州经济具有长期贡献的本土企业，打造出企业自主知识产权的核心竞争力；二要留住已经投资苏州的外资生产企业，在保存现有生产加工的基础上，引进这些企业的技术或研发创新中心，从而提升这些企业的盈利能力。而结合价值链“微笑曲线”考察，则是向两高端同时延伸。

三、长江三角洲开发区发展及其城市空间组织效应

1. 城市经济发展的重要载体

长江三角洲地区工业区最早的功能始于制造业的发展，伴随着城市中心城区改造和外资的强势进入，制造业郊区化发展已经成为普遍趋势。从上海、杭州、苏州等8个城市的主要工业区2005年的发展考察，工业区产品销售收入占全市工业总产值的比例普遍超过50%，显示工业区已经成为其所在城市制造业发展的最重要载体（表7-18）。例如，上海主要国家级工业区和市级工业区2006年实现工业总产值9300亿元，较2005年增长23%，比全市工业增速高10个百分点，占全市工业总产值的47.4%，加上六大工业基地，这个集中度高达62%。而工业区高技术企业产值占工业产值的比例高达45%，比全市高21%。杭州仅国家级开发区2005年就实现销售收入1557.5亿元，占全市工业总产值的28.6%。苏州市工业区制造业的集中度更为显著，2005年工业区工业总产值7091.5亿元，占全市工业总产值的71.6%。另外，无锡制造业工业区的集中度也保持了67.8%的高水平，但下一级城市南通和常州两市则刚刚超过50%。考虑到长江三角洲多数城市的开发区都是以外向型为主，这种制造业在工业区的集中发展与各城市招商引资存在密切关系，即外商投资越多，则产业空间集中度越高。而上海由于内生型工业基地的存在，则有悖于此结论。

区域嵌入全球生产网络的深化发展使得区域产业在全球价值链中的位置不断提升，相应表现为长江三角洲地区开发区产业发展的变迁。以上海为例，2006年全市开发区第三产业完成营业收入5946.3亿元，其中国家级开发区占总量的80%以上。从行业考察，主要集中在物流、研发、房地产、商贸、信息五大行业，其营业收入占第三产业总量的95%；从区域空间布局看，外高桥保税区占到总量的73%，成为全市第三产业营业收入最高的开发区，其他如张江、虹桥、

① 黄婕，苏州科技造“城”：劳动密集型工厂拒之门外，2006-12-25，21世纪经济报道，第33版。

金桥、漕河泾、市北工业园区等亦有相当程度的发展。另外，考察苏州工业园区，其第三产业近些年得到快速发展，1994～2007 年第三产业产值从 2.33 亿元增长到 237.11 亿元。而就苏州工业园区第三产业发展占全市比例考察，园区在全市中的地位不断提升，从 1994 年的 1.1% 上升到 2007 年的 12.0%。

2. 城市空间拓展的重要力量

随着工业区日益成为城市经济要素空间均衡布局的重要空间，其对社会经济其他要素的空间分配亦发挥了主导作用，包括人口、居住、休闲、交通等要素。就长江三角洲地区发展而言，工业区同样成为主导城市空间结构变化进而重组的主导力量。特别是在 2000 年之后，国家加大了土地利用调控的力度，而城市化的快速发展使得城市扩张成为必然，而已经获得批租的开发区无疑就成为城市空间扩展的最大开发空间，这表现为近些年中开发区的建设日益趋向城市副中心或新城建设的方向。

就上海城市功能及空间结构变迁部分的考察总结，开发区的建设与上海城市空间的扩展相融合，已经成为引导上海城市空间结构变迁的最重要的力量。特别如漕河泾经济技术开发区、张江高新技术开发区、金桥出口加工区、外高桥保税区等设立于城乡结合部的开发区，随着自身建设的完善而完全融入中心城区空间范围并成为其重要组成部分。在新一轮上海城镇体系规划即“1966”城镇体系规划中，对新城、新镇的建设都提出了围绕“三个集中”① 的发展要求，其中吸取西方国家新城建设变卧城的教训，工业向园区集中成为第一发展目标，进而引导居住等生活服务的空间集中，打造郊区城镇发展的重要节点。

吴志强和姜楠（2000）对上海城市土地利用变化的实证研究表明，城市中心城区土地置换强化带动了中心城区的再开发，土地开发空间集聚峰区开始由中心区向郊区转移。至 2006 年年底，就已批租土地的开发面积考察，第一层面的浦东新区、嘉定、青浦和松江以及奉贤成为开发区累积土地开发最多的区县，第二层面则为闵行、宝山、南汇、金山等区县，其中近郊区和远郊区的松江、青浦两区是开发区最为集中的区县，从而成为上海“1966”城镇体系发展中的重点建设区域，其中松江和青浦尽管属于远郊区，但凭借便捷的交通联系，这两个区县不管是从空间距离上还是时间距离上，都比南汇、奉贤、金山等区县有着更大的发展优势。从批租率看，只有宝山区超过了 80%，另外奉贤区为 78.3%、松江为 70.4%，其他区县则基本在 60% 以下，仍有较大的发展空间（表 7-19）。因此，从开发区发展的现状和批租率来看，未来上海城市空间拓展的方向仍然会是周边

① 即农业向规模经营集中，工业向工业园区集中，农民居住向城市城镇集中。

全方位的圈层式扩展，但围绕开发区进行新城、新镇开发的思路将使得郊区形成多个中心，最终形成多中心网络（polynet）模式的城镇体系组织模式。

表 7-19　上海开发区土地开发分区县考察

区县	实际可开发面积		已批租土地面积		批租率/%
	总量/km^2	比例/%	总量/km^2	比例/%	
全市	438.06	100.0	260.92	100.0	59.6
浦东新区	59.38	13.6	32.46	12.4	54.7
闵行	27.07	6.2	15.87	6.1	58.6
宝山	16.23	3.7	14.12	5.4	87.0
嘉定	61.19	14.0	33.09	12.7	54.1
青浦	50.77	11.6	30.59	11.7	60.3
松江	51	11.6	35.9	13.8	70.4
南汇	34.31	7.8	19.39	7.4	56.5
奉贤	34.53	7.9	27.02	10.4	78.3
金山	49.37	11.3	25.15	9.6	50.9
崇明	4.31	1.0	1.51	0.6	35.0

资料来源：上海市经济委员会，2007

陈清明等（1999）曾经对苏州工业园区的用地规划进行考察（表 7-20）。高科技工业布局于居住区邻接地带，成带状分布，一般工业则布置在园区外层。居住区分布在园区的中心。商业区位于居住区的核心地带，提供各种综合性的商业活动。另外，不同等级的道路、河网水系贯穿于各期各功能分区之间，并将园区内各期以及园区外部连为一体。发展至今，苏州工业园区与苏州新区已经成为苏州城市空间结构的两个最重要的载体，分别引导了苏州城市的东、西向拓展。

表 7-20　苏州工业园区的土地利用分配表

用地类别	用地面积/hm^2	百分率/%
居住用地	1588.5	24.9
公共设施用地	406.2	6.4
工业用地	2119.7	33.3
仓储用地	162.6	2.6
对外交通用地	112.0	1.8
道路	948.7	14.9
市政公用设施用地	181.3	2.8
绿地	684.0	10.7
水域	167.0	2.6
总计	6370.0	100.0

资料来源：陈清明等，1999

2000年以来，各地开发区进入快速发展通道。2000～2002年，苏州工业园区年均出让和确定出让地块面积约3.86km²，为前些年年均出让面积的3倍多，2005年更是达到5.21km²。而2000～2003年，无锡新区和常州新北区土地出让的数量占历年总出让量的79.9%和82.7%。考察这三个工业区，其空间拓展都带动了城市规模的迅速扩张，形成开发区主导的城市“蔓延”发展。这三个案例实现工业区与城市的融合发展包括两类模式。例如，苏州工业园区从开发伊始，就明确“平衡城市扩张”、“在现有城市旁建造一个现代化的新商业中心，减轻古城所面临的发展压力，辅助这个历史城市继续扮演苏州的文化和行政中心角色”。无锡新区和常州新北区在整个20世纪90年代基本都是着眼于“工业区”的建设思路，有限资金多用于产业用地的开发，加之行政区调整的频繁，难以被统筹到城市整体规划之中。随着大量生产要素和经济活动在园区的集聚，工业区城市化功能不足的矛盾日益突出，在近些年积极推进向城市新区建设的转型。例如，无锡新区已经成为无锡城市的功能性“副中心”，成为无锡城市近些年建设的热点。而常州新北区主体的高新区部分目前已同中心城区融为一体，成为城市发展的重要部分。

总之，各种经济技术开发区、高新技术开发区的兴起与发展已经成为整个长江三角洲地区城市空间扩展的重要推动力。工业化发展是城市化发展的基础，而在长江三角洲地区，工业区则是这个作用过程中最重要的媒介和载体，一方面引导城市制造业的郊区化发展，另一方面扩大了工业生产力的空间范围。毫无疑问，长江三角洲地区生产力的空间布局在基于全球生产网络组织过程中，在促进上海作为区域最大核心城市的同时也促使几个以外资投资为主、制造业规模大和结构升级快的城市成为区域新的核心城市，如苏州、无锡、宁波等。次级核心城市的发展会继续促进这种生产力的空间扩散，各级开发区的发展仍是最主要的传播媒介。工业区不仅对其所在城市的空间结构的变迁发挥了引导作用，而且通过工业区彼此间基于生产网络的分工合作关系，对长江三角洲城市群的形成和发展也发挥了重要作用。

第四节　全球生产网络与地方发展战略及功能重组

中国现有的对外开放发展模式是全球生产网络空间扩散、地方镶嵌与中国实施积极的网络镶嵌制度、基础设施建设努力之后，辅以中国特有的劳动力比较优势共同作用的结果。但随着新的国际、国内环境的变迁，这种发展模式已经不能支撑起中国经济的持续发展，表现在两个方面。第一，中国特别是长江三角洲地区已经成为汽车、成套设备、精细化工等现代制造业的重要生产基地，在高科技产业电子信息产品方面更成为世界级的重要生产基地。但中国依然只是一个“工业大国”而远非“工业强国”，这源自于国际劳动分工新的发展实质，即基于产品内分工的全球生产网络组织模式将低端价值链生产环节的一般制造与组装类转移至中国，由此塑造了中国成为“世界工厂”的假象。这实际上是跨国公司延续新国际劳动分工发展的模式，重新给中国及其他发展中国家设定的新的“价值链陷阱”。第二，当前国际、国内发展条件发生了巨大改变，发达国家对中国产品设定的非贸易壁垒增多、国际资源能源价格上涨，国内改变经济增长方式的号召、人民币升值、劳动力成本上升及国家节能减排政策的出台等，都对中国以比较优势融入全球生产网络、以资源密集型产业支撑社会经济发展的模式提出新的挑战。基于全球生产网络的分析则为解决以上困境提供新的发展视角，在此试图从打破跨国公司设置的“价值链陷阱”为切入点，探讨长江三角洲地区未来的发展战略，以期对政府政策的制定以及学界学术研究等提供新的思路。

一、基于价值链攀升的技术创新战略

20 世纪 80 年代“以市场换技术”口号的提出揭示了中国对外开放的目的。但从对外贸易结构考察，中国依然处于全球生产网络中价值链环节的低端位置，跨国公司对中国的投资延续了新国际劳动分工以劳动力密集型产业为主的传统，技术转移的态势并不明显。从全球生产网络理论框架可以看出技术在价值生产过程中的重要作用，把握技术尤其是核心技术的企业在全球生产网络价值链中占据高端的位置，在全球生产网络权力关系中也处于核心支配的地位，如计算机产业中的微软和英特尔公司。

2006 年中国召开了第四次全国科技大会，确定了“自主创新、重点跨越、支撑发展、引领未来”的指导方针，提出建设创新型国家的总体目标。其中“自主创新”是十六字指导方针的核心，是贯穿《国家中长期科学和技术发展规划纲要》的主线，并为长江三角洲地区未来发展模式的选择提供了理论的支持。未来长江三角洲地区融入全球生产网络的路径选择必须打破以往的传统模式，在保存现有生产加工的基础上，利用区域特有的人才优势和市场优势，积极引进跨国公司技术或研发创新中心，并将其纳入区域创新体系。同时，积极发掘本土企业在技术创新方面的能力，实现生产技术、管理技术等方面与跨国公司生产的对接。最终实现把提高自主创新能力作为科技发展的战略基点、作为提升竞争力的首要选择和调整经济结构、转变增长方式的中心环节。

二、基于价值链攀升的品牌建设战略

全球生产网络中的价值生产能力依据生产环节的递进构成典型的“微笑曲

线”模型。其中技术创新战略为价值攀升的一端，而基于品牌管理和营销的发展则为价值链“微笑曲线”的另一高端。品牌营销企业在全球生产网络中又位居网络的核心位置，其他类型企业均围绕其进行生产组织。因此，长江三角洲地区在重视自主技术创新的同时，还要重视企业的品牌建设，通过品牌的发展塑造全球市场标识，不断开拓国际市场。同时，以品牌企业为基础不断拓展以自我为核心的区域生产网络，进而通过网络的空间扩散，塑造以中国企业为领导厂商的新全球生产网络，实现整个区域功能在全球生产网络中地位的升级。在这个发展过程中，台湾笔记本电脑厂商宏基从OEM代工厂家到全球知名品牌厂家的成功转型经验值得借鉴。

三、基于国际竞争力的区域功能重组

2006年长江三角洲以占中国国土面积1%的土地和10.4%的人口，创造中国18.9%的GDP、24.5%的财政收入、45.2%的实际利用外商直接投资和35.5%的进出口总额，充分说明了整个长江三角洲地区的发展对中国经济转型具有至关重要的意义。长江三角洲地区要代表整个中国占领全球产业价值链的制高点，成为全球生产网络管理和控制核心，这也是长江三角洲地区城市群产业发展的最高战略。

长江三角洲地区摆脱目前粗放的低端价值链环节发展模式，技术创新战略和品牌建设战略的实施是根本路径，这将极大地提升长江三角洲地区在全球生产网络中的地位，是对整个长江三角洲地区在全球生产网络中功能的重组定位。但全球功能的重组必须以区域的功能重组为基础。由此，长江三角洲大都市区域在已成形的区域城市体系的基础上，根据初步设想将进一步在区域空间发展战略的引导下，形成以上海大都市区为核心、沪苏锡、沪宁杭、长江三角洲三个地域功能圈层和上海、南京、杭甬三个都市圈的全方位、一体化、开放式的总体框架（图7-15）。

（1）核心为上海大都市区，主要由上海中心城区和郊区组成。这是区域经济发展的管理和生产服务中心、知识技术溢出的技术极、信息交换和处理中心以及区域市场开拓中心。

（2）内圈由沪苏锡构成核心城市－区域，形成沪苏锡成长金三角，这也是上海大都市区的紧密腹地区和上海都市圈的核心范围，包括上海、苏州、无锡的全部行政区范围，影响区域包括江苏常州、南通和浙江的嘉兴、湖州。这是长江三角洲地区自主创新的高科技技术和先进制造业发展的重点区域，未来发展不断向价值链技术高端攀升，是近期整个长江三角洲地区围绕上海奠定区域自身全球生产网络地位的核心区域。

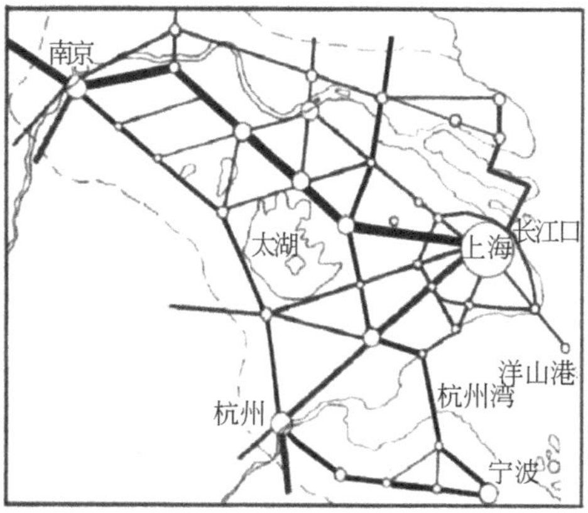

(a)长江三角洲地区基于交通组织的城市网络

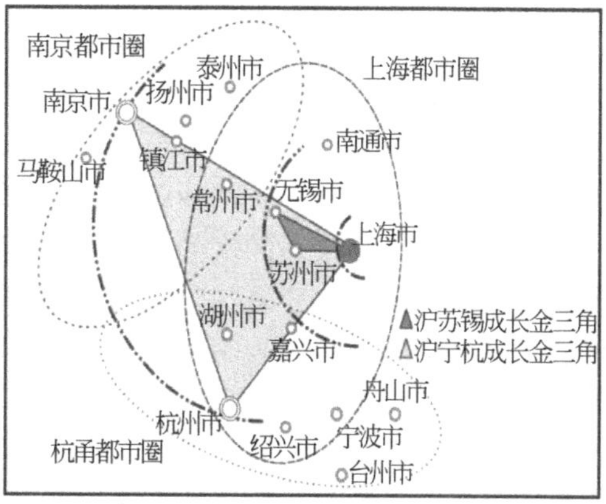

(b)长江三角洲大都市区域空间功能圈层体系

图 7-15 长江三角洲大都市区域空间功能圈层体系

资料来源：图（b）根据周志龙（2002）修改

（3）第二个圈层外推至南京和杭州，形成沪宁杭成长金三角，两个顶端城市南京、杭州因其省会地位及强大的经济实力而形成相对独立的两个都市圈。其中南京都市圈主要包括江苏南京、镇江、扬州三市以及安徽的马鞍山、滁州、芜湖三市，影响区域包括省内的常州，泰州、淮安等市；杭甬都市圈包括杭州、绍兴、宁波、舟山 4 个市，影响区域包括嘉兴、湖州、台州等市。该区域是长江三角洲地区的广域核心地区，也是区域经济发展的支柱。未来围绕高科技产业以及现代制造业的中端和高端部分发展，是远期奠定区域全球生产网络地位的核心区域。

（4）而最外围圈层则是通过沪宁杭金三角带动起来的整个长江三角洲城市群，其外围甚至可以外溢到苏北的盐城、徐州、浙南的金华、衢州以及安徽沿江其他城市等与长江三角洲有紧密联系的城市。这是整个区域中、低端制造业部分的承载地，但也是整个区域未来可持续发展的重要空间。

四、基于全球城市的大都市区空间重组

上海作为崛起中的世界城市已为世人所公认，目前上海在世界城市体系中仍处于较低的层次。一般认为，城市在全球劳动空间分工体系中的地位决定了城市在世界城市体系中的地位。笔者认为，一个城市在世界城市体系中的地位也与该城市所在区域在全球生产网络中的地位相关，即上海与世界城市体系的融合必须建立在整个长江三角洲与全球生产网络融合的基础上，以此确定上海在世界城市体系中的地位。在全球化和信息化快速发展的时代，城市竞争实际上已经转为大都市区域间的竞争，其中上海作为整个长江三角洲大都市区域的核心城市，应注

重城市功能等级的提升，不断向价值链高端攀升。同时，更应该注重衔接全球生产网络与地方化社会经济发展的联系，这是国家和时代赋予上海的历史使命。

总体而言，在长江三角洲城市群内部，上海的比较优势在于高素质人力资源、高密度的研发设施、政府服务与政策、市场秩序、司法体系、基础设施等方面，包括金融、贸易等生产性服务业相对发达；而长江三角洲其他地区则在土地和劳动力方面具有较强的优势，并且具有较灵活的机制和较强的创业氛围，制造业基础雄厚。不同的比较优势构成了长江三角洲地区产业分工协作的客观基础，形成了各城市和区域较为明显的分工脉络。作为志在建设全球城市的上海，未来发展应瞄准国际同层次城市的发展水平，充分发挥大都市生产、生活服务全面的优势，产业以支撑“四个中心”建设的金融、贸易、物流等高端现代服务业和知识含量高的高端先进制造业为发展重点。

基于生产网络组织的劳动空间分工发展决定了上海的城市空间结构不再适合仅仅以中心城区和郊区两个基本概念来构建，必须从新的空间概念入手进行空间组织的重构，以引导城市区位功能的优化，形成与社会经济发展实际状况相对应的城市空间结构。提出上海大都市区通勤区的概念，把上海市空间地域划分为三个圈层的结构①。

（1）中心区（约650km^2）：即外环内中心城区区域。中心城区可以再分为两个圈层：由黄浦、静安、卢湾和浦东陆家嘴地区构成核心区，重点发展金融、保险、通信和信息咨询等现代服务业；核心区以外为外缘区，主要以占地大的居住、商贸、物流、休闲旅游等功能为主，并可适当发展一些都市型工业以及科技含量和附加值较高的工业。

（2）通勤区（约1600km^2）：即外环以外到离市中心30km的圈层地区，包括外环外浦东新区和闵行的全部行政区域，宝山的绝大部分区域，嘉定东南部、青浦东部、松江东北部的区域（具体为嘉金高速公路东侧区域）以及南汇区的周康、航头地区。在通勤区以城市绿带为隔离带，既要避免城市呈摊大饼式扩展，又要考虑郊区城镇发展的连续性，通过建设高标准、功能完善、独具特色的新城、新镇，完善上海的城镇体系建设。在产业发展方面，以市级工业园区为载体，重点发展高新技术产业、先进设备制造业及其他新兴产业。

（3）郊区（4100km^2余）：即离市中心30km以外的区域，主要包括嘉定、青浦、松江三区的大部分区域，南汇、奉贤、金山三区和崇明、长兴、横沙三岛。郊区是上海建设国际经济中心城市必不可少的重要支撑载体，应积极发展大工业、大农业、大旅游。按照“三个集中”的原则提高郊区经济发展的规模和

① 划分参考基础是2000年第五次人口普查的基本数据，按照新的三圈层法2000年中心城区人口970万，通勤区人口测算为300万，远郊区370万。

集约化水平，重点建设市级以上工业区，形成若干个功能互补的制造业中心；同时建设现代化农业基地，完善远郊区综合功能。在城市建设方面，建设功能相对独立的新城和新市镇。崇明、横沙、长兴三岛的功能定位为生态岛，是上海未来发展的战略重点区域。

在以上三个圈层划分的基础上，参照目前世界上几个成熟大都市区的范围描述，定义中心区和通勤区为上海都市区范围，面积达到2250km^2。

第五节　小　　结

作为全球生产网络在中国镶嵌和根植性最强的城市，上海的城市内部空间结构体现出基于全球生产网络价值链环节的劳动空间分工与阿隆索的经典土地模型较为拟合的特点。其中高端管理、金融服务等多集聚于中心城区，信息技术服务等研发和技术服务环节在中心城区外缘布局，制造业则以郊区区域工业区为主要发展载体。而通过对全球生产网络的构成要素与上海城市功能分区的对应考察，验证了第六章中模拟的大都市区空间生产组织模式。

长江三角洲地区已经成为中国经济最发达和城市化水平最高的地区。全球生产网络的地方镶嵌与空间再扩散在长江三角洲地区表现得极为明显，由此促进区域内部城市之间的经济联系，并塑造整个区域经济发展的层级性。上海、杭州和南京等中心城市无疑处于地方生产网络价值链的较高端，宏观层面主要表现为产业结构向商务金融、信息处理、指挥控制、文化产业等生产性服务行业领域的转型。在微观企业角度，跨国公司总部及生产性服务企业设于区域核心城市，而生产制造部门在全区域布局的现象在长江三角洲地区亦表现明显，核心城市与区域其他城市之间构建垂直分工体系，一个浮现中的全球城市－区域正在形成。

总之，长江三角洲地区已经成为中国融入全球生产网络的最前沿阵地，其未来发展即代表中国在全球生产网络中发展的层次，这也对长江三角洲地区的发展提出更高战略的要求：必须突破“价值链陷阱”，重视技术创新，引导整个区域的制造业生产不断转型，迈向高端化，代表整个中国占领全球产业价值链的制高点。同时加快上海全球城市的建构，注重城市功能等级的提升，不断向价值链高端攀升，使其成为全球生产网络中管理和控制的核心，这是长江三角洲地区城市群产业发展的最高战略。

第八章

主要结论与研究展望

本书主要的研究目的有两个：一是对全球生产网络研究的基本维度与内容进行深入分析，包括基于价值链联系的企业生产组织、权力关系、地方镶嵌与网络镶嵌等主要内容，将其逐步纳入到地理学的区域差异性研究范畴，并赋予其更多如制度、文化等因素的社会性考虑；二是从全球生产网络地方镶嵌的空间效果入手，从一个中观层次的结构主义分析逐步延伸到城市地理学的研究范畴，包含“全球生产网络的发展组织—全球生产网络的空间扩散—全球生产网络的地方镶嵌—全球生产网络引导的大都市区域空间组织”这样的研究思路，并逐步完成从理论框架的建立到实证研究的完整过程。

事实上，正如第二章中关于全球生产网络研究综述时所描述的，全球生产网络是一个极为宽泛的综合性研究框架，涉及经济学、管理学、社会学以及地理学等众多学科的研究内容。而基于作者的专业基础，本书从理论分析到实证研究的过程和结果都具有明显的地理学空间色彩，希望通过地理学的研究取径，提供某种独特的视角，来分析全球生产网络所体现的区域社会经济变迁的实质。在中国，传统的基于跨国公司及国际贸易的全球化研究思路仍占据主流，而关于全球生产网络的研究较少。虽然本书试图尽可能做到完整的论述解释，最终完成的只能算是一次概括性的研究尝试，这些内容却是全球生产网络研究的核心部分，也是我们进一步研究的基础和出发点。在本章将首先概述全书的主要结论，其次则对未来的研究计划和领域提供一些建设性的建议。

第一节　主要结论

本书分析的焦点集中于全球生产网络的地理学研究，同时兼顾其他几个方面的主要内容，包括全球生产网络的跨界企业组织关系与权力分配、全球生产网络的地方镶嵌和地方的网络镶嵌、全球生产网络地方镶嵌之后的空间扩散对城市和区域空间组织的影响效应等，并分别以计算机产业为行业、以长江三角洲地区为地方空间进行了实证考察。这里将在实证研究的基础上结合理论命题加以验证，进而对主要结论进行总结和提炼。

一、关于全球生产网络的跨界生产组织

全球生产网络是基于产品内劳动分工和企业网络组织关系发展而形成的，这也是全球生产网络形成和发展的经济学和管理学基础。正是基于产品内劳动分工的发展，使得具备不同比较优势的企业都以价值链某个环节的生产来融入整个生产体系，包括核心技术研发与标准制定、高端产品研发与制造、生产组织管理、合同制造与组装、一般产品规模生产、品牌营销与服务等，最终通过彼此间的业务往来关系，形成生产网络，全球化的发展更使这种生产组织网络扩展到全球范围。从这个观点看，全球生产网络的含义已经远远超过了外商直接投资的概念，是全球化发展进程的高级阶段。

在空间层面上，全球生产网络主导的国际劳动分工空间格局具有明显的空间等级特征。为了保持其技术和组织上的优势并形成特定“租金”（rent），跨国公司核心研发部门和管理总部仍然保留在发达国家，更多地将生产制造和组装包括高端产品的合同制造等转移至发展中国家进行。近些年来，出于市场竞争和生产组织的需求，跨国公司亦开始将一些模块化操作的研发和管理部门向发展中国家的中心城市转移，以更大广度和深度地进行区域资源开发并及时制定和调整区域经营决策，形成跨国公司中级研发和决策中心。这种在研发和管理价值链环节上构建的更加深化的垂直分工体系也引发了地方发展的重要的社会经济变化。在品牌营销和服务环节，为了开拓市场和应付竞争，产品在发达国家和发展中国家市场出现的“时间差”正在日益消除而表现为均质化。

二、关于全球生产网络的权力组织关系

不同价值链环节具备不同的价值生产能力，这主要取决于企业所具备的特质资源即所谓的“租”，并由此形成特定的全球生产网络权力组织关系。最早出现的是制度经济学派和制度地理学派关于全球生产系统中阶层等级、网络平行之分的组织治理争论。其后，格里芬等根据生产网络中核心治理者所扮演的角色，在肯定全球商品链中权力等级关系存在的基础上，提出购买者驱动与生产者驱动两种治理类型。

进入 20 世纪 90 年代后，品牌企业出于发展战略的目的，将自身精力集中于发展具有挑战性的“核心能力”上，比如产品规范、设计、销售、市场营销等。同时最大限度地利用合同制造商的生产能力，企业组织结构开始倾向于逆垂直化发展。此外，供应商包括高级供应商与一般供应商更处于从属的地位。之后曼彻

斯特学派受新马克思主义学派的影响更为强烈，认为生产网络中的控制和协调是在市场机制的调节下，通过企业特别是跨国公司“阶层控制机制”作用来完成的，更加强调权力的层级支配关系。全球生产网络同样关注网络中价值链发展的驱动力，更在购买者驱动以及生产者驱动两种类型之外注意到其中的综合类型。

事实上，全球生产网络就是具有不同“权力和影响”的厂商之间互相依赖与发展关系网络的一个复杂集合，从有系统整合能力而控制整个网络的领导厂商，到通常规模较小的各种本地专业化网络供应商。其中，领导企业位于网络的核心位置，通过战略决策和组织管理直接管理和控制资源，因而领导企业的战略往往直接影响诸如专业化供应商和转包商等网络低端参与者的成长和战略方向。至于高端和低端供应商，反过来对领导企业的战略也会产生一定影响，尤其是高级供应商，通常承担了众多生产与组装的功能，其较强的生产能力和不断增长的设计能力使得品牌商在技术升级与标准制定方面也需要其配合和支持。因此，这种长期的附属型关系可能向互补型甚至向对等型转变。

三、关于全球生产网络的空间扩散与镶嵌

全球扩散是地方镶嵌的前提条件，而地方镶嵌又是全球生产网络全球扩散的必然的空间效果。跨国公司的全球搜寻、布局与地方的差异性息息相关，不同国家和地方必然存在不同的自然、政治、经济和文化制度安排。这也反映了全球生产网络在地方的镶嵌是一个复杂的产业融合和制度环境适应过程，包括领先企业在地方空间着陆后同全球生产网络及地方企业的关系、产业联系的重构。但在当今的全球化时代，生产要素的国际流动越来越强，区位替代的可能性变得越来越大，地区间的竞争变成了“持久力的比赛”或者“投标战”（Storper，1997）。特别是对于企业发展、策略制定以及优势塑造而言，国家和地方的发展政策及相关制度（税收政策、人才培训等）仍然是最重要的影响要素，这种区域差异使得全球生产网络并不是全球均匀扩散的，其中特定部分镶嵌于特定城市或区域，形成全球网络中的新节点。由此，跨国公司的生产经营活动在空间分布上反而趋于集聚到某些特定地区，区域发展呈现高度不均衡的状态，由此更加突出了地方镶嵌研究的重要性。

四、从全球生产网络到大都市区生产空间组织

全球生产网络组织模式下新的发展背景与趋势，不仅在全球层面上引发经济结构的空间调整，在城市自身层面也引发一种以相互关联的地域集聚和分散运动为特征的重组趋势。表现在性质相同的城市功能在空间分布上更趋向集中，如信息技术的协同效应使城市中区位最好、基础设施最为完善的中心区成为信息流通

和管理服务中心，生产性服务、商务办公等功能的集中化趋势使城市的中枢功能进一步加强，另外，高科技产业集中分布的高新技术园区、商务活动集中分布的商务园区等，一般制造与组装则倾向于郊区工业园区。与此同时，一些常规的办公活动和制造业出现了更为强烈的扩散趋势，寻求低廉的商务成本投资区域。

城市功能分区日益复杂化和更加鲜明，中央商业商务区、边缘城市、科技园区（R&D park）、工业园区（industry park）、物流中心等不同功能的圈层乃至块状区共同填塞了城市空间这个不断变化的“魔方”。中心城市在集聚与扩散的相互作用中核心地位不断强化。中心城市的某些功能以节点的形式延伸到整个大都市区域并形成新的次级中心，大都市向分散的结构收敛，该结构具有多个亚中心、分散化的制造业和更集中的服务业，一个多中心网络化的空间结构正在形成。对上海的实证研究则充分揭示了全球生产网络地方镶嵌之后的多中心大都市区空间结构组织模式。

五、关于中国及长江三角洲地区案例研究

20 世纪 80 年代开始，中国实行改革开放政策以吸引跨国公司来华投资，商务成本要素成为中国招商引资发展的主要优势。2007 年的统计数据表明，中国的加工贸易占中国贸易总额的 45. 4% 左右，中国国际贸易的 1/2 左右是在给外国企业加工做零部件，或者进口他们生产的零部件进行组装，即国际分工中中国的地位主要是承担劳动力密集部分任务，验证了中国依据比较优势嵌入全球生产网络的发展模式。对计算机产业价值链——“微笑曲线”的实证分析更揭示了中国高科技产业在国际分工中的低端地位。但随着中国土地成本和劳动力成本的上升及对中国市场的日益重视，跨国公司在华投资的发展模式开始有所改变，包括代表处、区域总部、区域或全球采购中心及区域或全球研发中心等重要机构已经成为新的投资趋势。跨国公司强大的研发力量都可被视为中国国家创新体系的组成部分，促使中国在更高层次融入跨国公司的全球生产网络，同时使得中国在全球生产网络中的权力地位和关系更加复杂化。

对长江三角洲地区的实证分析表明，跨国公司投资和对外贸易的加速发展使得长江三角洲正处于一个为构筑更高竞争平台而激烈重组的时期，城市功能定位、产业布局、空间架构、设施建设在实现全方位重组，正日益改写长江三角洲地区的经济版图。以上海为核心的整个长江三角洲地区城市 - 区域呈现服务业垂直分工、相互依存，制造业水平分工、竞争激烈的劳动空间分工格局。其中，上海在经济规模、产业结构等方面日益表现出核心城市的地位，跨国公司总部管理、金融运营、研发设计、市场营销等功能日益强化。长江三角洲已成为中国融入全球生产网络的最前沿阵地，其未来发展代表着中国融入全球生产网络发展的

层次，这也对长江三角洲地区的发展提出了更高的战略要求：必须突破“价值链陷阱”，重视技术创新，引导整个区域制造业生产不断转型并迈向高端化，代表整个中国占领全球产业价值链的制高点。同时加快上海全球城市的建构，注重城市功能等级的提升，不断向价值链高端攀升，使其成为全球生产网络的管理和控制核心，则是长江三角洲城市群发展的最高战略。

第二节 研究展望

全球生产网络是一个综合性的研究框架，而把全球生产网络同大都市区空间组织联系起来考察是两个综合性框架的融合，这为地理学者提供了广阔的研究领域，而本书最终完成的只能算是一次综合性概括研究，在深度方面仍存在较大差距。在已有的研究基础上，本书试图提供一些拓展方向和建议。

（1）全球生产网络理论框架与研究方法的完善。对于以经济地理学为学科背景的曼彻斯特学派而言，其全球生产网络研究存在过分强调社会联系、相对忽略构成全球生产网络基础的经济交易活动，包括生产模式、企业组织等；管理学派全球生产网络研究则更多地重视企业组织的管理，缺少社会学着重于描述与解释的研究思路。因此全球生产网络研究最主要的挑战是对物质和社会文化层面的广泛整合，需要在理论上进一步建构，以不断完善全球生产网络框架体系。此外，经验主义的分析主宰了目前全球生产网络研究，全球生产网络虽有明显成熟的分析框架，但仍没有一整套系统的方法论工具以实施这个研究框架。未来研究必须突破目前已有经验主义的数据收集、实地跟踪考察等研究方法，倾向于定量数据研究的补充。

（2）全球生产网络中企业组织与权力分配的关系。对全球生产网络中企业组织关系与权力分配的探讨似乎已经相当成熟，但实际上随着组织管理和生产技术的变革，全球生产网络中企业组织及其所反映的权力支配关系是一个动态的概念，并且在不同产业和行业中存在不同表现，都需要我们根据实际发展予以准确把握分析。不仅只是从生产组织本身考察公司权力，而是赋予全球生产网络中企业组织和权力关系研究以制度和文化的内涵，更是未来进一步研究的领域。

（3）全球生产网络的空间扩散和地方镶嵌的机制。全球生产网络空间扩散和地方镶嵌包含多样化的作用机制，尤其地方镶嵌更是一个复杂的产业融合和制度环境适应过程。而空间扩散和地方镶嵌之后不同发展阶段更会有不同的主导因素发挥作用，如跨国公司对中国的投资在加入世界贸易组织后持续投资的主导因素从低商务成本优势向技术创新、市场开放等新的优势转换。分析不同产业、不同地方空间、不同发展阶段全球生产网络空间扩散和地方镶嵌的机制是重要研究面向。

（4）嵌入全球生产网络中地方的发展实质。本书已经通过理论分析和实证研究证明嵌入全球生产网络的地方可以通过资本、知识和技术的持续流入，实现地方的产业升级和经济发展。这种基于全球化经济力量的地方发展到底与完全基于本地化经济力量发展的地方存在何种发展的实质差异？两种类型地方持续发展的动力分别是什么？解决这些问题有助于不同地方根据自身优势确定发展路径。

（5）全球生产网络与区域空间组织之间的关系。本书已经对全球生产网络与地方生产空间组织的交互作用进行了初步总结，验证了两者之间的互动关系。但全球生产网络是一个动态过程，在不同发展阶段各价值链环节倾向于不同空间的集聚，进而形成不同的生产空间模式，而从动态的观点考察是一个新的研究课题。

（6）发展中国家全球生产网络地位提升的路径选择。这是发展中国家学者在全球生产网络研究中必须面对和思考的最根本目标。全球生产网络中价值链生产环节的空间等级性证明了“价值链陷阱”的存在。已有研究认为知识和技术的流动可以促进地方经济的转型和发展，但在“价值链陷阱”存在的前提下，这种流动永远只能是服务于知识和技术的拥有者。因此，自主创新和管理创新的发展道路对于发展中国家提升其在全球生产网络的地位具有重要意义。

参 考 文 献

奥沙利文.2003. 城市经济学（第四版）. 苏晓燕，常荆莎，朱雅丽译. 北京：中信出版社
白雪洁.2005. 模块化时代的汽车产业变革. 中国工业经济，(9)：99－106
蔡建明，薛凤旋.2002. 界定世界城市的形成——以上海为例. 国外城市规划，(5)：16－24
蔡来兴.1995. 国际经济中心城市的崛起. 上海：上海人民出版社
陈才.2001. 区域经济地理学. 北京：科学出版社
长江三角洲各地市统计局.1991～2009 年统计年鉴. 北京：中国统计出版社
陈清明，徐建刚，陈启宁.1999. 现代城市规划中的用地功能组织分析——以苏州工业园区为例. 城市规划，(4)：42－45
陈伟新.2003. 当代中国大城市产业结构与空间结构协同发展研究. 上海：同济大学博士学位论文
陈先毅，宁越敏.1997. 大城市郊区乡村城市化研究——以上海为例. 城市问题，(3)：27－31
陈小红.2004. 世界城市理论：研究的主要取向. 见：周振华，陈向明，黄建富，等. 世界城市—国际经验与上海发展. 上海：上海社会科学院出版社
陈彦光，刘继生.2004. 地理学的主要任务与研究方法——从整个科学体系的视角看地理科学的发展. 地理科学，24（3）：257－263
陈瑛.2005. 城市 CBD 与 CBD 系统. 北京：科学出版社
成德宁.2004. 城市化与经济发展——理论、模式与政策. 北京：科学出版社
崔功豪.2001. 都市区规划——地域空间规划的新趋势. 国外城市规划，(5)：1
崔功豪.2002. 当前城市与区域规划问题的几点思考. 城市规划，26（2）：40－42
大前研一.1996. 民族国家的终结：区域经济的兴起. 李宛蓉译. 台北：立绪出版社
杜德斌.2001. 跨国公司 R&D 全球化的区位模式研究. 上海：复旦大学出版社
费尔南．布罗代尔.1993. 15 至 18 世纪的物质文明、经济和资本主义. 顾良，施康强译. 北京：三联书店
冯健.2002. 杭州城市工业的空间扩散与郊区化研究. 城市规划汇刊，(2)：42－47
盖文启.2002. 创新网络——区域经济发展新思维. 北京：北京大学出版社
高柏.2006. 新发展主义与古典发展主义——中国模式与日本模式的比较分析. 社会学研究，(1)：114－139
高柏.2007-06-25. 成本上升跨国企业何去何从? 21 世纪经济报道
高辉清.2005. 警惕外资带来的虚假繁荣. 亚洲周刊，19(36)(新思维版)
高汝熹，罗明义.1998. 城市圈域经济论. 昆明：云南大学出版社
顾朝林，甄峰，张京祥.2000. 集聚与扩散——城市空间结构新论. 南京：东南大学出版社

国际统计信息中心 . 2009. 长江和珠江三角洲及港澳特别行政区统计年鉴 . 北京：中国统计出版社
何丹 . 2003. 城市政体模型及其对中国城市发展研究的启示 . 城市规划，27（11）：13－18
何丹 . 2008. 1990 年代以来上海促进增长城市政体的形成和城市发展 . 见：宁越敏 . 中国城市研究第一辑 . 北京：中国大百科全书出版社
赫尔普曼，克鲁格曼 . 1993. 市场结构和对外贸易——报酬递增、不完全竞争和国际贸易 . 尹翔硕，尹翔康译 . 上海：上海三联书店
胡序威，周一星，顾朝林，等 . 2000. 中国沿海城镇密集地区空间集聚与扩散研究 . 北京：科学出版社
黄建富 . 2003. 城市发展中的交易成本研究 . 上海：东华大学出版社
简博秀 . 2004. Desakota 与中国新的都市区域的发展 . 台湾大学建筑与城乡研究学报，（12）：45－68
蒋以任，等 . 2002. 上海工业结构调整 . 上海：上海人民出版社
卡斯特 . 2001. 网络社会的崛起 . 夏铸久，等译 . 北京：社会科学文献出版社
康芒斯 . 1962. 制度经济学 . 于树生译 . 北京：商务印书馆
科斯 . 2000. 企业的性质 . 见：普特曼，克罗茨纳 . 企业的经济性质 . 孙经纬译 . 上海：上海财经大学出版社
克鲁格曼 . 2001. 克鲁格曼国际贸易新理论 . 黄胜强译 . 北京：中国社会科学出版社
莱特，雷比诺 . 2001. 权力的空间化 . 陈志梧译 . 见：包亚明 . 后现代性与地理学的政治 . 上海：上海教育出版社
冷则刚 . 2002. 资讯产业全球化的政治分析——以上海市发展为例 . 台北：印刻出版有限公司
李嘉图 . 1962. 政治经济学及赋税原理 . 郭大力，王亚南译 . 北京：商务印书馆
李健 . 2004. 商务成本及对区域经济发展影响的研究——以长江三角洲为例 . 上海：华东师范大学硕士学位论文
李健 . 2006. 上海与周边城市开发区商务成本比较研究 . 上海城市管理职业技术学院学报，（3）：33－38
李健 . 2007. 商务成本视角下的长三角区域经济发展 . 上海城市管理职业技术学院学报，（1）：28－33
李健，宁越敏 . 2006. 西方城市社会地理学主要理论及研究的意义——基于空间思想的分析 . 城市问题，（9）：84－89
李健，宁越敏 . 2007. 1990 年代以来上海人口空间变动与城市空间结构重构 . 城市规划学刊，（2）：20－24
李健，宁越敏 . 2008. 西方城市社会地理学研究进展及对中国研究的意义 . 地理科学，（1）：124－130
李健，宁越敏，石崧 . 2006. 长江三角洲城市化发展与大都市圈空间圈层重构 . 城市规划学刊，（3）：16－21
李健，宁越敏，汪明峰 . 2008. 计算机产业全球生产网络分析——兼论其在中国大陆的发展 . 地理学报，（2）：437－448

李健，吴国伟，高丰. 2006. 从商务成本竞争到劳动空间分工——长三角区域经济一体化发展路径探讨. 现代经济探讨，(6)：82－86

李小建. 1997. 新产业区与经济活动全球化的地理研究. 地理科学进展，16（3）：16－23

李小建. 1999. 公司地理学（修订版）. 北京：科学出版社

李小建，等. 2002. 经济地理学. 北京：高等教育出版社

梁能. 1999. 国际商务. 上海：上海人民出版社

梁琦. 2004. 产业集聚论. 北京：商务印书馆

梁志坚. 1994. 交易成本理论在城市与区域研究中的应用. 城市问题，(6)：7－9

列斐伏尔. 2003. 空间：社会产物与使用价值. 见：包亚明. 现代性与空间的生产. 上海：上海教育出版社

刘德学，卜国琴，苏桂富. 2006. 全球生产网络与加工贸易升级. 北京：经济科学出版社

刘刚. 2004. 后福特制研究：生产组织方式创新与企业竞争优势. 北京：人民出版社

刘君德. 1996. 中国行政区划的理论与实践. 上海：华东师范大学出版社

刘君德，汪宇明. 2000. 制度与创新——中国城市制度的发展与改革新论. 南京：东南大学出版社

卢锋. 2004a. 产品内分工. 经济学（季刊），4（1）：55－82

卢锋. 2004b. 产品内分工：一个分析框架. 北京大学中国经济研究中心讨论稿系列，No. 2004005

卢明华，李国平. 2004. 全球 ICT 产业价值链及对中国的启示. 北京大学学报（哲学社会科学版），(4)：63－69

陆大道，毛汉英，刘卫东，等. 2003. 中国区域发展的理论与实践. 北京：科学出版社

栾峰，何丹. 2005. 企业家城市：城市发展理论的内涵及其批判. 城市规划学刊，(2)：50－54

马润潮. 1999. 人文主义与后现代化主义之兴起及西方新区域地理学之发展. 地理学报，54（4)：365－372

马歇尔. 1964. 经济学原理. 朱志泰，陈良壁译. 北京：商务印书馆

迈克尔·波特. 2001. 竞争优势. 陈小悦译. 北京：华夏出版社

迈克尔·波特. 2002. 国家竞争优势. 李明轩，邱如美译. 北京：华夏出版社

孟庆民，李国平. 2000. 新国际劳动分工研究动态. 世界地理研究，9（2)：31－37

苗长虹. 2004a. 变革中的西方经济地理学：制度，文化，关系与尺度转向. 人文地理，19（4)：68－76

苗长虹. 2004b. 马歇尔产业区理论的复兴及其理论意义. 地域研究与开发，23（1)：1－6

苗长虹，樊杰，张文忠. 2002. 西方经济地理学区域研究的新视角——论“新区域主义”的兴起. 经济地理，22（6)：644－650

宁越敏. 1991. 新的国际劳动分工、世界城市和我国中心城市的发展. 城市问题，(3)：2－7

宁越敏. 1995a. 从劳动分工到城市形态——评艾伦·斯科特的区位论（一）. 城市问题，(2)：18－21

宁越敏. 1995b. 从劳动分工到城市形态——评艾伦·斯科特的区位论（二）. 城市问题，(3)：14－16

宁越敏．1998. 新城市化进程——90 年代中国城市化动力机制和特点探讨．地理学报，（5）：470－477
宁越敏．2000. 上海市区生产服务业及办公楼区位研究．城市规划，24（8）：9－12
宁越敏．2003. 国外大都市区规划体系评述．世界地理研究，12（1）：36－43
宁越敏．2004. 外商直接投资对上海经济发展影响的分析．经济地理，24（3）：313－317
宁越敏，邓永成．1996. 上海城市郊区化研究．见：李思名，邓永成，姜兰虹，等．中国区域经济发展面面观．台北，香港：台湾大学人口研究中心，香港浸会大学林思齐东西学术交流会研究所
宁越敏，高丰．2008. 中国大都市区的界定和发展特点．见：宁越敏．中国城市研究第一辑．北京：中国大百科全书出版社
宁越敏，李健．2007. 上海城市功能的转型：从全球生产系统角度的透视．世界地理研究，16（4）：47－54
宁越敏，施倩．1996. 上海大都市区的界定及圈层结构初探．上海城市规划，（6）：2－7
宁越敏，石崧．2011. 从劳动空间分工到大都市区空间组织．北京：科学出版社
宁越敏，施倩，查志强．1998. 长江三角洲都市连绵区形成机制与跨区域规划研究．城市规划，22（1）：16－20
皮特．霍尔．1982. 世界大城市．中国科学院地理研究所译．北京：中国建筑工业出版社
乔继明，宁越敏．1992. 试论西方国家劳动空间分工理论的发展．世界地理研究，1（1）：38－44
青木昌彦．2003. 产业结构的模块化理论．周国荣译．见：青木昌彦，安藤晴彦．模块时代：新产业结构的本质．上海：上海远东出版社
萨森．2004. 世界城市理论的新探索．见：周振华，陈向明，黄建富，等．世界城市——国际经验与上海发展．上海：上海社会科学院出版社
上海市经济委员会．2007. 上海市开发区发展报告．上海：上海科学技术文献出版社
上海市第二次基本单位普查领导小组办公室，上海市统计局．2002. 上海市第二次基本单位普查资料汇编．北京：中国统计出版社
上海市第一次经济普查领导小组办公室，上海市统计局．2004. 上海经济普查年鉴．北京：中国统计出版社
上海市第一次基本单位普查办公室．1997. 上海市基本单位普查资料汇编．北京：中国统计出版社
上海市对外经济贸易年鉴编委会．1998，2005，2008 年上海对外经济贸易年鉴．上海：汉语大辞典出版社
上海市浦东新区统计局．1994～2008. 上海浦东新区统计年鉴．北京：中国统计出版社
上海市统计局．1984～2009. 上海统计年鉴．北京：中国统计出版社
盛洪．1992. 分工与交易——一个一般理论及其对中国非专业化问题的应用分析．上海：上海三联书店
施蒂格勒．1996. 产业组织和市场管制．潘振民译．上海：上海三联书店
施振荣．2005. 宏基的世纪变革．北京：中信出版社
石崧．2004. 城市空间结构演变的动力机制分析．城市规划汇刊，（1）：50－52
石崧，宁越敏．2005. 人文地理学“空间”内涵的演进．地理科学，25（3）：340－345

石崧，宁越敏. 2006. 劳动力空间分工理论评述. 经济学动态，(2)：101－105
斯密. 1981. 国民财富的性质和原因的研究. 郭大力，王亚南译. 北京：商务印书馆
斯普尔伯. 2002. 市场的微观结构——中间层组织与厂商理论. 张军译. 北京：中国人民大学出版社
索雅. 2004a. 第三空间：航向洛杉矶以及其他真实与想像地方的旅程. 王志弘译. 台北：桂冠图书股份有限公司
索雅. 2004b. 后现代地理学——重申批判社会理论中的空间. 王文斌译. 北京：商务印书馆
汤建中. 1995. 上海 CBD 的演化和职能调整. 城市规划，(3)：35－38
汤建中，盛强. 1999. 全球区位论初探. 世界地理研究，(3)：1－14
唐子来，栾峰. 2000. 1990 年代的上海城市开发与城市结构重组. 城市规划汇刊，(4)：32－37
陶松龄，刘阳恒. 1997. 城市发展动力与可持续发展城市，(2)：3－8
陶松龄，甄富春. 2002. 长江三角洲空间演化与上海大都市增长. 城市规划，26 (2)：43－48
田文，刘厚俊. 2006. 产品内分工下西方贸易理论的新发展. 经济学动态，(5)：69－75
童昕，王缉慈. 1999. 硅谷－新竹－东莞：透视 IT 产业全球生产网络. 科技导报，(16)：14－16
汪明峰. 2007. 城市网络空间的生产与消费. 北京：科学出版社
汪明峰，宁越敏. 2006. 城市的网络优势——中国互联网骨干网络结构与节点可达性分析. 地理研究，25 (2)：193－203
汪宇明，刘君德，戴均良. 2000. 上海大都市区行政区划体制研究. 人文地理，15 (6)：5－8
王德忠. 2002. 企业扩张——理论研究及其对中国行政区经济问题的应用分析. 上海：华东师范大学出版社
王缉慈，朱华晟，童昕，等. 2001. 创新的空间：企业集群与区域发展. 北京：北京大学出版社
王旭. 1998. 大都市区化：本世纪美国城市发展的主导趋势. 美国研究，(4)：65－77
王铮，邓悦，宋秀坤，等. 2001. 上海城市空间结构的复杂性分析. 地理科学进展，20 (4)：331－340
王志乐. 2008. 2008 跨国公司中国报告. 北京：中国经济出版社
威廉姆森. 1996a. 交易费用经济学：契约关系的规则. 见：陈郁. 企业制度与市场组织——交易费用经济学文选. 上海：上海三联书店
威廉姆森. 1996b. 生产的纵向一体化：市场失灵的考察. 见：陈郁. 企业制度与市场组织——交易费用经济学文选. 上海：上海三联书店
文嫮，曾刚. 2005. 全球价值链治理与地方产业网络升级研究. 中国工业经济，(7)：20－27
沃勒斯坦. 1998. 现代世界体系（第一卷）尤来寅，吕丹，孙立田. 等译. 北京：高等教育出版社
沃勒斯坦. 2004. 世界体系与世界诸体系评析. 见：弗兰克，吉尔斯. 世界体系：500 年还是5000 年？郝名玮译. 北京：社会科学文献出版社
吴志强，姜楠. 2000. 全球化理论的实证研究：上海城市土地开发空间布局的特征. 城市规划汇刊，(4)：38－46
夏铸久. 2004. 窥见魔鬼的容颜——全球化下都市研究的全球转向、北台都会区域与台北市的

挑战．2004 年都市研究与上海经验暑期高级研讨班上的讲演论文．上海：华东师范大学
谢守红．2004. 大都市区的空间组织．北京：科学出版社
谢守红，宁越敏．2003. 城市化与郊区化：转型期都市空间变化的引擎．城市规划，27（11）：24－29
熊彼特．1912. 经济发展理论．北京：商务印书馆
熊军．2002. 经济全球化和地方响应——以上海为例．上海：华东师范大学博士学位论文
徐瑞华，杜德斌．2004. 上海外资 R&D 中心区位研究．经济地理，24（5）：625－628
徐玮．2004. 二十世纪九十年代上海市流动人口研究．上海：华东师范大学硕士学位论文
许学强，周春山．1994. 论珠江三角洲大都会区的形成．城市问题，3：3－6
许学强，周素红．2003. 20 世纪 80 年代以来我国城市地理学研究的回顾与展望．经济地理，23（4）：433－440
许学强，周一星，宁越敏．2009. 城市地理学．北京：高等教育出版社
严重敏．1986. 新技术革命与上海地区的城镇体系．见：城市与区域研究—严重敏论文集．华东师范大学西欧北美地理研究所
严重敏，宁越敏．1999. 略论上海市中心商务区的改造与发展．见：城市与区域研究—严重敏论文集．华东师范大学西欧北美地理研究所
严重敏，张务栋，张亚群．1986. 上海地区城镇体系初析．见：城市与区域研究——严重敏论文集．华东师范大学西欧北美地理研究所
严重敏，汤建中．1989. 上海地区城镇体系布局新构想．见：城市与区域研究——严重敏论文集．华东师范大学西欧北美地理研究所
杨小凯．2003. 经济学——新兴古典与新古典框架．张定胜，张永生，李利明译．北京：社会科学文献出版社
杨小凯，张永生．2000. 新兴古典经济学和超边际分析．北京：中国人民大学出版社
叶嘉安．1996. 外国投资对中国城市发展的影响．见：李思明，邓永成，姜兰虹，等．中国区域经济发展面面观．台北：台湾大学及香港浸会大学
叶奇，刘卫东．2004. 西方经济地理学对劳动力问题的研究进展．地理学报，59（增刊）：191－197
叶舜赞．1994. 大城市和国际城市集聚和扩散机制的探讨．城市问题，4：6－10
余丹林，魏也华．2003. 国际城市、国际城市区域以及国际化城市研究．国外城市规划，18（1）：47－50
于洪俊，宁越敏．1983. 城市地理概论．合肥：安徽科学技术出版社
曾刚．2001. 上海市工业布局调整初探．地理研究，20（3）：330－337
张家铭．2006. 台商在苏州——全球化与在地化的考察．台北：桂冠图书股份有限公司
张五常．1996. 企业的契约性质．见：陈郁．企业制度与市场组织——交易费用经济学文选．上海：上海三联书店
甄峰．2004. 信息时代的区域空间结构．北京：商务印书馆
郑京淑．2004. 现代跨国公司的区位体系与世界经济．广州：中山大学出版社
周年兴，俞孔坚，李迪华．2004. 信息时代城市功能及其空间结构的变迁．地理与地理信息科学，（2）：69－72

周维颖 . 2004. 新产业区演进的经济分析 . 上海：复旦大学出版社
周一星 . 1995. 城市地理学 . 北京：商务印书馆
周一星，孟延春 . 2000. 北京的郊区化及其对策 . 北京：科学出版社
周一星，张莉 . 2003. 改革开放条件下的中国城市经济区 . 地理学报，58（2）：271 - 284
周振华，韩汉君 . 2002. 流量经济及其理论体系 . 上海经济研究，(1)：21 - 31
周志龙 . 2002. 全球化，知识与区域 . 台北：詹氏书局
朱华晟 . 2003. 浙江产业群——产业网络、成长轨迹与发展动力 . 浙江：浙江大学出版社
中国国家统计局 . 1990 ~ 2009. 1990 ~ 2009 年中国统计年鉴 . 北京：中国统计出版社
Emst D. 2004. 东亚地区电子产业中的全球生产网络及其在马来西亚的开放前景展望 . 见：Yusuf S，Altaf M A Kaoru Nabeshima. 全球生产网络与东亚技术变革 . 中国社会科学院亚太所译 . 北京：中国财政经济出版社
Friedmann J. 2002. Planning global cities：a model for an endogenous development. 广州大都市区发展国际研讨会议论文
Li J，Ning Y M. 2008. Urbanization progress and megalopolis restructuring in the Yangtze Delta Region. 见：宁越敏中国城市研究（第一辑）. 北京：中国大百科全书出版社
Taylor P J. 2007. 华东师范大学演讲稿 . 上海：华东师范大学
Yusuf S. 2004. 在全球生产网络化的背景下通过技术领先获得竞争优势 . 见：Yusaf S，Altaf M A，Nabes K. 全球生产网络与东亚技术变革 . 中国社会科学院亚太所译 . 北京：中国财政经济出版社
Yusuf S，Altaf M A，Nabes K. 2005. 全球生产网络与东亚技术变革 . 中国社会科学院亚太所译 . 北京：中国财政经济出版社
Amin A，Thrift N. 1994. Living in the global. *In*：Amin A. Globalization Institution，and Reginal Development in Europ. Oxford：Oxford University
Amin A. 1999. A institutionalist perspective on regional economic development. International Journal of Urban and Regional Researches，23（2）：363 - 378
Allen J. 2003. Lost Geographies of Power. Oxford：Blackwell
Amin A. 1997. Placing globalization. Theory，Culture and Society，14（2）：123 - 137
Amin A，Thrift N. 1992. Neo-Marshallian nodes in global networks. International Journal of Urban and Regional Research，16（4）：571 - 587
Arndt S W. 1997. Globalization and the open economy. North American Journal of Economics and Finance，8（1）：71 - 79
Bair J. 2005. Global capitalism and commodity chains：looking back，going forward. Competition and Change，9（2）：153 - 180
Bair J，Gereffi G. 2003. Upgrading，uneven development，and jobs in the North American apparel industry . Global Networks，3（2）：143 - 169
Bathelt H. 2006. Geographies of production：growth regimes in spatial perspective 3ötowards a relational view of economic action and policy. Progress in Human Geography，30：223 - 236
Bathelt H，Gluckler J. 2003. Toward a relational economic geography. Journal of Economic Geography，

3 (2): 117 - 144

Borrus M. 1997. Left of dead: Asian production networks and the revival of U S Electronics. *In*: Naughton B. The China Circle: Economics and Electronics in the PRC, Taiwan, and Hong Kong. Washington D C: Brookings Institution Press

Castells M. 1996. The Rise of the Network Society. Cambridge: Blackwell

Castells M. 2001. The Internet Galaxy: Reflections of the Internet, Business, and Society. Oxford: Oxford University Press

Chapman K, Walker D F. 1991. Approaches to the Study of Industrial Location, Industrial Location. 2nd ed. Oxford: Basil Blackwell

Clark G L. 1998. Stylized facts and close dialogue: methodology in economic geography. Annual of the Association of American Geographers, 88: 73 - 87

Coe N M, Hess M. 2005. The internationalization of retailing: implications for supply network restructuring in East Asia and Eastern Europe. Journal of Economic Geography, 5: 449 - 473

Coe N M, Lee Y-S. 2006. The strategic localization of transnational retailers: the case of Samsung-Tesco in South Korea. Economic Geography, 82: 61 - 88

Coe N M, Yeung H W-C. 2001. Geographical perspectives on mapping globalization. Journal of Economic Geography, 1: 367 - 380

Coe N, Hess M, Yeung H W-C, et al. 2004. Globalizing regional development: a global production networks perspective. Transactions of the Institute of British Geographers, New Series 29: 468 - 484

Cohen R. 1981. The New international division of labour, multinational corporations and urban hierarchy. *In*: Dear M, Scott A. Urbanization and Urban Planning in Capitalist Society. London: Methuen

Dacin M T, Ventresca M J, Beal B D. 1999. The embeddedness of organizations: dialogue and directions. Journal of Management, 25: 317 - 356

Depner H, Bathelt H. 2005. Exporting the German model: the establishment of a new automobile industry cluster in Shanghai. Economic Geography, 81 (1): 53 - 81

Dicken P. 1986. Global Shift: Industrial Change in a Turbulent World. London: Harper and Row

Dicken P. 2003. Global Shift: Reshaping the Global Economic Map in the 21st Century. 4th ed. London: Sage

Dicken P. 2005. Tangled webs: transnational production networks and regional integration. SPACES 2005-04, Department of Geography, University of Marburg, Marburg

Dicken P, Lloyd P E. 1990. Location in Space. New York: Harper & Row

Dicken P, Thrift N. 1992. The organization of production and the production of organization: why business enterprises matter in the study of geographical industrialization. Transactions of the Institute of British Geographers, New Series 17: 279 - 291

Dicken P, Kelly P, Olds K, et al. 2001. Chains and networks, territories and scales: towards an analytical framework for the global economy. Global Networks, 1: 89 - 112

Dixit A K, Grossman G M. 1982. Trade and protection with multistage production. The Review of Economic Studies, 49 (4): 583 - 594

Domanski B. 2005. Transnational corporations and the post-socialist economy: learning the ropes and forging new relationships in contemporary Poland. *In*: Alvstam C, Schamp E. Linking Industries Across theWorld: Processes of Global Networking. Aldershot: Ashgate Hants: 147 – 172

Ernst D. 1997. Partner of the China circle? The East Asian production network of Japanese electronics. *In*: Naughton B. The China Circle: Economics and Electronics in the PRC, Taiwan, and Hong Kong. Washington D C: Brookings Institution Press

Ernst D. 1999. Inter-organization knowledge outsourcing: what permits small taiwanese firms to compete in the computer industry. Asia Pacific Journal of Management, 17 (8): 223 – 255

Ernst D. 2001. The Internet's effects of global production networks: challenges and opportunities for managing in developing Asia. East-West Center Working Paper, Economics Series, No. 33. Honolulu: East-West Center

Ernst D. 2002a. Global production networks and the changing geography innovation systems: implications for developing countries. Journal of Economics Innovation and New Technologies, 11 (6): 497 – 523

Ernst D. 2002b. Global production networks in East Asia'electronics industry and upgrading perspectives in Malaysia. economics study area working papers. East-West Center, economics study area

Ernst D, Guerrieri P. 1998. International production networks and changing trade patterns in East Asia: the case of the electronics industry. Oxford Development Studies, 26 (2): 191 – 212

Ernst D, Kim L. 2002. Global production networks, knowledge diffusion, and local capability formation. Research Policy, 31 (8 – 9): 1417 – 1429

Evans P. 1995. Embedded Autonomy: States and Industrial Transformation. Princeton: Princeton University Press

Feenstra R C, Hamilton G G. 2006. Emergent Economies, Divergent Paths: Economic Organization and International Trade in South Korea and Taiwan. Cambridge: Cambridge University Press

Finger J M. 1975. Tariff provisions for offshore assembly and the exports of developing countries. The Economic Journal, 85: 365 – 371

Friedmann J. 1986. The world city hypothesis. Development and Change, 17 (1): 69 – 84

Friedmann J. 1995. Where we stand: a decade of world city research. *In*: Knox P L, Taylor P J. World Cities in a World-System. Cambridge: Cambridge University Press

Friedmann J. 2001. Intercity networks in a globalizing Era. *In*: Scott A J. Global City-Regions: Trends, Theory, Policy. Oxford: Oxford University Press

Frobel F, Heinrichs J. 1980. The New International Division of Labor. Cambridge: Cambridge University Press

Gereffi G. 1993. Global sourcing and regional divisions of labour in Pacific Rim. *In*: Kirlik A. What is in A Rim? Critical Perspective on the Pacific Region Idea. San Francisco: Westview Press

Gefeffi G. 1999. A commodity chains framework for analyzing global industries. Working Paper for IDS

Gereffi G, Korzeniewicz M. 1990. Commodity chains and footwear exports in the semiperiphery. *In*: Martin W G. Semipheripheral States in theWorld-Economy? Westport: Greenwood Press

Gereffi G, Korzeniewicz M. 1994. Commodity Chains and Global Capitalism. Westport: Praeger.

Gereffi G, Humphrey J, Sturgeon T. 2005. The governance of global value chains. Review of International Political Economy, 12 (1): 78 - 104

Gertler M. 2004. Manufacturing Culture: the Institutional Geography of Industrial Practice. New York: Oxford University Press

Gottmann J. 1957. Megalpolis: or the urbanization of the northeastern seaboard. Economic Geography, 33 (3): 189 - 220

Grabher G. 1993. The Embedded Firm: the Socio-Economics of Industrial Networks. London: Routledge

Grabher G. 2006. Trading routes, bypasses, and risky intersections: mapping the travels of networks' between economic sociology and economic geography. Progress in Human Geography, 30: 163 - 189

Granovetter M. 1985. Economic action, and social structure: the problem of embeddedness. American Journal of Sociology, 91: 481 - 510

Grimes S, White M. 2005. The transition to internationally traded services and Ireland's emergence as a "successful" European region. Environment and Planning A, 37 (12): 2169 - 2188

Grote M H, Taube F A. 2006. Offshoring the financial services industry: implications for the evolution of Indian IT clusters. Environment and Planning A, 38 (7): 1287 - 1305

Guille M F, Collins R, England P, et al. 2003. The New Economic Sociology: Developments in an Emerging Field. New York: Russell Sage Foundation

Haggett P. 1965. Locational Analysis in Human Geography. London: Edward Arnold

Hall P. 1997. Modelling the post-industrial city. Futures, 29 (4-5): 311 - 322

Hall P. 2001. Global city-regions in the Twenty-First Century. *In*: Scott A J. Global City-Regions: Trends, Theory, Policy. Oxford: Oxford University Press

Hall P. 2001. Urban Geography. 2nd ed. London: Routledge

Hall P A, Soskice D. 2001. Varieties of Capitalism: the Institutional Foundations of Comparative. Oxford: Oxford University Press

Harvey D. 1973. Social Justice and the City. London: Edward Arnold

Harvey D. 1982. The Limits to Capital. Oxford: Basil Blackwell

Hayter R. 1997. The Dynamics of Industrial Location. Chichester: John Wiley & Sons

Helleiner G K. 1973. Manufactured exports from less-developed countries and multinational firms. The Economic Journal, 83: 21 - 47

Henderson J, Dicken P, Hess M, et al. 2002. Global production networks and the analysis of economic development. Review of International Political Economy, 19 (8): 436 - 464

Hess M. 2004. Spatial relationships? Towards a reconceptualization of embeddedness. Progress in Human Geography, 28: 165 - 186

Hess M, Coe N. 2006. Making connections: global production networks, standards, and embeddedness in the mobile telecommunications industry. Environment & Planning A, 38 (7): 1205 - 1227

Hess M, Yeung H W-C. 2006. Guest editorial: whither global production networks in economic geography? Environment and Planning A, 38: 1193 - 1204

Hirsch W Z. 1984. Urban Economics. New York : Macmillan

Homphrey J, Shmitz H. 2000. Governance and upgrading: linking industrial cluster and global value chain research. IDS (Institute of Development Study, University of Sussex) Working Paper

Hopkins T K, Wallerstein I. 1986. Commodity chains in the world-economy prior to 1800. Review, 10 (1): 157 - 170

Huang Y. 2003. Selling China: Foreign Direct Investment During the Reform Era. New York: Cambridge University Press

Hurd R M. 1903. Principles of City Land Values. New York: The Record and Guide

Jarillo J C. 1988. On strategic networks. Strategic Management Journal, 9 (1): 31 - 41

Johns J. 2006. Video games production networks: value capture, power relations and embeddedness. Journal of Economic Geography, 6: 151 - 180

Jones R W, Kierzkowski H. 1990. The role of services in production and international trade: a theoretical framework. *In*: Jones R W, Krueger A O. The Political Economy of International Trade: Essays in Honor of Robert E. Baldwin. Oxford: Basil Blackwell: 31 - 48

Knox P L. 1995. Urban Social Geography: an Introduction. Harlow: Longman Scientific & Technical

Knox P, Agnew J. 1994. The Geography of the World Economy. London: Edward Arnold

Krugman P. 1996. The Self-Organizing Economy. Oxford: Blackwell

Lagendijk A. 2004. Global lifeworlds' versus local 'systemworlds': how flying winemakers produce global wines in interconnected locales. Tijdschrift voor Economische en Sociale Geografie, 95: 511 - 526

Law J, Hassard J. 1999. Actor Network Theory and After. Oxford: Blackwell

Lefebvre H. 1991. The Production of Space. Translated by Nicholson-Smith D. Oxford: Blackwell

Li J, Ning Y M. 2010. The spatial competitiveness of global production networks and its analysis in China: A case study of the computer industry. Chinese History and Society, 37: 64-80

Liu W D, Dicken P . 2006. Transnational corporations and 'obligated embeddedness': foreign direct investment in China's automobile industry. Environment and Planning A, (38): 1229 - 1247

Liu W D, Dicken P, Yeung H W-C. 2004. New information and communication technologies and local clustering of firms: a case study of the Xingwang Industrial Park in Beijing. Urban Geography, 25: 390 - 407

MacLeod G. 2001. Beyond soft institutionalism: accumulation, regulation, and their geographical fixes. Environment and Planning A, 33: 1145 - 1167

Massey D. 1984. Spatial Divisions of Labour: Social Structures and the Geography of Production. London: Macmillan

Massey D. 1988. Uneven development: social change and spatial division of labour. *In*: Massey D, Allen J. Uneven Re-Development: Cities and Regions in Transition. London: Hodder and Stoughton

Massey D. 1999. Spaces of politics. *In*: Massey D, Allen J, Sarre P. Human Geography Today. Cambridge: Polity Press

Murdoch J. 1997. Towards a geography of heterogeneous associations. Progress in Human Geography,

21：321 – 337

Nadvi K, Halder G. 2005. Local clusters in global value chains：exploring dynamic linkages between Germany and Pakistan. Entrepreneurship and Regional Development, 17：339 – 363

Ning Y. 1995. Case study of Shanghai, China. *In*：United Nations Centre for Human Settlements. Metropolitan Planning and Management in the Developing World：Shanghai and Guangzhou, China. Nairobi：Habitat

Ning Y. 1999. Globalization and the economic development of Shanghai. 'The Face of Our City in the Next 20 Years' Hong Kong Institute of Planners' 20th Anniversary Celebration Activites. Nov. 8 – 10, 1999. Hong Kong

Ning Y, Yan Z M. 1995. The changing industrial and spatial structure in Shanghai. Urban Geography, 16 (7)：577 – 594

O'Riain S. 2004. The politics of mobility in technology-driven commodity chains：developmental coalitions in the Irish software industry. International Journal of Urban and Regional Research, 28：642 – 663

Palpacuer F, Parisotto A. 2003. Global production and local jobs：can global production networks be used as levers for local development? Global Networks, 3：97 – 120

Parr J B. 2004. The polycentric urban region：a closer inspection. Regional Studies, 38 (3)：231 – 240

Parthasarathy B, Aoyama Y. 2006. From software services to R&D services：local entrepreneurship in the software industry in Bangalore, India. Environment and Planning A, 38 (7)：1269 – 1285

Peck J A. 2005. Economic sociologies in space. Economic Geography, 81 (2)：129 – 175

Phelps N A, Ozawa T. 2003. Contrasts in agglomeration：proto-industrial, industrial and post-industrial forms compares. Progress in Human Geography, 27 (5)：583 – 604

Piore M J, Sabel C F. 1984. The Second Industrial Divide：Possibilities for Prosperity. New York：Basic Books

Pries L. 2005. Configurations of geographic and societal spaces：a sociological proposal between'methodological nationalism' and the space of flows. Global Networks, 5：167 – 190

Sassen S. 1991. The Global City. Princeton：Princeton University Press

Sassen S. 1994. Cities in a World Economy. Thousand Oaks：Pine Forge Press

Sassen S. 2001. Global cities and global city-regions：a comparison. *In*：Scott A J. Global City-Regions：Trends, Theory, Policy. Oxford：Oxford University Press

Sayer A, Walker R. 1992. The New Social Economy：Reworking the Division of Labour. Cambridge：Blackwell

Sayer A. 2001. For a critical cultural political economy. Antipode, 33：687 – 708

Scott A J. 1981. The spatial structure of metropolitan labour markets and the theory of intra-urban plant location. Urban Geography, 2 (1)：1 – 30

Scott A J. 1982. Location patterns and dynamics of industrial activity in the modern metropolis. Urban Studies, 19 (1)：111 – 142

Scott A J. 1986. Industrial organization and location：division of labor, the firm, and spatial process. Economic Geography, 62 (3)：215 – 231

Scott A J. 1988a. Metropolis: From the Division of Labor to Urban Form. London: Pion Limited

Scott A J. 1988b. New Industrial Spaces: Flexible Production Organization and Regional Development in North America and Western Europe. London: Pion Limited

Scott A J. 2001. Global City-Region: Trends, Theory, and Policy. New York: Oxford University Press

Sheppard E. 2001. Quantitative geography: representations, practices, and possibilities. Environment and Planning D: Society and Space, 19: 535 –554

Sit V F S, Yang C. 1997. Foreign-investment-induced exo-urbanization in the Pearl River Delta, China. Urban Studies, 34 (4): 647-677

Smelser N, Swedberg R. 2005. The Handbook of Economic Sociology. 2nded. Princeton: Princeton University Press

Smith A, Rainnie A, Dunford M, et al. 2002. Networks of value, commodities and regions: reworking divisions of labour in macro-regional economies. Progress in Human Geography, 26: 41 –63

Smith N. 1984. Uneven Development: Nature, Capital and the Production of Space. Oxford: Basil Blackwell

Storper M. 1997. The Regional World: Territorial Development in a Global Economy. New York: The Guilford Press

Storper M, Walker R. 1983. The theory of labor and the theory of location. International Journal of Urban and Regional Research, 7 (1): 1 –41

Sturgeon T J. 2002. Modular production networks: a new American model of industrial organization. Industrial and Corporate Change, 11 (3): 451 –496

Taylor P J. 1997. Hierarchical tendencies amongst world cities: a global research proposal. Cities, 14 (6): 323 –332

Taylor P J. 2001. Urban hinterworlds: geographies of corporate service provision under conditions of contemporary globalization. Geography, 86 (1): 51 –60

Taylor P J. 2004. World City Network: an Urban Global Analysis. London: Routledge

Taylor P J, Walker D R. 2004. Urban hinterworlds: revisited. Geography, 89 (2): 145 –151

Thrift N. 1996. Globalization, Cities and Territories: the Archipelago Economy, (PUF, Paris) Spatial Formations. London: Sage

Timothy J S, Richard K L. 2003. The new global supply-base: new challenges for local suppliers in East Asia. MIT Paper, IPC-03-006: 27 –37

UNCTAD. 2002a. Trade and Development Report, 2002. United Nations, New York and Geneva

UNCATD. 2002b. World Investment Report 2002: Transnational Corporations and Export Competitiveness. United Nations, New York and Geneva

Walker R. 1985. Class, Division of Labour and Employment in Space. *In*: Gregory D, Urry J. Social Relations and Spatial Structures. London: Macmillan

Walker R. 1988. The geographical organization of production-systems. Environment and Planning D: Society & Space, 6: 377 –408

Walker R. 2000. The Geography of Production. *In*: Sheppard E, Barnes T J. A Companion to Economic

Geography. Oxford: Blackwell

Wei Y H D. 2001. Decentralization marketization, and globalization: the triple processes underlying regional development in China. Asian Geographer, 20 (1-2): 7-23

Wei Y H D. 2007. Regional development in China: transitional institutions, embedded globalization, and hybrid economies. Eurasian Geography and Economics, 48 (1): 16-36

Wei Y H D, Li W M. 2002. Reforms, globalization, and urban growth in China: the case of Hangzhou. Eurasian Geography and Economics, 43 (6): 459-475

Wei Y H D, Leung C K. 2005. Development zones, foreign investment, and global city for mation in Shanghai. Growth and Change, 36 (1): 16-40

Wei Y H D, Li W M, Wang C B. 2007. Restructuring industrial districts, scaling up regional development. Economic Geography, 83 (4): 421-444

Weller S A. 2006. Networks, commodity chains and crisis: the impact of Fiji's coup on garment production networks. Environment & Planning A, 38 (7): 1249-1267

Whitley R. 1999. Divergent Capitalisms: The Social Structuring and Change of Business Systems. New York: Oxford University Press

Williamson O E. 1975. Markets and Hierarchies: Analysis and Antitrust Implications. New York: The Free Press

Williamson O E. 1985. The Economic Institution of Capitalism. New York: The Free Press

Wrigley N, Coe N M, Currah A. 2005. Globalizing retail: conceptualizing the distribution-based corporation. Progress in Human Geography, 29: 437-457

Wu W. 1999. City Profile: shanghai. Cities, 16 (3): 207-216

Wu F. 2000a. place promotion in Shanghai, PRC. Cities, 17 (5): 349-361

Wu F. 2000b. The global and local dimensions of place-making: remaking Shanghai as a world city. Urban Studies, 37 (8): 1359-1377

Wu F. 2003. Globalization, place promotion and urban development in Shanghai. Journal of Urban Affairs, 25 (1): 55-78

Ye X Y, Wei Y H D. 2005. Geospatial analysis of regional development in China: the case of Zhejiang Province and the Wenzhou model. Eurasian Geography and Economics, 46 (6): 445-464

Yeung H W-C. 2003. Practicing new economic geographies: a methodological examination. Annals of the Association of American Geographers, 93: 442-462

Yeung H W-C. 2005. Rethinking relational economic geography. Transactions of the Institute of British Geographers, New Series 30: 37-51

Zedtwitz M V, Gassmann O. 2002. Market versus technology drive in R&D internationalization: four different patterns of managing research and development. Research Policy, 31 (5): 569-588